中学受験

つま

JN024689

検索

社会

中学受験専門塾ジーニアス

松本亘正

野津 勲

かんき出版

はじめに

　子どもたちの「つまずき」からはじまる本を。この本は、そんな言葉からスタートしました。

　「社会科」の学びには際限がありません。地理・歴史・公民の３分野に加え、身のまわりのことがらや日本のできごと、ときには世界のニュースも範囲となります。そして、中学入試はそのすべてが対象であり、これは高校入試や大学入試とも重なります。だから、中学入試では何をどこまで学ぶのか、このさじ加減が求められます。さらに、そのさじ加減は、時代とともに変化し、そして子どもの「つまずき」もまた、時代とともに徐々に変化しています。

　だからこそ、子どもの学びに関わるときには気をつけたいと思っています。かつての自身の経験は、今の子どもの成功事例にはならないということです。過去の中学入試の延長線上に「今の中学入試」はありません。社会で求められる力が変化している以上、その社会を生きる土台を作る私学が求める力も変化している、これは当たり前のことといえます。

　「覚えれば何とかなる」

　社会科は、今でもそう語られることがあります。覚える・覚える・覚える……。これを伝える先生は簡単です。確かに「覚えていれば解ける問題」が多いのは事実です。しかし、中学入試で出題されている事項をすべて覚えることは困難です。実際は「覚えていなくても解ける問題」も多く出題されているのです。今は、入試全体として「何を覚えてきたのか［学びの量］」ではなく「入試の場で何ができるのか［学びの質］」を求める流れがあります。

　そこで、本書は「知識はできるだけシンプルに」「視点を明確に」、これらを大切にしました。これは最低限の知識で合格しようというものではありません。本書を通して学びの核となる知識や視点を確認し、普段の学びを通してこの核を中心としたネットワークを作る。その最初の手助けとなることを目的としたものです。多くの枝や葉をつけるために、まずこの本で根や幹を確認し、太くすることをめざすといったほうが伝わるかもしれません。

　また、第4章では、「合格へのあと１点」として、入試問題の形式や演習時の戦略について書いています。6年生になれば、分野によらない「つまずき」も見えてきているはず。入試に近づくにつれて見えてくるものもあるので、たまに目を通してみてください。

　本書が入り口になり、社会科の学びがさらに広がっていくことを願っています。

中学受験専門塾ジーニアス　松本 亘正／野津 勲

この本の使い方

中学受験を突破するには、苦手な単元を減らしていくことが必要です。この本にはよくある「つまずき」を解消できるように、合格に直結する問題とていねいな解説がのっています。

1 はじめにその単元でよくある「つまずき」を確認しましょう。

2 苦手な子がつまずいてしまいがちな例題です。まずは一度解いてみましょう。

3 つまずきの原因と、正しく理解するためのポイントです。

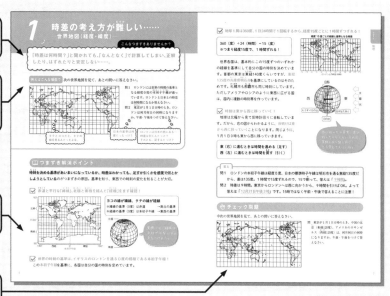

4 その単元に関するさまざまな知識がちりばめられています。例題の答えだけでなく、すべてに目を通そう。
内容の確認ができたらチェック問題に取り組もう！

5 その単元を得意にするための考え方や、プラスアルファの知識を身につけて、合格への大きな1歩をふみだしましょう！

6 仕上げのマスター問題にチャレンジ！別冊にはくわしい解説もあります。自分で解けるようになるまで、何度もトライしましょう。

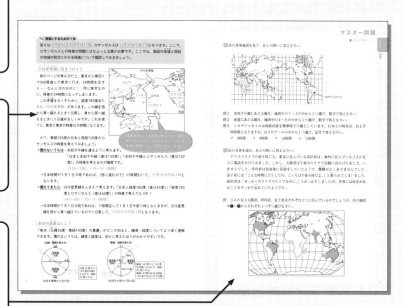

それでもつまずいたら、時間をおいてもう一度 **1** → **2** → **3** → …と、くり返し取り組みましょう。

👍 次ページの目次で「つまずき」を検索して、自分がつまずいている単元がないか、確認してみましょう。

目次

第 3 章　公民

第 4 章　合格へのあと１点
―本番までに苦手克服―

ブックデザイン●二ノ宮 匡（ニクスインク）
図版・イラスト●佐藤 百合子
写真●Cynet Photo、朝日新聞社/Cynet Photo、
　　　Tozawa/PIXTA、東大寺、正倉院宝物、
　　　平等院、Photo：Kobe City Museum/DNPartcom、
　　　美斉津洋夫、浅間縄文ミュージアム画像提供、
　　　長崎歴史文化博物館所蔵、鹿苑寺、唐招提寺、
　　　唐招提寺所蔵、画像提供：東京国立博物館
　　　Image：TNM Image Archives
DTP●茂呂田 剛・畑山 栄美子（エムアンドケイ）、
　　　ニッタプリントサービス

1 時差の考え方が難しい……
―世界地図（経度・緯度）―

「時差は何時間？」と聞かれても、「なんとなく」で計算してしまい、正解したり、はずれたりと安定しない……。

例えばこんな場面で 次の世界地図を見て、あとの問いに答えなさい。

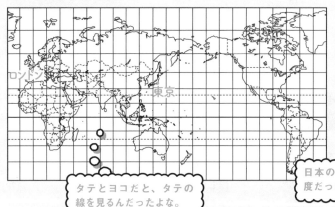

ロンドン
東京

問1　ロンドンには世界の時間の基準となる経度0度の本初子午線が通っています。ロンドンと日本との時差は何時間になるか答えなさい。
問2　東京が1月1日0時のとき、ロンドンは何月何日の何時になりますか。午前・午後をつけて答えなさい。

タテとヨコだと、タテの線を見るんだったよな。

日本の基準は何度だったっけ？

ロンドンは日本の西にある…時差は引くんだっけ？それとも、足すんだっけ？

📖 つまずき解消ポイント

時刻を決める基準があいまいになっているか、時差はわかっても、足すか引くかを感覚で何とかしようとしているのがつまずきの原因。基準を知り、東西での時刻の変化を知ることが大切。

☑️ **赤道と平行な「緯線」、北極と南極を結んだ「経線」をまず確認！**

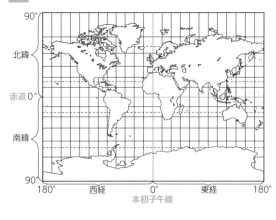

90°
北緯
赤道0°
南緯
90°
180°　西経　0°　東経　180°
本初子午線

ヨコの線が緯線、タテの線が経線

※緯線の基準（0度）は赤道　　　→南北の基準
※経線の基準（0度）は本初子午線　→東西の基準

北極

南極

実際には、経線は平行ではないよ。気をつけよう。

☑️ 世界の時刻の基準は、イギリスのロンドンを通る0度の経線である本初子午線！

この本初子午線を基準に、各国は自分の国の時刻を定めています。

✓ 地球１周は360度、１日24時間で１回転するから、経度15度ごとに１時間ずつずれる！

> 360（度）÷24（時間）＝15（度）
> ※つまり経度15度で、１時間ずれる！

世界各国は、基本的にこの15度ずつのいずれかの経線を基準にして自分の国の時刻を決めています。首都の東京は東経140度くらいですが、東経135度の兵庫県明石市を基準にしているのはそのためです。札幌市も那覇市も同じ時刻にしています。ただしアメリカやロシアのように東西に広がる国は、国内に複数の時刻帯を作っています。

✓ 時刻は東から西に移っていく！

地球は北極から見て反時計回りに自転しています。だから、右の図からわかるように、夜明けは東から西に移っていくことになります。同じように、１月１日０時も東から西に移っていきます。

> 東（右）に進むときは時間を進める（足す）
> 西（左）に進むときは時間を戻す（引く）

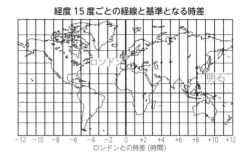

経度15度ごとの経線と基準となる時差

ロンドンとの時差（時間）

右に行ったら足す、左に行ったら引くというのは、算数の線分図と同じ！こう覚えてもいいね。

┌ 答え
│ 問１　ロンドンの本初子午線は経度０度、日本の標準時子午線は明石市を通る東経135度だから、差は135度。１時間で15度ずれるので、15で割って、答えは「9時間」。
│ 問２　時差は９時間。東京からロンドンへは西に向かうから、９時間を引けばOK。よって答えは「12月31日午後３時」です。15時ではなく午前・午後で答えることに注意！

☝チェック問題

◆次の世界地図を見て、あとの問いに答えなさい。

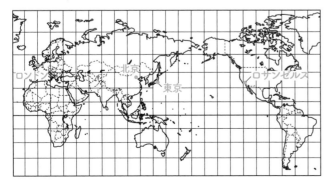

問　東京が１月１日０時のとき、中国の北京（東経120度）、アメリカのロサンゼルス（西経120度）は、何月何日の何時になりますか。午前・午後をつけて答えなさい。

答えは北京が12月31日午後11時、ロサンゼルスは12月31日午前7時となります。ここで、ロサンゼルスとの時差の問題にはちょっと注意が必要です。ここでは、東経の地域と西経の地域の両方にかかる時差について確認しておきましょう。

日付変更線に気をつけよう

前のページの考え方だと、東京から東回りで360度進んで東京に行き、24時間を足すと……なんと次の日付に！ 同じ東京なのに、時差が24時間になってしまいます。

この矛盾をなくすために、経度180度あたりに「日付変更線」があります。この線を西から東へ越えるとき1日戻し、東から西へ越えるときに1日進めるしくみです。これを使うと、東京と東京の時差は0時間になります。

さて、東経135度の日本と西経120度のロサンゼルスの時差を考えてみましょう。

経度180度上には島国があるため、国の中で日付が変わらないように、日付変更線は国境に沿って引かれているよ。

● **慣れないうちは**…本初子午線を通るように考えます。

「日本と本初子午線（差は135度）」「本初子午線とロサンゼルス（差は120度）」の時差を考えるのが確実です。

（135＋120）÷15＝17（時間）

→日本時間が1月1日0時であれば、（西に進むので）17時間引いて、12月31日午前7時となります。

● **慣れてきたら**…日付変更線をふまえて考えます。「日本と経度180度（差は45度）」「経度180度とロサンゼルス（差は60度）」の時差で考えてもOK！

（45＋60）÷15＝7（時間）

→日本時間が1月1日0時であれば、7時間足して1月1日午前7時となりますが、日付変更線を西から東へ越えているので1日戻して、12月31日午前7時となります。

東京の真裏はどこ？

「東京（北緯36度・東経140度）の真裏」がどこか知ると、緯度・経度についてより深く理解できます。慣れないうちは、緯度と経度は、別々に考えたほうがわかりやすいです。

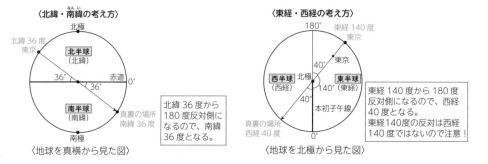

〈北緯・南緯の考え方〉

北緯36度から180度反対側になるので、南緯36度となる。

〈地球を真横から見た図〉

〈東経・西経の考え方〉

東経140度から180度反対側になるので、西経40度となる。東経140度の反対は西経140度ではないので注意！

〈地球を北極から見た図〉

1 次の世界地図を見て、あとの問いに答えなさい。

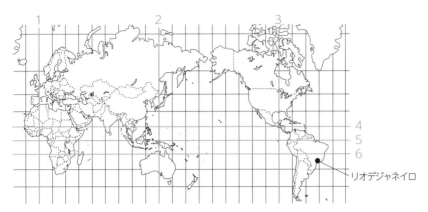

リオデジャネイロ

問1　本初子午線にあたる線を、地図中の１〜３の中から１つ選び、数字で答えなさい。

問2　赤道にあたる線を、地図中の４〜６の中から１つ選び、数字で答えなさい。

問3　リオデジャネイロは西経45度を標準時子午線としています。日本との時差は、およそ
　　　何時間となりますか。以下のア〜エの中から１つ選び、記号で答えなさい。

　　　ア　6時間　　イ　9時間　　ウ　12時間　　エ　15時間

2 次の文章を読み、あとの問いに答えなさい。

　　クリスマスイブの夜９時ごろ、東京に住んでいる高田君は、海外に住んでいる３人の友
人に電話をかけてみました。しかし、大隈君は午前中のクラブ活動に出かけたあとで、い
ませんでした。坪内君は昼食後に昼寝をしていたようで、機嫌がよくありませんでした。
金子君には「こんな時間にどうしたの。こっちは午前４時だよ。」と怒られてしまいました。
高田君は「せっかくのクリスマスイブなのに。」とがっかりしましたが、世界には時差があ
ることをすっかり忘れていたようです。

問　３人の友人大隈君、坪内君、金子君はそれぞれどこに住んでいるのでしょうか。次の地図
　　中❶〜❻からそれぞれ１つずつ選びなさい。

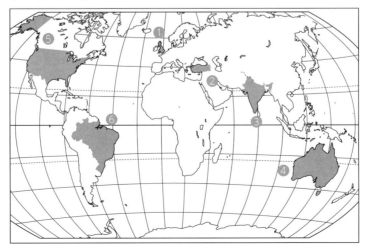

いっぱい線があって、どれが等高線かわからない。それに、「実際の距離は何km？」って聞かれてるのに縮尺がない……。問題がおかしい!?

例えばこんな場面で 次の地形図を見て、あとの問いに答えなさい。

地図記号とかならまだいいけど、標高差とか、ホントに苦手。

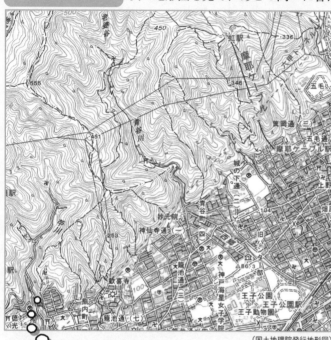

（国土地理院発行地形図）

線が多くて、どこを見たらよいのかわからないよ。

問1　この地形図からわかることとして、誤っているものを、次のア～エから1つ選び、記号で答えなさい。
　　ア　王子公園の中には、動物園がある。
　　イ　「虹駅」と王子公園の標高差は約200mである。
　　ウ　王子公園の周辺には、寺院が複数見られる。
　　エ　「王子公園」駅の北と西には交番が見られる。
問2　地図中の「摩耶ケーブル駅」と「虹駅」は地図上で5cmある。実際の距離は何kmになるか答えなさい。

え、縮尺がのってないけど……。これじゃ解けないよ！

📖 つまずき解消ポイント

地形図の決まりが正確に身についていないのがつまずきの原因です。とくに等高線や縮尺は、そもそもの決まりを覚えてない人が多いので、まずは、決まりを正確に覚えることが大切です。

☑ **等高線を見れば、縮尺がわかる！**

　等高線は絶対に交差しません。まずこの視点で地形図を見ると、見分けられるようになるはずです。等高線で知っておきたいのは「計曲線」と「主曲線」。これだけ聞くと難しく感じるかもしれないけれど、「計曲線は少し太くて数値が入っている線」、「主曲線は計曲線の間に引かれた線」のことです。

国土地理院が発行している地形図には次のような決まりがあります。もし、地形図の縮尺が必要な問題で、どこにも縮尺がのっていない場合は、この決まりを使って縮尺をつかみます。

> 数値が入る
> 太線はこっち

	2万5千分の1	5万分の1
計曲線	50mごと	100mごと
主曲線	10mごと	20mごと

この縮尺をつかむ一番かんたんな方法は、地形図の中から「150」「250」など、十の位が「50」になっている計曲線の数値を探すこと。もしこの数値があれば、すぐに「2万5千分の1」となります。「5万分の1」だと、計曲線は「100mごと」なので、この数値は決して出てきません。

☑ 単位の換算が苦手なら、先に計算しておくのも手！

「200000÷25000」のような計算をする人がいます。もちろん、工夫して計算することはできますが、桁数が多いと、入試本番でまちがえてしまうことがあります。そこで、先に縮尺から単位を変え、桁数を少なくする方法を紹介します。

25000分の1の地図の場合

$$\frac{1\,cm}{25000\,cm} \quad \begin{array}{l} \leftarrow 地図上の長さ \\ \leftarrow 実際の長さ \end{array}$$

= 250m
= 0.25km

> 25000分の1の地図は…
> 　実際の25000cmを1cmに縮めた地図のこと。
> 　つまり地図上の1cmは…「25000cm」「250m」「0.25km」
> **←これを書きこんでおく**

50000分の1の地図の場合

$$\frac{1\,cm}{50000\,cm} \quad \begin{array}{l} \leftarrow 地図上の長さ \\ \leftarrow 実際の長さ \end{array}$$

= 500m
= 0.5km

> 50000分の1の地図は…
> 　実際の50000cmを1cmに縮めた地図のこと。
> 　つまり地図上の1cmは…「50000cm」「500m」「0.5km」
> **←これを書きこんでおく**

「25000分の1の地図で4cmは何kmか」であれば、「4×0.25」で 1km、「50000分の1の地図で4cmは何mか」であれば「4×500」で 2000m というかんたんな計算で出すことができます。

> **答え**
>
> 問1　「虹駅」付近の等高線を西へたどっていくと450mの数値があります。王子公園内には86.3mの三角点があるので標高差はおよそ360mになります。そのため、誤りは「イ」となります。
>
> 問2　問1で使った「450」のほか、地図北東部の箕岡通三丁目付近に「150」という計曲線の数値があるので、この地形図の縮尺は25000分の1とわかります。この地形図上での1cmは0.25kmで、5cm分となるため答えは「1.25km」となります。

👆 チェック問題

◆次の縮尺の計算をしなさい。

① 2万5千分の1の地図上で12cmは、実際には何kmの距離になるか。
② 実際の10kmの距離は、5万分の1の地図では何cmになるか。
③ 実際に20km²の面積は、5万分の1の地図では何cm²になるか。

縮尺を使った面積の計算は、かんたんな図にして解く！

　実際の面積から５万分の１の地図上の面積を計算する場合は、面積の比が（１×１）：（50000分の１×50000分の１）ということから、2500000000分の１になります。たとえば、チェック問題の20km²の単位をcm²にすると、200000000000cm²（20×$\underset{km→m}{1000×1000}$×$\underset{m→cm}{100×100}$）となり、これを2500000000で割ると地図上では80cm²ということになります。もちろん、工夫して計算する方法はあるけれど、入試当日に桁数の大きな計算は、できればしたくありません。

　そこで、かんたんな図にして解く方法を紹介します。チェック問題を解いてみると……

①とりあえず、20km²の計算を、かんたんな数値で考えます。ここでは「 4 km × 5 km 」とします。

②次に各辺の地図上の長さを縮尺を使って求めます。５万分の１の地図なので0.5kmが地図上の１cmとなることから「 4 km × 5 km 」は、地図上の「 8 cm × 10cm 」という計算になります。

③よって答えは80cm²。

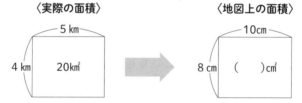

〈実際の面積〉 　　　　　　　　〈地図上の面積〉

尾根と谷を見極めよう

　山の斜面で、まわりよりも高くなっている部分を「尾根」、まわりよりも低くなっている部分を「谷」といいます。尾根は断面図にすると「∧」の形、谷は「∨」の形になると考えましょう。

　これが地形図になると、判断ができなくなる人がいます。見分け方は、山頂から等高線が突き出しているのが尾根、山頂にむけて等高線が入りこんでいるのが谷。川が流れるのはどっちかわかりますか？　もちろん、流れるのは谷。右のイラストを見れば、尾根を流れないのは一目瞭然。

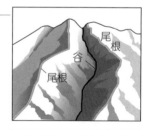

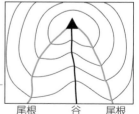

尾根　谷　尾根

地形図の問題が出たら、場所までチェック

　地形図は、次の３つのポイントを確認してから解きはじめよう。

①縮尺…書かれていないことも。その場合は「ない」でOK！

②方位…方位記号がなければ上が北。方位記号を書いておきたい。

③場所…どこの場所の地形図かをチェック。日本のどのあたりかを知って解くのと、知らずに解くのでは大きなちがいがある。地域で生産されている農作物を聞かれることも。わからなければ「わからない」でOK！

■ 次の地形図を見て、あとの問いに答えなさい。

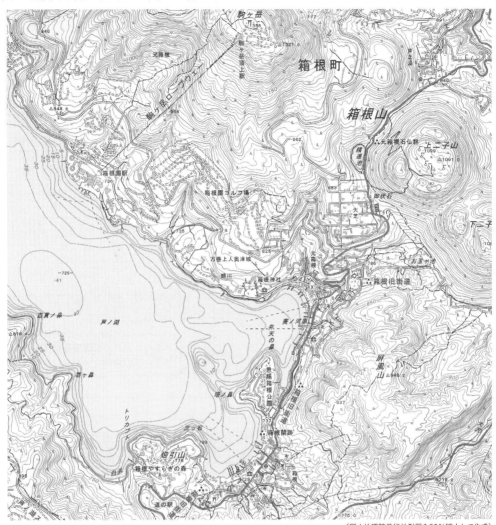

（国土地理院発行地形図を80％縮小して作成）

問1　地図中にある芦ノ湖について、(1)・(2)に答えなさい。

(1)　芦ノ湖は、火山の噴火によって形成されたくぼ地に水がたまってできました。火山によってできたくぼ地を何といいますか。

(2)　芦ノ湖の湖面の標高はどれくらいですか。最も近いものをア～エから1つ選びなさい。

　　　ア　755m　　　イ　745m　　　ウ　735m　　　エ　725m

問2　駒ケ岳ロープウェーは、地図上で長さが7cmあります。実際の距離は何mになりますか。

問3　駒ケ岳山頂の神社から見ると、上二子山山頂はどの方角になりますか。八方位で答えなさい。

問4　地図中の屏風山の登山道---について正しい文をア～エから1つ選びなさい。

　　　ア　どの登山道も、ほぼ谷線を通っている。

　　　イ　どの登山道も、ほぼ尾根線を通っている。

　　　ウ　どの登山道も、山頂まで自動車で行くことができる。

　　　エ　どの登山道も、山頂まで登る途中で、芦ノ湖をながめることができる。

こんなつまずきありませんか？

名前は聞いたことはあるけど、どの場所か、何がさかんか、出てこない。
地図に地名を書きこめるのに、問題になるとできなくなる……。

例えばこんな場面で　次の文章はある都道府県について説明したものです。

海上に国際空港！
ならあそこで決まりだな…。

A　この都道府県は、海上に国際空港があり、国際会議なども開催されている。世界遺産に登録されている古墳がある。

B　この都道府県に広がる高原では、気候を活かした農業が行われている。この高原は日本で一番長い川の上流にあり、1300m以上と標高が高いことが特徴である。

C　この都道府県は、多数の温泉に恵まれていて、養蚕業やこんにゃくいもの生産などの特色ある農業が行われている。また、自動車関連の工業もさかんである。

問　A〜Cの都道府県を次のア〜コから1つずつ選び、それぞれ記号で答えなさい。
ア　北海道　　イ　福島県　　ウ　群馬県　　エ　長野県
オ　岐阜県　　カ　静岡県　　キ　愛知県　　ク　大阪府
ケ　福岡県　　コ　大分県

もちろん、この都道府県は知ってるよ。
でも、上の説明だけではわからないものが…。

📖 つまずき解消ポイント

名前を覚えることにばかり意識が向いていて、**その位置や、その位置の特色を一緒につかんでいないこと**がつまずきの原因です。また、**1つの根拠で解答を導き出してしまう**のも、つまずく原因となるので、つながりをふまえて複数の特色を覚えておくことが大切です。

☑️ **覚えるときは、必ず3点セットで。今から意識を変えよう！**

　なかなか覚えられない人は、**つながりの中で覚えよう**としていないことが多いです。

　まず基本となるのが「名前」と「位置」。そして、ここに加えたいのが「特色」。この3点セットで覚えることで、覚えやすく、忘れにくく、使いやすい知識となります。この特色をどんどん増やしていくイメージを持とう。「難しい」と感じる問題は、単にあまり知られていない特色を出していることが多いです。

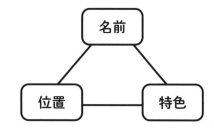

　「日本一長い川は？」…もちろん答えは信濃川。では、「飛驒山脈と関東山地から流れ出した川が合流する中流の盆地ではももが有名。下流の平野は米作りがさかんだけれど洪水が多かったため、分水路を作って水害を防いだ。その川は？」…これも信濃川です。

☑ 根拠は１つだけでなく、できるだけ複数見つけて判断する！

　例えば、Aの「海上に国際空港がある」、実はこれだけでは決められません。中部国際空港（愛知県）、関西国際空港（大阪府）のほか、北九州空港（福岡県）も海上にあって国際線が就航しています。また、Cの「多数の温泉」も、これだけでは決められません。選択肢の中だけでも、北海道や長野県、福島県、静岡県、群馬県が温泉地数で上位に入っています。

　Aであれば「国際会議」や「世界遺産に登録されている古墳」、Cであれば「養蚕業やこんにゃくいも」「自動車関連の工業」など、最後まで読んで複数の根拠を見つけるようにしよう。

☑ 似たものをグループにして覚えておこう！

　１つのことがらで判断できないということは、似た地域がほかにあるということ。これらは似た特色を持つグループとして、ひとまとまりで覚えておきましょう。その上で、グループの中でちがいを見つけて覚えていきます。「特色」で他の地域とつながっていくイメージを持ちましょう。

例 果樹栽培がさかんな盆地 山形盆地・長野盆地・甲府盆地など	例 米作りがさかんな盆地 上川盆地・近江盆地・郡山盆地など	例 鉄鋼業と石油化学工業の両方がさかんな都市 川崎市・倉敷市・大分市

☑ 問題を解くのも、「特色」の知識を増やすチャンス！

　１つのことがらを根拠に解答をだすことに慣れてしまうと、知っている知識以上の「特色」は手に入らなくなります。とくに６年生であれば、解いているときはまだしも、ふり返りのときにはもう一度自分が知らないヒント・根拠がなかったか確認して、見つけたらどんどん「特色」に加えていきたいところです。問題を解くことも、知識を増やすチャンス。学びにつながります。

┌─ 答え ─────────────────────────────────
A　海上の国際空港や国際会議は複数考えられますが、世界遺産の古墳は、大山古墳（百舌鳥・古市古墳群）だけとなるので、大阪府の「ク」が正解。
B　最初の文からは嬬恋村も考えられますが、「日本で一番長い川の上流」とあるので、信濃川の上流となります。よってこの高原は野辺山原と考えられ、答えは長野県の「エ」。
C　養蚕業やこんにゃくいもというところから、富岡製糸場・こんにゃくいもの生産を考え群馬県となります。最後の自動車関連の工業は太田市があてはまります。答えは群馬県の「ウ」。
└───────────────────────────────────────

✋ チェック問題

◆次のA～Cの文章はある都道府県について説明したものです。この都道府県の名前を答えなさい。

A　人口が最大の都市は東部にある都道府県庁所在地で、ここには開港150年以上の国際貿易港があります。日本全国の中で唯一、政令指定都市が３つあります。

B　人口が最大の都市は都道府県庁所在地ではなく、石油化学工業が有名な都市です。約2000年続くとされるこの地域の昔の国の名がついた神社があり、毎年参拝客が多く訪れます。

C　まわりをすべて海に囲まれており、明治時代になってから日本の国土に組みこまれました。その面積は日本の国土の５分の１を占めています。近隣の国と領土問題を抱えています。

答えはAが神奈川県、Bが三重県、Cが北海道となります。Bにある昔の国名は今でも地名などに多く使われているのでおさえておきましょう。また、日本の4つの島の面積は、国土に占める割合について確認しておきましょう。

現代にもまだまだ残っている昔の国名

上の地図は、明治時代に入るまで使われていた昔の国名です。一つずつ見ると、その多くは聞いたことがある地名のはず。この国名に注目することで、湾や半島、山地などの地形名、伝統工業、農作物、伝統行事、郷土料理など、知識を広げやすくなります。自分でも調べてみましょう。

4つの島の面積

ニュースで「ブラジルでは九州と同じくらいの面積の森林が消失した」などと聞くことがあります。実際にはどれくらいの広さなのかはわかりづらいですが、日本の4つの島の大体の割合を知っていれば、それほど複雑な計算をしなくても求めることができます。

〔日本の国土＝本州＋北海道＋九州＋四国＋その他の島〕

これらの島について、あくまでも大体ですが、以下の各式が成り立ちます。

> **本州÷3＝北海道、北海道÷2＝九州、九州÷2＝四国、四国＝その他の島**

日本の国土面積を100とすると、「本州60・北海道20・九州10・四国5・その他の島5」となり、右のような円グラフになります。

日本の国土面積は約38万km²。九州の面積は国土面積の約10％となるので、「380000×0.1」で約3万8000km²。これは、北海道の半分の面積とだいたい同じ面積になることもわかります。

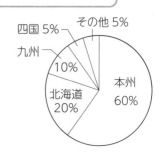

■ 次のA～Fの県に関する文章を読んで、あとの問いに答えなさい。

A　この県には、1年に100回以上も噴火をくり返す（　あ　）など、活発な火山がたくさんあり、県の広い地域で、火山灰が積もってできたシラス（　い　）が広がっている。このシラス（　い　）では、さつまいもや茶の栽培がさかんであり、豚などの家畜の飼育頭数でも全国有数を誇る。

B　この県は北部に（　う　）山地が連なり、南部は瀬戸内海に面しており、年間を通じて降水量が少ない瀬戸内の気候に属するが、近年（　え　）による土砂災害の被害が起こることもある。農業だけでなく、工業や漁業もさかんで、養殖による（　お　）の生産量は全国1位である。

C　2016年にサミットが開かれたこの県は、東部から南部にかけて入り組んだ海岸が続いている。（　か　）工業地帯の一部が広がり、石油化学などの工業が発達しているが、（　き　）年代には、工場から排出されたけむりが原因で公害病が発生している。

D　この県は海に面していない内陸県で、（　く　）つの県と接している。県内には3000m級の3つの山脈が連なり、①これらの山脈から流れる信濃川や木曽川の下流域には大きな平野が広がる。農業では中央高地の気候を利用した（　け　）野菜の栽培がさかんである。

E　この県は北部を流れる（　こ　）川が茨城県との県境になっており、東京のベッドタウンが広がる一方、野菜や花を栽培する大都市向けの農業や、（　さ　）港などでの漁業、京葉工業地域での工業がさかんである。また、成田市の成田国際空港は日本最大の貿易港である。

F　この県には、北緯40度、東経140度のラインが交わる点が位置し、東側の県境には奥羽山脈、北側の県境には②日本で初めて世界遺産に指定された（　し　）山地が連なっている。米作りがさかんで、米の生産量は新潟県、（　す　）に続いて全国3位である。

問1　A～Fの（　あ　）～（　す　）にあてはまる語句を下のア～ホからそれぞれ選んで、記号で答えなさい。

ア　地震　　　イ　阿蘇山　　ウ　1940　　エ　焼津　　オ　促成　　カ　四国
キ　2000　　ク　銚子　　　ケ　盆地　　コ　越後　　サ　京阪　　シ　阪神
ス　台地　　　セ　白神　　　ソ　北上　　タ　マグロ　チ　桜島　　ツ　6
テ　北海道　　ト　豪雨　　　ナ　8　　　ニ　中国　　ヌ　山形県　ネ　利根
ノ　中京　　　ハ　高原　　　ヒ　カキ　　フ　1960　　ヘ　4　　　ホ　江戸

問2　A～Fの県名を漢字で答えなさい。

問3　下線部①について。信濃川下流域と木曽川下流域に広がる平野の名前の組み合わせとして正しいものを、下のア～オから1つ選んで記号で答えなさい。

ア　庄内平野・富山平野　　イ　関東平野・濃尾平野　　ウ　越後平野・富山平野
エ　庄内平野・関東平野　　オ　越後平野・濃尾平野

問4　下線部②について。同じ年に指定された日本の世界遺産のうち、上の文のAの県にある世界遺産を下のア～オから1つ選んで記号で答えなさい。

ア　厳島神社　　イ　沖ノ島　　ウ　出雲大社　　エ　屋久島　　オ　小笠原諸島

4 地形が覚えられない……
―日本の地形・地名②―

前に習った気がするけど、出てこない……。でも答えを見たら知っていた！ どうして出てこない？ そもそも地形を覚えるのが苦手です。

例えばこんな場面で 次のA～Dの文章は日本の川について説明したものです。

> A 県南部から北に向かって流れ、県と同じ名前のつく盆地のほか2つの盆地を通り、最後は西に流路を変えて日本海にそそぐ川。下流の平野では米が、中流の盆地では果物の栽培がさかんである。
> B 寒冷な気候の地域を流れ、川と同じ名前の平野を通り日本海にそそぐ川。上流には稲作がさかんな盆地があり、下流部には日本で5番目に人口の多い大都市がある。
> C この地方の北部に源があり、片品川・渡良瀬川・鬼怒川・小貝川などと合流して東に流れ、太平洋にそそぐ川。川の流域にある広大な平野は火山灰地で有名。河口付近には日本有数の漁港がある。
> D 関東山地から流れる川と飛騨山脈から流れる川が中流の盆地で合流して北東に流れ、十日町盆地などを通り、日本海にそそぐ川。下流の平野では日本で最も多く生産される銘柄米が有名である。

問 それぞれの川の名前を次のア～クの中から1つずつ選び、記号で答えなさい。

ア 石狩川　イ 信濃川　ウ 淀川　エ 吉野川
オ 木曽川　カ 筑後川　キ 最上川　ク 利根川

> 何だか地形の名前がいっぱい出てくるけど…肝心の川とつながらないよ。

> 選択肢にある川の名前は全部聞いたことあるけど、どの川の説明かよくわからない…。

📖 つまずき解消ポイント

川や平野、盆地などの地形がどのように結びついているかを知らないのがつまずきの原因です。
地形は川を中心に、つながりの中で覚えておくことが大切！

☑️ **地形のつながりは「川」を中心にして結びつけておく！**

地形の多くは、川のはたらきによって作り出されます。理科でも出てくる「削る（侵食）」「運ぶ（運搬）」「積もらせる（堆積）」の3つのはたらきです。地形はこの川を中心につなげるイメージが大切。このつながりをふまえて地形をとらえることで、地形の知識を増やしやすくなります。

川を中心とした各地形のつながりを①～④まで説明します。

①水は高いほうから低いほうへ流れています。だから山から海に向かって流れます。
　→川の上流は山（山地・山脈）、下流は海（湾）となります。

②上流は急斜面のため、水の削る力が強く、土砂が削られていきます。
　→削られた土砂が下流に向かって流されます。Ｖ字谷もできます。

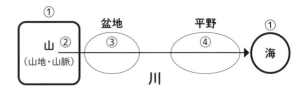

③少しなだらかになったところで、川は
　粒(つぶ)の大きな土砂から積もらせていき
　ます。

　→川の中流に盆地を形作り、扇状地(せんじょうち)に
　　なることもあります。土砂の粒が大
　　きく、水はけもよい。畑に向いてい
　　るのはそのためです。

④下流ではさらに流れがゆるやかになり
　ます。だから小さい粒も積もらせます。

　→下流にできるのが平野。粒が小さい
　　から水もちがよく、米作りがしやす
　　い。三角州(さんかくす)が形成されることもあり
　　ます。

　まずは右の8つの川のつながりを確認(かくにん)
しましょう。大事なのは、知らなかった
地形を、すでに知っている地形とつなげていくことです。

答え

A　日本海にそそぐ川で県名と同じ名の盆地（山形(やまがた)盆地）を通るのは最上川の「キ」とな
　ります。山形県のさくらんぼは有名ですね。下流の庄内(しょうない)平野では米作りがさかんです。
　3つの盆地は上流から米沢(よねざわ)盆地・山形盆地・新庄(しんじょう)盆地です。

B　寒い地域で川と同じ名前の平野を通る川はいくつかありますが、稲作がさかんな盆地
　（上川(かみかわ)盆地）、下流部の大都市（札幌(さっぽろ)市）を考えると石狩川の「ア」です。

C　渡良瀬(わたらせ)川、鬼怒(きぬ)川などから利根川の「ク」とわかります。関東ローム層や河口付近の
　銚子(ちょうし)港などとも、説明が一致(いっち)します。

D　関東山地と飛驒(ひだ)山脈を源流とするのは信濃川なので、答えは「イ」。川が合流する盆地
　は長野(ながの)盆地で、下流にはコシヒカリで有名な越後(えちご)平野が広がっています。

✋ チェック問題

◆次の川を中心とした図の（　1　）～（　4　）にあてはまる地形の名前を答えなさい。

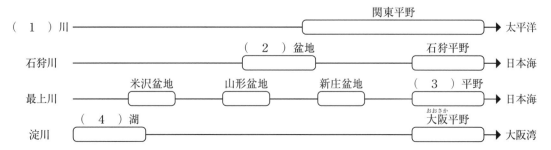

（　1　）川 ——————————————————[関東平野]——→ 太平洋

石狩川 ——————[（　2　）盆地]————[石狩平野]——→ 日本海

最上川 ——[米沢盆地]—[山形盆地]—[新庄盆地]—[（　3　）平野]——→ 日本海

淀川 —[（　4　）湖]————————————[大阪(おおさか)平野]——→ 大阪湾

✎ 得意にするための1歩
答えは、1は利根（川）、2は上川（盆地）、3は庄内（平野）、4は琵琶（湖）です。4にあるように、川は必ずしも山から流れているわけではありません。ここでは、ほかの河川や湖から流れ出す川を確認しておきましょう。

日本の地形のつながり

前のページの8つの地形のつながりを覚えたら、もう少し情報を増やした地図も確認していきます。もちろん、これだけではないので、問題で出てきたら、その都度、覚えていきましょう。

〈日本三大暴れ川〉
利根川（坂東太郎）
筑後川（筑紫次郎）
吉野川（四国三郎）

〈日本三大急流〉
最上川・富士川・球磨川

川が流れ出すのは山とは限らない！

湖から流れ出す川もあります。次の3つは覚えておきましょう。

●琵琶湖から流れ出す淀川

日本で一番大きな琵琶湖。実はこの琵琶湖からは淀川しか流れ出していません。瀬田川（滋賀県）・宇治川（京都府）と名前を変えて、大阪湾に流れ出しています。

●諏訪湖から流れ出す天竜川

長野県の中央にある諏訪湖から南に流れる天竜川。下流の静岡県では天竜すぎが有名です。

●猪苗代湖から流れ出す阿賀野川

太平洋に面した福島県。でも阿賀野川が流れ出すのは日本海です。下流の新潟県では新潟水俣病（第二水俣病）が発生しています。

こんな地形も川が作っている！

●三日月湖

北海道の石狩川に見られる地形。蛇行している川で川の流量が急に増えたときに流れが変わり、川の一部が取り残されてできる地形です。

●河岸段丘

神奈川県の相模川が有名です。長い年月の間に、土地が傾いたり隆起や沈降をくり返したりすることによって、川岸が階段状になるのが特徴。

■ 次の文は、日本のおもな川について説明したものです。

A　この川は、西の赤石山脈を水源とする釜無川と東の関東山地を水源とする笛吹川が、ぶどうやももの生産がさかんな盆地で合流して、駿河湾にそそいでいます。日本三大急流の一つとされています。

B　この川は、国立公園にもなっている大雪山付近から流れ出し、稲作がさかんな盆地でいくつかの川が流れこみ、その後三日月湖が見られることで有名な平野を通って日本海にそそいでいます。

C　この川は、越後山脈を水源として流れ出し、日本最大の平野を横切って、太平洋へとそそいでいます。日本最大の流域面積を誇り、関東地方の1都5県に水を供給しています。

D　この川は、長野県・山梨県・埼玉県の県境にある甲武信ケ岳を水源とし、千曲川として北上します。その後、西の飛騨山脈から流れ出した犀川と盆地で合流してから、新潟県では北東に流れ、県庁所在地で日本海に流れ出しています。

E　この川は、飛騨山脈にある鉢盛山を水源とし、途中王滝川などと合流し、岐阜県と愛知県の県境を流れ、伊勢湾にそそぎます。下流域の平野では、かつて長良川や揖斐川と合流や分流をくり返していたため、堤防で囲まれた輪中が発達しました。

F　この川は、琵琶湖から瀬田川として流れ出し、京都府、大阪府で名前を変えて、下流域の平野を通って大阪湾にそそぎます。全長わずか75kmほどの河川ですが、日本最大の琵琶湖やその周辺も流域面積に含まれるため、日本有数の流域面積を誇ります。

G　この川は、九州最大の河川で、くじゅう連山を水源とする玖珠川と阿蘇山を水源とする大山川とが合流し、下流の平野を通って、有明海にそそぎます。別名を「筑紫次郎」といい、日本三大暴れ川の一つになっています。

問1　A・B・Dの文中に出てくる盆地の名を次のア〜オから1つずつ選び、記号で答えなさい。

　　ア　長野盆地　　イ　山形盆地　　ウ　甲府盆地　　エ　上川盆地　　オ　北上盆地

問2　C・E・F・Gの文中に出てくる平野の名を答えなさい。

問3　A〜Gの川について、海に流れ出るときの名前を漢字で答えなさい。また、その川を右の地図の①〜⑧から選び、番号で答えなさい。

5 部分地図が見分けられない……
―日本の地形・地名③―

日本地図ならわかるけど、部分の地図になると、どこの場所かわからない。「西から順番に並べなさい」は、なんとなくで解いています。

例えばこんな場面で 次のA～Eの地図は、日本の川の河口付近を示したものです。この地図を見て、あとの問いに答えなさい。すべて上が北を示していますが、縮尺は同じではありません。

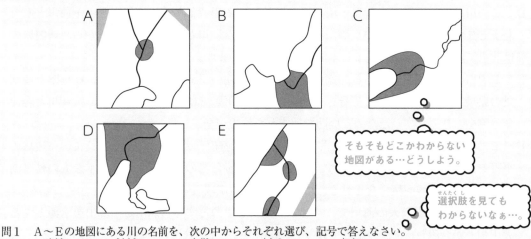

そもそもどこかわからない地図がある…どうしよう。

選択肢を見てもわからないなぁ…。

問1　A～Eの地図にある川の名前を、次の中からそれぞれ選び、記号で答えなさい。
　　ア　石狩川　イ　北上川　ウ　最上川　エ　信濃川　オ　利根川
　　カ　富士川　キ　天竜川　ク　木曽川　ケ　淀川　コ　吉野川
問2　A～Eの地図について、川の河口の位置をもとに西から順番に並べかえなさい。

並べかえ、苦手…。

📖 つまずき解消ポイント

地図を日本全体のイメージでしかとらえていないのがつまずきの原因。湾や半島などの海岸線、川の河口付近のようすに注目しておくことが大切です。

☑ 特色のある湾や半島に注目し、日本のどのあたりかわかるようにしておく！
　日本の中でとくに複雑になっているのが、紀伊半島から房総半島まで。ここは何も見ないで書けるようにしておきたい。

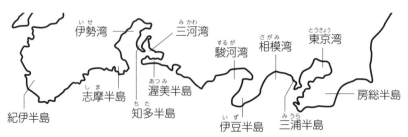

☑ 川は、河口に注目！ 海にはどう流れ出ている？

　多くの人が覚えている川の位置。でも部分図になると、位置がわからなくなる人が多いです。おもな川がだいたいどの方角に向かって海に流れ出すか、地図上での河口のようすのちがい（流れ方、流域の盆地や平野、河口付近の半島や湾の形など）を確認しておきましょう。

北に向かって流れ出す川…石狩川、信濃川、神通川など
→石狩川は南への流れが河口付近で北に流路を変え、信濃川は河口付近に分水路があり流路が2つに分かれます。

南に向かって流れ出す川…富士川、天竜川、木曽三川、筑後川など
→富士川は2つの川が甲府盆地で合流して南に流れ、筑後川は西への流路が河口付近で南へ。筑後川と木曽川は河口付近が似ているので注意！

東に向かって流れ出す川…北上川、利根川、吉野川、四万十川など
→北上川は奥羽山脈に沿って南に流れ河口付近で南と東に分かれます。東への流れが本流です。

西に向かって流れ出す川…雄物川、最上川、淀川、球磨川など
→最上川は南から北上した流路が3つの盆地を通りながら下流で西に流れを変えて日本海に流れこむ。雄物川と河口付近が似ていますが、雄物川には河口付近に男鹿半島があり、通る盆地も1つです。

☑ 並べるときには日本全図をイメージ！ できれば実際に描いてみよう！

　部分図の並べかえは、できればかんたんな地図を描いて、確認しましょう。

　描いているうちに少しずつポイントがつかめます。100%正確に描かないと解けない問題は出ないので、大体の地図でOK！

　前のページの部分図を描きこんだものが右の地図です。これくらいはっきりと並べられる問題しか出ないので、それも知っておきましょう。ここに利根川が入るとかなり難しい。

答え

問1　Aは富士川で「カ」、Bは石狩川で「ア」、Cは淀川で「ケ」、Dは知多半島があるため木曽川で「ク」、Eは盆地が2つあるため最上川で「ウ」となります。

問2　西から、「C→D→A→E→B」となります。

✋ チェック問題

◆右の①〜③の地図中にあるA〜Hの湾と半島の名を答えなさい。また、地図①〜③を北から順番に並べかえなさい。

①

②

③

答えは、Aは駿河湾、Bは伊豆半島、Cは相模湾、Dは津軽半島、Eは陸奥湾、Fは下北半島、Gは薩摩半島、Hは大隅半島です。部分図ではその地形名を聞かれることも多いです。また順番は、北から「②→①→③」となります。部分図では、限られた情報から場所を特定しなければならないので、とくにまぎらわしいところをここで確認しておきましょう。

まちがえやすい半島と湾

　房総半島から紀伊半島までは確認しましたが、それ以外にも以下のような、まちがえやすい半島や湾があります。まちがえやすいからこそ問題でも問われやすいので、正確に覚えておきましょう。

知床半島は周辺の海とともに「知床」として世界自然遺産に登録されています。知床半島の東の島は国後島、根室半島の東は歯舞群島で、いずれもロシアの占領が続く北方領土です。

陸奥湾をはさんで西が津軽半島、東が下北半島。津軽海峡をはさんだ北海道側は渡島半島です。津軽半島と渡島半島が青函トンネルで結ばれています。

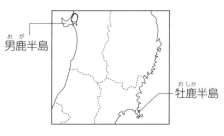

秋田県側が男鹿半島、宮城県側が牡鹿半島。男鹿半島は大みそかの伝統行事の「なまはげ」が有名です。半島のつけ根にある大潟村では、北緯40°と東経140°が交わっています。

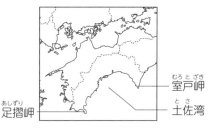

高知県にある2つの岬、西側は足摺岬、東側は室戸岬です。その間には土佐湾が広がり、かつおの一本釣りが有名です。

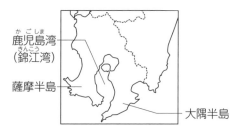

西の薩摩半島と東の大隅半島。その間には鹿児島湾が広がります。もともと島だった桜島は1914年の噴火で対岸の大隅半島とつながりましたが、変わらず桜島とよばれています。

■ 次の地図を見て、あとの問いに答えなさい。ただし、各地図の縮尺は異なります。

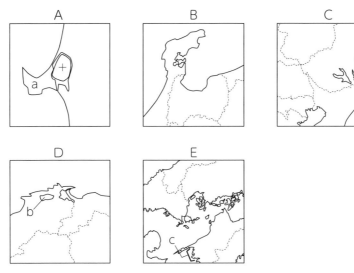

問1　地図Aに関連して、①・②の問いに答えなさい。

①　地図A中のaの半島名を漢字で答えなさい。

②　下のア～カのうち、地図A中の「＋」で示した地点の緯度・経度として最もふさわしいものはどれですか。記号で答えなさい。

ア　北緯35度　東経135度　　イ　北緯35度　東経140度

ウ　北緯40度　東経135度　　エ　北緯40度　東経140度

オ　北緯45度　東経135度　　カ　北緯45度　東経140度

問2　下のア～エのうち、地図Bの範囲内を流れる川としてふさわしくないものはどれですか。一つ選び、記号で答えなさい。

ア　常願寺川　　イ　神通川　　ウ　黒部川　　エ　阿賀野川

問3　下のア～エのうち、地図C中に描かれている都県について述べた文としてふさわしくないものはどれですか。一つ選び、記号で答えなさい。

ア　日本で最も湖面面積の大きい湖がある県が含まれている。

イ　関東地方で海に面していない県がすべて含まれている。

ウ　都道府県別のほうれんそうの収穫量上位3県がいずれも含まれている。

エ　港別の貿易額（輸出額と輸入額の合計）が最も大きい港のある都県が含まれている。

問4　地図Dに関連して、①・②の問いに答えなさい。

①　地図D中のbの湖の名を漢字で答えなさい。

②　地図D中の4県のうち、県庁所在地が図の範囲内にある県はいくつありますか。数字で答えなさい。

問5　地図E中のcで示した、河川によって形成された谷に海水が浸入してできた入り組んだ海岸を何といいますか。答えなさい。

問6　地図A～Eのうち、2つの地図に描かれている県が2県あります。それらの県名をそれぞれ漢字で答えなさい。

問7　地図A～Eを北から順番に並べかえなさい。

6 雨温図が読み取れない……
―日本各地の気候―

解説を聞くと、できた気がする！ けど自分で解こうとすると、雨温図がどうしても見分けられない……。

例えばこんな場面で 次の雨温図は、日本各地の都市の気候を示したものです。

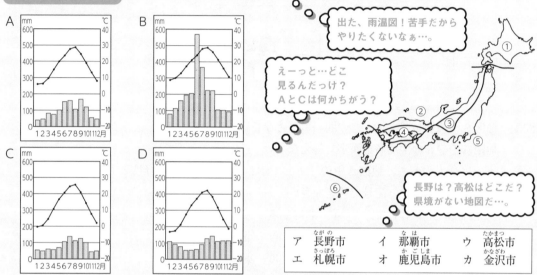

出た、雨温図！苦手だからやりたくないなぁ…。

えーっと…どこ見るんだっけ？
AとCは何かちがう？

長野は？高松はどこだ？県境がない地図だ…。

| ア | 長野市 | イ | 那覇市 | ウ | 高松市 |
| エ | 札幌市 | オ | 鹿児島市 | カ | 金沢市 |

問　A〜Dの雨温図はどの気候区分になるか、地図中①〜⑥から選びなさい。また、これらの雨温図が示している都市名としてふさわしいものをア〜カから1つずつ選び、記号で答えなさい。

📖 つまずき解消ポイント

雨温図を見るポイントがあいまいで整理できていないのがつまずきの原因。とくに、6つの気候区分が並んでいるとできるけれど、雨温図が6つより多かったり、少なかったりするとわからなくなってしまう人は多いです。6つ並んでなくてもわかるようにしておくことが大切！

☑ **1つの雨温図でもしぼりこめる根拠を持とう！**
▶雨が多い、雨が少ないって？

　日本の年間平均降水量は1700mm程度。これを12ヵ月で割ると、ひと月140mmほどになります。右のように、大体140mmあたりに線を引くと、この下の部分全体でおよそ1700mmになります。線の上につき出た部分を線の下に移動させて、下の部分に収まるかどうかを考えることで、日本の平均に比べて多いか少ないかを判断できます。

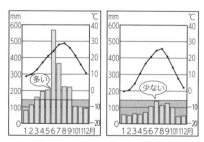

〈降水量が多い〉　〈降水量が少ない〉

▶気温のちがいは、冬で判断する！

　日本の夏は、基本的にどこも暑いです。だから夏で比べてもわかりません。気温のちがいに差が出るのは冬です。冬に特徴が現れると覚えておきましょう。

　さらに、知っておくとよいのが「年較差」です。これは夏と冬の気温差のことです。「地面は温まりやすく、冷めやすい。水は温まりにくく、冷めにくい」と聞いたことはありませんか？夏、昼間の砂浜は、はだしでは耐えられないくらい熱いのに対して、夜の砂浜は冷たいです。しかし、海水温は昼も夜もそれほど変わりません。同じことが、夏と冬にもあてはまります。まわりに海のない内陸部は、夏地面が温められて高温になるのに対し、冬は地面が冷やされて気温が低くなります。つまり、「海の近くよりも内陸のほうが、年較差が大きくなる」ということです。

☑ 雨温図が6つなくても読み取れる方法…降水量で2分割→ピンポイントで見分ける！
　雨温図を読み取る方法はいくつもありますが、1つの方法を紹介します。

①降水量の少ない気候を探す
　→瀬戸内、内陸、北海道の気候の3つ

②1月の気温で区別する
　→5℃前後であれば瀬戸内の気候、0℃前後であれば内陸の気候、-5℃前後であれば北海道の気候となります。

③残りをピンポイントで見分ける
　→まず冬の気温が20℃近い南西諸島の気候を探す。残りは夏の降水量が多ければ太平洋側の気候、冬の降水量が多ければ日本海側の気候となります。

※必ず①→③の手順で進めよう！

瀬戸内の気候　　内陸の気候　　北海道の気候

南西諸島の気候　　太平洋側の気候　　日本海側の気候
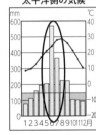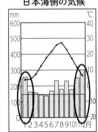

『理科年表2023』より作成

答え

雨温図A・C・Dの降水量が少ないことがわかります。1月の気温を見て、5℃前後のAは「④・ウ」、0℃のCは「③・ア」、-5℃前後のDは「①・エ」となります。残ったBは、冬の気温が10℃くらいで南西諸島ではなく、夏の降水量が多いので「⑤・オ」となります。

☞チェック問題

◆右のA〜Cの雨温図が示す都市として正しいものを、ア〜エから選びなさい。

ア　高松　　イ　札幌
ウ　長野　　エ　帯広

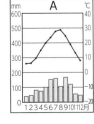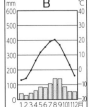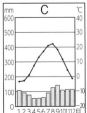

答えは、Aは高松の<u>ア</u>、Bは帯広の<u>エ</u>、Cは札幌の<u>イ</u>です。いずれも降水量が少ないことはわかったはずです。しかしBとCのように、同じ気候区分の雨温図が並ぶこともあります。大体は冬の気温で見分けることができますが（北のほうが寒く、南のほうがあたたかい）、北海道については見分けるコツがあるのでここで確認しておきましょう。

北海道の3か所を見分けよう

　北海道は冬の気温が−5℃以下になったり、氷点下の月が3ヵ月以上あったりすることで見分けることができます。ただし、北海道の中でも、日本海側・内陸・太平洋側で気温や降水量にちがいが出ることを知っておきましょう。

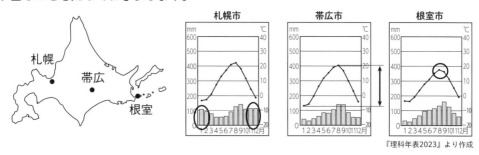

『理科年表2023』より作成

　札幌市は北海道の中でも、日本海側に位置しているので、比較的冬の降水量が多くなります。内陸の帯広市や太平洋側の根室市は気温で判断します。根室市は夏に濃霧が発生するため気温が上がらず、帯広市は北海道の内陸部にあるので、年較差（夏と冬の気温差）が大きくなります。

世界の雨温図にも注目！

入試でもよく出てくる、特徴的な世界の雨温図を紹介します。

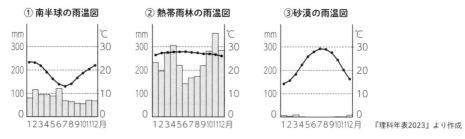

『理科年表2023』より作成

① は一番よく出てくる「南半球の雨温図」で、日本と同じ温帯に属すシドニーの雨温図です。南半球では、日本と季節が逆になる点に注目しましょう。

② は赤道付近の「熱帯雨林の雨温図」。これはマレーシアのクアラルンプールの雨温図です。年間を通して気温が高く、年間の降水量も2800mmを超えます。ここでは木がよく育ちます。

③ は「砂漠の雨温図」で、エジプトのカイロの雨温図です。圧倒的に降水量が少ないですね。ずっと暑いイメージがありますが、砂漠は内陸にあることが多く、年較差が大きいのも特徴です。

日本の最高気温と最低気温を知ってる？

　最高気温は41.1℃で静岡県浜松市（2020年）と埼玉県熊谷市（2018年）。最低気温は-41.0℃で北海道旭川市（1902年）。最高気温の上位は2000年代に入ってからの記録が多いです。

■ 次の気候区分を表した地図と雨温図を見て、あとの問いに答えなさい。

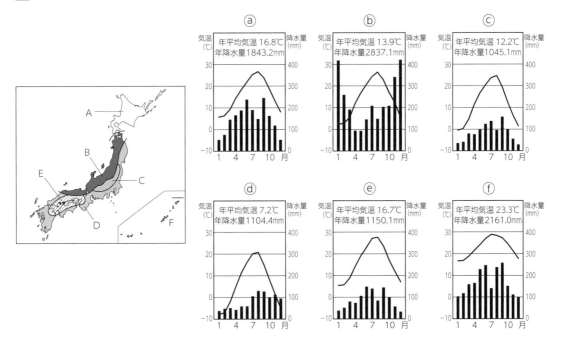

問1　上の地図中のA〜Fの地域の気候を表している雨温図は@〜fのどれに該当しますか。記号で答えなさい。またその地域にある都市を【都市群】から1つずつ選んで記号で答えなさい。

　　【都市群】　ア　那覇市　　イ　上越市　　ウ　高松市　　エ　浜松市
　　　　　　　　オ　松本市　　カ　旭川市

問2　A地区の東部は夏に吹く湿った風と沿岸を流れる寒流の影響で気温が上がらず作物への被害が出ることがあります。この災害を何といいますか。

問3　B地区は米の産地が多いですが、冬は雪が多く農業はできないので春から秋にかけて年に一回米作りが行われます。このような農業地域を何といいますか。

問4　C地区では高原の冷涼な気候を利用してキャベツ、レタスなどの栽培がさかんです。このような農業を何農業といいますか。

問5　D地区では冬は晴れた日が続くため、米を作ったあとに麦など他の作物を植えることも可能です。このような農業を何といいますか。

問6　E地区では年間を通して雨が少ないのでため池によるかんがいで稲作が行われる地域があります。ため池が多く見られる平野の名前を答えなさい。

問7　E地区で雨が少ないのは「夏の南東風と冬の北西風」の影響が少ないからです。このように夏と冬で向きが変わる風を何といいますか。

問8　F地区は冬でも温暖な亜熱帯の気候です。この気候を利用して、とくにこの地域で栽培がさかんな作物を2つ答えなさい。

気候を活かした農業って？
―農業生産の工夫―

「冬でもあたたかい？夏でも涼しい？」結局、いつ、何を作っているの？
一年中スーパーに野菜が並んでいるから、旬なんて覚えられない……。

例えばこんな場面で 次の地図を見て、あとの問いに答えなさい。

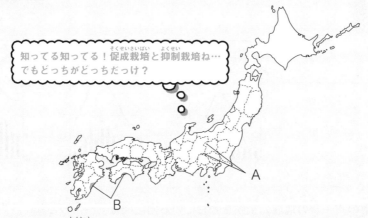

知ってる知ってる！促成栽培と抑制栽培ね…
でもどっちがどっちだっけ？

問 地図中のA・Bの気候の特徴としてふさわしいものを次のア～エからそれぞれ選び、記号で答えなさい。また、そのような気候を活かして作られている作物を、あとのカ～ケからそれぞれ選び、記号で答えなさい。

ア 夏でも涼しい　　イ 夏でもあたたかい　　ウ 冬でも涼しい　　エ 冬でもあたたかい
カ トマト・ねぎ　　キ キュウリ・ピーマン　　ク なす・はくさい　　ケ レタス・キャベツ

野菜だけど、こう並ぶと難しいな。
なすとピーマンが別の選択肢か…。

📖 つまずき解消ポイント

地形と気候の関係がつかめていないこと、おもな作物の旬や作っている場所がわかっていないことがつまずきの原因です。まずは促成栽培と抑制栽培は確実に覚えておくことが大切です。

☑ **促成栽培と抑制栽培は、普通栽培より「早く」作るか、「遅く」作るかのちがい！**
　出荷量が少ない時期に生産することで、高値で売ることが目的です。この２つの栽培方法には、早めに作るか、遅めに作るかというちがいがあるだけです。「他の地域が暑い夏に涼しいなら、涼しい季節の野菜を作ったほうがいい」ですし、「他の地域が寒い冬にあたたかいなら、あたたかい季節の野菜を作ったほうがいい」ということです。

☑ **施設栽培と露地栽培**
　冬でもあたたかい…といっても、施設（ビニールハウスや温室）による温度管理が必要です。このような、施設を使った栽培を施設栽培といいます。これに対し、施設を使わない栽培を露地栽培といいます。畑が天日に照らされていれば、露地栽培です。

✓ あたたかい気候向きの野菜、涼しい気候向きの野菜って？

　同じ野菜でも、品種によって旬の時期が異なりますが、ここでは大きく分けてあたたかい気候で育つ夏野菜と、涼しい気候で育つ高原野菜を紹介します。

夏野菜 …あたたかい気候で育つ。濃い原色で、実を食べる野菜が多い。

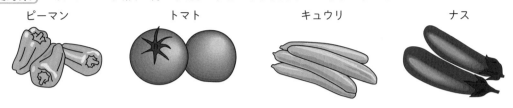

ピーマン　　　　　トマト　　　　　キュウリ　　　　　ナス

高原野菜 …涼しい気候で育つ。次の3つの葉物野菜を覚えておく。茎がないほうが寒さに強い。

キャベツ　　　　　はくさい　　　　　レタス

✓ 近郊農業に対する遠郊農業が増えている！

　野菜は新鮮なほうがよいので、大都市の近くで栽培されます。これを近郊農業といいます。新鮮であること、輸送費がかからないため値段を安くできることなどの利点があります。

　しかし、大都市から離れた地域でも野菜を作っているところはたくさんあります。その地域の気候を活かし、他の地域では生産できない時期に作物を作る、遠郊農業とよばれる方法です。この代表例が促成栽培と抑制栽培です。大都市から離れていても高値で作物が売れるため、輸送費を払っても利益があげられるのが利点です。これには、高速道路や冷蔵技術の発達にともない、新鮮なまま野菜を輸送できるようになったこと（コールドチェーン）も影響しています。しかし、遠郊農業は、施設さえ作ればある程度可能なことから、産地間での競争が激しくなっています。

答え

　Aの地域は標高が高いので夏でも涼しいと考えられ「ア」となります。この気候を活かすなら「ケ」となります。Aは群馬県の嬬恋村と長野県の野辺山原です。Bの地域は沖合に暖流の日本海流が流れていて、冬でもあたたかいと考えられ「エ」となります。この気候を活かすなら「キ」となります。Bは宮崎平野と高知平野です。

☞ チェック問題

◆愛知県の渥美半島は菊の栽培がさかんです。菊は日照時間が短くなることで開花することから、ここでは菊に光を当てて、開花時期をずらして出荷をしています。

問1　この渥美半島の菊の栽培は、促成栽培ですか、抑制栽培ですか、答えなさい。
問2　菊は沖縄などあたたかい地域での栽培がさかんですが、なぜ愛知県の渥美半島で菊の栽培がさかんなのでしょうか。この地域の気候を考えて説明しなさい。

半島の花の栽培

　太平洋側の半島の先端では、花の栽培が行われています。これは沖合に暖流の日本海流が流れていること、海の近くで冬でも温暖（気温が低くなりすぎない）であることが理由です。渥美半島のほか、伊豆半島、三浦半島、房総半島が有名です。その他、これらの地域では乳牛の飼育、メロンやいちごの栽培なども行われています。

火山灰地と農業

　日本の農業は古くから稲作中心でした。つまり、稲作をしていない地域には何らかの理由があるということです。その理由は2つ。1つ目は稲作に向いていないこと、2つ目は稲作はできるけれど稲作よりも利益のあがる農業があることです。

　稲作に向いていない地域として知っておきたいのが火山灰地です。北海道東部（根釧台地・

十勝平野）、関東地方（関東ローム層）、九州南部（シラス台地）の3か所は覚えておきましょう。いずれも畜産や畑作が中心です。静岡県の牧ノ原も火山灰地で、茶の栽培が行われています。稲作より利益のあがる農業の例として高知平野があげられます。かつて米の二期作を行っていましたが、米が余るようになり、今は促成栽培を行っています。

農業生産を高める工夫

　日本では、昔から農業生産力を高める工夫が考えられてきました。1つは耕地を増やすこと、もう1つは限られた耕地の中で生産性を高めることです。

【耕地を増やす方法】

・干拓…遠浅で干満の差が大きい海や湖で行われる。海や湖を堤防でしめきり、堤防内を干して耕地にする方法。八郎潟、児島湾、有明海の三大干拓地は覚えておこう。

・開墾…森林や荒れ地を切り開いて耕地にする方法。牧ノ原は明治時代に開墾された。

・棚田、段々畑…いずれも斜面を利用した耕地。斜面を利用した田が棚田、畑が段々畑。

【生産性を高める方法】…狭い耕地に人手をかける農業を集約農業という。

・二期作、二毛作…いずれも同じ年に同じ耕地で2回農業をすることだが、二期作は同じ作物を2回、二毛作はちがう作物を1回ずつ作ることをいう。

・品種改良…性質のちがう作物を組み合わせて新しい品種を生み出すこと。

・化学肥料…収穫量を増やす効果があるものの、使いすぎると土地がやせてしまうこともある。

・土地改良…農業がしにくい土地をしやすい土地に変えること。越後平野では暗渠排水によって湿田を乾田とし、石狩平野では泥炭地を客土によって改良した。

・農薬…病虫害や雑草を取り除く効果があるものの、農薬公害が問題となっている。

■ 地図中のa～gでは特色ある農業が行われています。地図中のa～gの地域での農業の特色として、最も適切な説明をあとの①～⑦からそれぞれ1つずつ選び、番号で答えなさい。

① この平野の中央部には県庁所在地となる都市が位置しています。その周辺では稲作やなしの栽培などがさかんです。また、沿岸部の砂丘地帯では、かんがいによって都市向けの作物を生産する農業が発達しています。

② この平野は県の中央部から南に位置しています。温暖な気候から日本を代表する野菜の促成栽培地域です。気候は温暖多雨で、冬にはほとんど霜が降りることはありません。

③ この平野は県の北部に位置し、南は山脈、北は海に面し、東西に広がっています。降水量が少ないため、古くからため池によるかんがいが行われ、稲作が行われていました。現在は用水によるかんがいが行われています。

④ この平野は県の北西部に位置し、河川の河口部にあります。日本を代表する稲作地帯で一戸あたりの耕地面積も広く、品種改良も積極的に取り組み、先進地域となっています。

⑤ 県の中南部に位置する台地です。日当たりと水はけがよいので、明治時代以降に開発が進み、日本を代表するお茶の産地となっています。

⑥ この平野は県の南部に位置し、江戸時代以降、湾内の遠浅な海岸が干拓され水田となりました。近年では、ももやぶどうの生産で有名です。

⑦ 県の東部に位置するこの高原は、標高が高いため、夏でも涼しい気候を活かしてレタスといった高原野菜を栽培することで有名です。

8 どこで何の魚がとれる？
―漁業がさかんな場所―

銚子が一位は知ってる…でもどの港でどの魚がとれるか知らない。三陸海岸沖は潮目があるから漁業がさかん！ でもほかの漁場は……？

例えばこんな場面で 次の地図は日本のおもな漁港を示したものです。また、右のグラフは、地図中の漁港のうち、4つの漁港の水揚げ量の内訳を示したものです。

1位から3位は覚えた！けど、こんなところに漁港ってあったっけ？

魚から漁港ってわかるの？ 日本ではいわし、さばが多くとれるだけではだめなの？

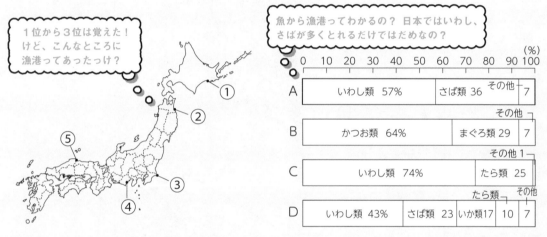

問 右のA〜Dのグラフにあてはまる漁港を、次のア〜エから選び、記号で答えなさい。また、A〜Dの漁港の位置を地図中の①〜⑤からそれぞれ選び、番号で答えなさい。
ア 焼津港　イ 釧路港　ウ 八戸港　エ 銚子港

📖 つまずき解消ポイント

よい漁場と魚介類が結びついていないのと、**漁港とその位置を正確におさえられていない**のがつまずきの原因です。漁場と漁港、魚の種類をつなげて覚えておくことが大切です。

✅ **よい漁場と漁港が集まるところは重なっている。**
　まずは日本の漁場と漁港が集まっているところを確認しましょう。
たくさんの漁獲があるため、
漁港が集まっています。

オホーツク海
北洋漁場の一つで世界でも有数の漁場となっている。

三陸沖
暖流の日本海流と寒流の千島海流がぶつかる潮目がある。

東シナ海
水深200mまでの大陸棚が広がる。

☑ 冷たい海の魚介類とあたたかい海の魚介類がいる！

魚介類には、冷たい海を好む寒流魚とあたたかい海を好む暖流魚がいます。

- **寒流魚**…さけ・ます、すけとうだら、さんま、にしんなど
  →さけの卵はいくら、すけとうだらの卵はたらこ、にしんの卵は数の子

- **暖流魚**…かつお、まぐろ、いわし、さばなど
  →ツナ缶はまぐろやかつおの缶詰。ほとんどのツナ缶は静岡県で生産されています。

多くが海流にのって移動する回遊魚なので、厳密に地域を分けることはできませんが、おおよその見当はつけることができます。いかは九州沖から日本海流にのって成長しながら北上し、八戸港や函館港での漁獲が有名です。かにも北海道を中心に、冷たい海に生息しています。

☑ 日本で漁獲量が多いのはいわし類とさば類！

太平洋側、日本海側を問わず、日本中でとれるのがこの2種類です。日本全体では約4割の漁獲高を誇っています。そのため漁港別の水揚げ量を見たときに、上位にこの魚が入ることは珍しくありませんが、この2種類で漁獲の約9割を占める漁港があります。これは銚子港で、2011年から連続で漁獲量日本一を続けています。

☑ 日本の遠洋漁業基地

最も有名な遠洋漁業基地は焼津港で、まぐろやかつおが水揚げされます。そのほかにはまぐろで有名な気仙沼港、かつおで有名な枕崎港。いずれもヒントとして遠洋漁業基地に触れられることがあるので左ページで位置とともに、覚えておきましょう。

答え

Aはいわし類とさば類でおよそ9割も占めていることから銚子港の「エ」で場所は「③」。
Bはかつお類とまぐろ類とあるので、遠洋漁業基地となっている焼津港の「ア」で場所は「④」。Cは2番目に漁獲が多いのがたら類なので、北部に位置する漁港と考えられ釧路港の「イ」で場所は「①」。Dはグラフにいか類があるので八戸港の「ウ」で場所は「②」となります。地図の⑤は境港です。

👆 チェック問題

◆右の地図は、地方ごとのある魚がとれる場所を示しています。春から夏にかけて日本の太平洋側を北上し、秋からは逆に南下していることがわかります。

問1　この魚は、春から夏にかけて何という海流にのって移動していると考えられますか。

問2　この魚は、下のイラストのように表面をわらなどで焼く食べ方が有名です。
高知県が消費量日本一である、この魚の名前を答えなさい。

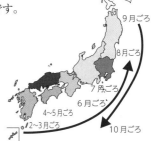

季節によってとれる場所が変わる魚

かつおが有名です。春に鹿児島県あたりから日本海流にのって北上をはじめ、夏の終わりごろまでに北海道近くまで行きます。この時期にとれるかつおを「初がつお」とよびます。一方、秋からは逆に南下をはじめます。この時期にとれるかつおを「戻りがつお」とよびます。その味にもちがいがあり、戻りがつおのほうがより成長しているので、濃厚な味わいといわれています。

魚の旬

野菜に旬があるように、魚介類にも旬があります。一年中食べられる魚介類も多いですが、それは養殖によって人が生産しているからです。覚えておきたいのは、秋が旬のさんま（秋刀魚）です。ほかにも季節に関する文字が入っているのは「さわら（鰆）」や「たら（鱈）」があります。

現代は冷蔵・冷凍技術が発展したために、旬を気にせず生で食べられますが、江戸時代など古くは生では海の近くでしか食べることができず、その多くは保存できるように火を通したり、干したり、酢でしめたり、発酵させたりするなど、くさらないように加工して食べていました。

養殖業と栽培漁業

「育てる漁業」とよばれるこの2つの大きなちがいは放流するか、しないかにあります。

養殖業 卵から成魚までいけすの中で育てる
→大きくなった魚をいけすからとる
・良い点…「安定してとることができる」など
・問題点…「えさ代がかかる」「えさによって海洋汚染が進む」「赤潮の被害が大きい」など

栽培漁業 卵から稚魚まで育てる→放流→海や川で大きくなった魚をとる
・良い点…「えさ代がかからない」「地域の魚を増やすことができる」など
・問題点…「とれる魚が放流時の数％程度しかない」など

※この栽培漁業では、生まれた川に戻ってくる性質の魚（さけ・ます）や、移動の少ないマダイやヒラメ、エビ類、貝類などが生産されています。

魚介類の輸入増

日本の漁獲量は1980年代の後半をピークに減少しています。かつて世界一の漁獲量だった時期もありましたが、現在ではベスト10にも入るか入らないかのところです。そのため、日本では魚介類の輸入が増加し、今では世界でも一、二を争う輸入大国になっています。まぐろなどの高級魚は航空機で輸送されることもあり、とくに輸送の多い成田空港は「成田漁港」とよばれることもあります。ただ、寿司などの和食の魅力が世界に広まるとともに、魚を生で食べる国も増え、今ではまぐろなどの魚が手に入りにくくなっています。

■ 次の図1の漁獲量の推移グラフと図2の地図を見て、あとの問いに答えなさい。

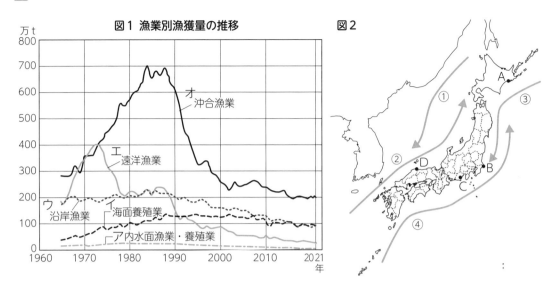

図1 漁業別漁獲量の推移

図2

問1　図1は、日本の種類別漁獲量の変化を表したものです。やや大きい船で数日かけて魚を とる漁業は、図1のア〜オのどの漁業ですか。記号で答えなさい。

問2　海面養殖業を除きどの漁業も一度は漁獲量が増えましたが、近年は1965年当時よりも 漁獲量が減少しています。その理由として正しくないものを、次のア〜エから一つ選び、 記号で答えなさい。

　　ア　国内で船が製造されなくなり、燃料代が安くなった。

　　イ　経済水域が設定され、自由に漁ができる場所がせまくなった。

　　ウ　漁業従事者が高齢化し、あとつぎのいない漁師が増えた。

　　エ　日本だけではなく、中国などの沿岸国が魚を大量にとることにより魚が減少した。

問3　図2の①〜④は、日本のまわりを流れる海流を表しています。親潮（千島海流）はど れか、①〜④から一つ選び番号で答えなさい。

問4　図2の③と④のように海流が出会うところは良い漁場となります。このような場所を何 といいますか。次のア〜エから一つ選び、記号で答えなさい。

　　ア　海域　　イ　赤潮　　ウ　いけす　　エ　潮目

問5　次の文はどの港についての説明か、港名を答えなさい。また、その場所を図2中のA 〜Dから一つずつ選び、記号で答えなさい。

　　X　2011年から漁獲量全国1位の港である。いわしやさばがそのほとんどを占める。とれ た魚は、おもにトラックを利用して首都圏へ輸送される。

　　Y　いわしやさばの漁獲量が多い港だが、かにが有名でもある。日本海側で最も漁獲量が 多い漁港である。

9 グラフを選べと言われても……
―工業地帯と工業地域―

「京浜工業地帯？ 瀬戸内工業地域？」名前は知っているけど、グラフがどうにも選べない。金属がさかんとか、工業都市と結びつけて覚えるとか聞いたけれど……見分けるのが苦手です。

例えばこんな場面で　次のグラフは、日本各地の工業地帯・工業地域の工業製品出荷額を表しています。

	金属	機械	化学	食料品	その他
A	8.7%	47.2	17.0	12.2	14.9
B	9.6%	68.1	6.6	5.3	10.4
C	18.2%	34.6	20.0	8.7	18.5
D	7.6%	49.9	12.8	13.7	16.0
E	20.6%	12.0	40.2	16.7	10.5

えっと、覚えているのは8つなんだけど、5つしかない。一番多いとかで覚えているけど、使えない…。

京浜と瀬戸内があるのは問題からわかるけど、ほかの3つは？どこから考えればいいか、わからないよ…。

問　グラフの中から、京浜工業地帯と瀬戸内工業地域をそれぞれ選び、記号で答えなさい。

📖 つまずき解消ポイント

なんとなく各工業地帯・工業地域の特徴で…と判断しているのがつまずきの原因。よく出る8つのグラフが並べばいいけれど、必ずしもそろうわけではありません。提示されたいくつかのグラフの中で区別できるようにしておくことが大切です。

✅ まずは工業地帯・工業地域をすべて答えられるようにする！

基本となるのは工業地帯4つと工業地域4つです。

> **工業地帯・工業地域**
> 京浜工業地帯・中京工業地帯・阪神工業地帯・北九州工業地帯
> 京葉工業地域・関東内陸工業地域・東海工業地域・瀬戸内工業地域

戦前（1910年代・大戦景気ごろ）から発達したのが工業地帯、戦後（1950年代半ば以降の高度経済成長期）に発達したのが工業地域です。工業地帯には3大都市圏の東京・名古屋・大阪が含まれることから、発展が早かったことがわかります。

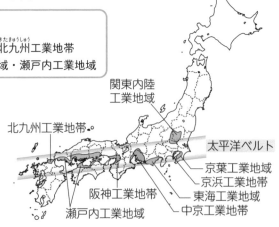

✔ **絶対的な基準を覚えておくと、しぼりこみが楽になる！**

「〇〇が一番多い」「△△地方のわりに化学が多い」など、さまざまな覚え方がありますが、実際は8つすべてのグラフがあって成り立つことが多いです。そこで、他との比較ではなく、ある程度数値でしぼりこめるようにしておくことをおすすめします。工業地帯・工業地域ごとにばらつきがあって一番特徴が現れるのは「機械工業」なので、これで確認しましょう。

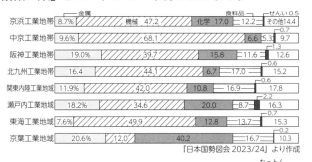

機械工業の割合

60％台　中京
40％台　東海　※およそ50％
　　　　京浜・関東内陸・北九州
30％台　阪神・瀬戸内
20％台　なし
10％台　京葉

『日本国勢図会 2023/24』より作成

この上で、複数あるところを理由とともに順番に分類していきます。理由は自分が納得できれば何でも OK。入試が近いのであれば、覚えやすい数値をそのまま覚えるのでもよいです。

40％台　・北九州だけ金属が15％を超えて多い（近代製鉄所のはじまりの八幡製鉄所がある）

　　　　・京浜だけ化学が15％を超えて多い（コンビナートが有名な川崎がある）

　　　　・東海は機械が50％近く、超えることもある（輸送用機械が有名な浜松がある）

　　　　※あてはまらなければ、関東内陸となります（機械は高くても45％前後）。

30％台　・瀬戸内は化学がおよそ20％（水島コンビナートが有名な倉敷がある）

　　　　※あてはまらなければ阪神となります。

　　　　※実はこの2つはせんいだけで見分けられます。全体で2％台なのは瀬戸内だけ（タオルの今治）、1％台は阪神（タオルの泉佐野）だけです。「せとうち＝せんい」と覚えてもいいでしょう。「せんい」のデータがあるときには使ってみよう。

⇒入試問題でグラフが8つそろっていない場合は、たいてい「どこの工業地帯・工業地域のグラフか」という説明、もしくは地図があるので、必ずグラフに書きこみながら確認しましょう。

答え

京浜工業地帯は機械の割合が40％台で化学が15％以上だから「 A 」、瀬戸内工業地域は30％台だから「 C 」となります。その他のグラフは、機械の割合から、60％台のBは中京工業地帯、40％台で金属と化学が15％を超えておらずおよそ50％のDは東海工業地域、10％台のEは京葉工業地帯とわかります。

👆 チェック問題

◆次のグラフは、京浜工業地帯、中京工業地帯、北九州工業地帯、関東内陸工業地域の製造品出荷額の割合を示したものです。

問　グラフの中から、関東内陸工業地域を示したものを1つ選び、記号で答えなさい。

	金属	機械	化学	食料品	その他	
A	8.7%	機械 47.2	化学 17.0	12.2	その他14.9	23兆1190億円
B	9.6%	68.1	6.6	5.3	10.4	54兆6299億円
C	16.4%	44.1	6.7	17.0	15.8	8兆9950億円
D	11.9%	42.0	10.8	16.9	18.4	29兆1499億円

製造品出荷額順位

中京・阪神・関東内陸・瀬戸内・京浜・東海・京葉・北九州
※近年で変更があったのは、関東内陸と瀬戸内が入れ替わっていたこと。その年の統計で覚えましょう。

自分流に覚えやすく考えてみることをおすすめしますが、たとえば「**中**くらいの博士（はかせ）が今日（**京**）東京に来た（**北**）」なんていう覚え方もあります。一部変わる年もあるので、自分なりの覚え方を考えてみましょう。

年々減っている工業地帯の生産額割合

戦前の1935年に日本の生産額のおよそ3分の2を占めていた工業地帯ですが、近年は4割程度にまで減ってきています。これは高度経済成長期に工業地帯で用地不足や公害が深刻になり、その結果工業地帯の周辺に、新しい工業地域が発展していったからです。近年はさらに交通網の発達等によって、太平洋ベルト以外の工業地域も目立つようになってきています。

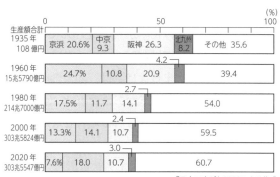

『日本のすがた2023』より作成

さらに新しい工業地域

近年、さらに新しい工業地域について出題されることも多くなってきました。北陸工業地域は、すでに京葉工業地域の生産額を超えています。これは交通網の発達のほか、ICT（情報通信技術）の発達によって、必ずしも大都市付近である必要がなくなってきていることも要因です。

しかし、入試で問われているのは、以下のようにすでに学んでいる都市が基本です。これらの都市名とさかんな工業をおさえておけば、何も怖くありません。

- **北海道工業地域**…札幌（食料品）、室蘭（鉄鋼）、苫小牧（製紙・パルプ）
- **北陸工業地域**…富山（製薬）、鯖江（眼鏡フレーム）、燕（金属洋食器）
- **常磐工業地域**…日立（電気製品）
- **鹿島臨海工業地域**…鹿嶋（鉄鋼）、神栖（石油化学）
- **大分臨海工業地域**…大分（鉄鋼・石油化学）

※近年は、群馬・栃木・茨城などを指す「**北関東工業地域**」という表現もあります。

■ 次のグラフは、日本のおもな工業地帯や工業地域を示したものです。

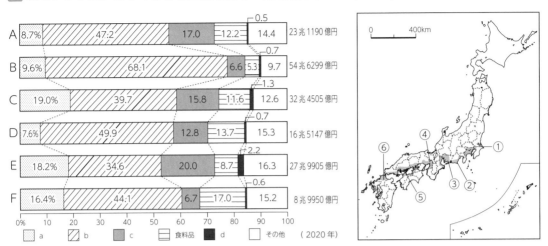

A 8.7% | 47.2 | 17.0 | 12.2 | 0.5 | 14.4 　23兆1190億円

B 9.6% | 68.1 | 6.6 | 5.3 | 0.7 | 9.7 　54兆6299億円

C 19.0% | 39.7 | 15.8 | 11.6 | 1.3 | 12.6 　32兆4505億円

D 7.6% | 49.9 | 12.8 | 13.7 | 0.7 | 15.3 　16兆5147億円

E 18.2% | 34.6 | 20.0 | 8.7 | 2.2 | 16.3 　27兆9905億円

F 16.4% | 44.1 | 6.7 | 17.0 | 0.6 | 15.2 　8兆9950億円

0% 10 20 30 40 50 60 70 80 90 100

a　b　c　食料品　d　その他　（2020年）

問1　グラフのa〜cには、何の工業が入りますか。次のア〜エからそれぞれ選び、記号で答えなさい。

　　ア　せんい　　イ　金属　　ウ　化学　　エ　機械

問2　A〜Fのグラフは、どの工業地帯・工業地域を示していますか。右上の地図中の①〜⑥から1つずつ選び、番号で答えなさい。また、その工業地帯・工業地域を説明した文を、次のア〜カから1つずつ選び、記号で答えなさい。

　　ア　20世紀の初めごろから鉄鋼業を中心に栄えたが、近年では工業生産額が下がり、その地位も低下している。

　　イ　古くは陶磁器の生産がさかんだった地域で、現在は日本で最も工業生産額が多く、なかでも自動車を中心とした機械工業の割合が多い。

　　ウ　人口が多く、交通網の発達を背景に発展した工業地帯で、印刷業がほかの工業地帯や工業地域よりもさかんである。

　　エ　江戸時代には各地の産物が集まった場所で、現在は沿岸部の重化学工業や内陸部でのせんい工業がさかんで、工業生産額における中小企業の割合が大きい。

　　オ　日本最大の工業地帯に隣接し、西側では輸送用機械工業が、東側では豊富な原材料を活かした製紙・パルプ工業や食料品工業がさかんである。

　　カ　古くから海運が発達した地域で、塩田の跡地などの工業用地を得やすかったことから、鉄鋼業や石油化学工業、造船業などがさかんである。

10 どれがコンビナート？どれがIC？
―工業都市と立地条件―

工業都市の分布図を見ても、どれが石油化学コンビナートで、どれが自動車工場かさっぱりわかりません……。

例えばこんな場面で　次の地図は日本の製鉄所、石油コンビナート、セメント工場、自動車工場の分布を示したものです。ア　　　イ　　　ウ　　　エ

お、よく見る工業だ。だけど、どこにあったっけ？

製鉄所は海沿いだったなぁ…
セメント工場も…海沿いだっけ？
地図を見ると…全部海沿い!?
これじゃわからない…。

問　上の分布図から、製鉄所とセメント工場を示したものを選び、記号で答えなさい。

📖 つまずき解消ポイント

立地条件をふまえて各地の工業をとらえていないことや、一部の有名都市だけで判断しようとしていることがつまずきの原因です。見分けるポイントを作っておくことが大切です。

☑ さまざまな立地条件を知っておこう！

　工場に限らず、お店や役所などには必ず「そこにある理由」があります。これを立地条件といいます。駅に近いお店の立地条件はわかりやすいですが、駅から離れたお店の立地条件もあります。例えば家賃が安くなること。その分、品物の値段を下げることができます。

　工場の立地条件には次のようなものがあります。さまざまな視点から見ると、日本の中での工業の見え方が変わってくるかもしれません。

工業用地…広い土地があれば工場は建てやすいです。現在は、その土地を都市部で探すのは難しいため、内陸に進出したり、海沿いを埋め立てて新しい土地を作ったりしています。

原材料…国内でとれるものであればその近く、とれないものは外国から輸入しやすい港の近くということになります。

工業用水…製品を洗ったり冷やしたりするのに使われるほか、きれいな水は原料にもなります。

交通の便…輸出入がしやすい港のほか、原材料や製品を輸送する高速道路などの交通機関、さらには工場で働く人たちの出勤のしやすさなども考えられます。

周囲の人口…まずは労働力としての人口です。周囲に働ける人が多くいれば、労働力不足を防ぐことができます。そして消費者としての人口。工業によっては、製品を買ってくれる人や会社が近いと、値段を安くすることもできます。

☑️ 見分けるための都市を作っておこう！

▶ **臨海部中心の工業**

　下の地図にある工業都市はすべて覚えておきたいですが、見分けることを考えると特徴的な都市を複数おさえておけば OK。製鉄所であれば、室蘭・東海・北九州、コンビナートであれば四日市・周南、造船所であれば長崎・佐世保など、他の工業で出てこない都市で判断できます。

製鉄所　　　　　　石油化学コンビナート　　　　　造船所

▶ **内陸にも広がる工業**

　内陸まで広がる工業は、どの場所にあるかで特徴をつかみます。自動車は愛知県を中心に関東や九州北部、セメントは埼玉県と山口県、製紙・パルプは苫小牧・富士・四国中央さえわかればOK。半導体（IC）はほとんどの都道府県で見られます。

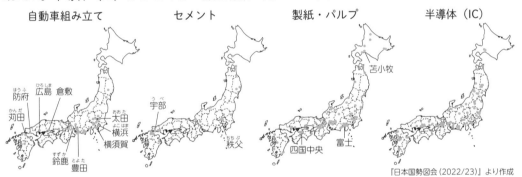

自動車組み立て　　　セメント　　　　製紙・パルプ　　　半導体（IC）

『日本国勢図会（2022/23）』より作成

答え

製鉄所は原料の輸入のために臨海部にあり、室蘭や東海などがあることから「ウ」、セメント工場は日本では埼玉県と山口県に多くあることから「イ」となります。残ったアは愛知周辺に多い自動車工場、エは臨海部で四日市や周南があるため石油化学コンビナートです。

👆 **チェック問題**

◆次の分布図は、ある工業の工場の分布について示したものです。

問1　何を作る工場の分布を示したものか、次から選びなさい。
　　ア　情報通信機器　　イ　窯業　　ウ　自動車　　エ　IC

問2　分布図を参考にして、問1の工業であまり重要とされていない立地条件を
　　次から1つ選びなさい。
　　ア　交通の便のよさ　　　イ　工業用地の得やすさ
　　ウ　原材料の得やすさ　　エ　工業用水の得やすさ

いろいろな工業とさかんな場所

全国的に広がる工業のほか、入試では一部地域について問われるものもあります。

● **せんい工業**…愛知県の出荷額が1位。一宮（毛織物）が有名ですが、トヨタももともとはせんい工業の会社。その他大阪府の泉佐野や愛媛県の今治を覚えておこう。

● **情報通信機器**…液晶テレビやスマートフォン、パソコンなどの製造を行います。長野県の出荷額が1位。戦前まで製糸業がさかんだった諏訪市や岡谷市で戦後精密機械工業がさかんになり、今では情報通信機器の生産がさかんです。

● **食料品工業**…パンや菓子、レトルト食品、酒などを製造します。北海道が1位のほか、愛知県などの都市部や埼玉県・兵庫県など都市周辺部でさかんになっています。

● **印刷業**…東京都、埼玉県、大阪府が多くなっています。情報が集まる大都市が中心となります。

● **窯業**…陶磁器が思いうかびますが、ガラスやセメントのほか、タイルなども製造しています。愛知県や岐阜県、滋賀県、福岡県などで多くなっています。いずれもトイレ関連の会社があり、その工場があります。便器や洗面台なども窯業に含まれます。

都道府県別、都市別の工業に関する統計

入試では、都道府県別や都市別の統計が使われることもあります。

都道府県別

	1位	2位	3位
生産額	愛知県	神奈川県	静岡県
工場数	大阪府	愛知県	東京都
従業者数	愛知県	大阪府	静岡県

都市別

	1位	2位	3位	4位	5位
生産額	豊田市	川崎市	市原市	横浜市	倉敷市

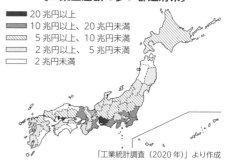

〔工業生産額の多い都道府県〕

- 20兆円以上
- 10兆円以上、20兆円未満
- 5兆円以上、10兆円未満
- 2兆円以上、5兆円未満
- 2兆円未満

「工業統計調査（2020年）」より作成

工場の海外移転

日本の工業の中心となっている自動車工業の推移をおさえておきましょう。

1970年代 石油危機をきっかけに日本車の燃費のよさに注目が集まり、輸出を増やしました。

1980年代 貿易摩擦解消や安い労働力確保のため、海外生産（現地生産）が始まりました。

1990年代 工場の海外移転が進み、海外生産台数を増やしました。

2000年代 海外での生産台数が国内を抜きました。

2010年代 海外で国内生産台数の倍を製造するようになりました。

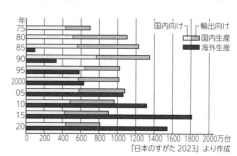

『日本のすがた2023』より作成

☞ 答えは別冊4ページ

■ 次の地図A〜Dは自動車工場、半導体工場、製鉄所、石油化学工場のいずれかの分布図です。

問　石油化学工場と製鉄所にあてはまる地図と、そのように選んだ理由として正しいものの組み合わせを、あとのア〜エから1つ選びなさい。

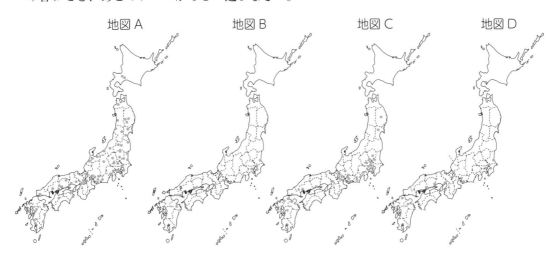

地図A　　　　　　地図B　　　　　　地図C　　　　　　地図D

ア　石油化学工場：地図B

　　製鉄所：地図C

　　理由：石油化学工場は原料を海外から輸入するため本州から九州にかけての沿岸部に
　　　　　分布しており、製鉄所は製品がさまざまな機械工業の原料となるため沿岸部だ
　　　　　けではなく内陸部にも集まっていることが理由である。

イ　石油化学工場：地図B

　　製鉄所：地図D

　　理由：石油化学工場、製鉄所ともに原料を海外から輸入するため沿岸部に分布しており、
　　　　　さらに製鉄所はかつて原料の一部がとれたことから北海道や北九州にも分布し
　　　　　ていることが理由である。

ウ　石油化学工場：地図D

　　製鉄所：地図A

　　理由：石油化学工場は原料を海外から輸入するため沿岸部に分布しており、製鉄所は
　　　　　原料の一部が山間部でとれ、製品は自動車で運びやすいため内陸にも分布して
　　　　　いることが理由である。

エ　石油化学工場：地図D

　　製鉄所：地図B

　　理由：石油化学工場、製鉄所ともに原料を海外から輸入するため沿岸部に分布しており、
　　　　　さらに製鉄所は原材料が固形で大規模な港湾施設が必要なため、本州や九州の
　　　　　一部の港付近に限られるのが理由である。

11 食生活の洋風化って？
―日本人の食生活の変化―

「洋風化」って聞くけれど、結局何が変わったの？ 今食べているものって昔はなかったの？ スーパーには国産のものもたくさんあるのに、どうして自給率は低いんだろう？

例えばこんな場面で 次のグラフは、米、小麦、魚介類、大豆、肉類、果実の自給率の推移を示したものです。

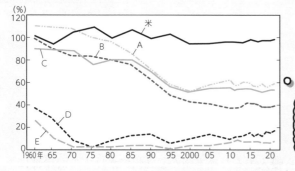

小麦と大豆は低いと聞いたけど、野菜とか肉はどうだったっけ？

A・B・Cは昔は自給率が高かったんだ…同じように下がっているんだけど、どう見分ければいいんだ？

問　グラフのうち、大豆と肉類にあてはまるものをA〜Eから1つずつ選び、記号で答えなさい。

📖 つまずき解消ポイント

今の食事が当たり前になっていて、かつての日本の食事を知らない、イメージできないことがつまずきの原因です。また、**最近の自給率は知っていても、昔どうだったのかを知らないことも**考えられます。今食べている食品の大部分がなかったことをまず知ることが大切です。

☑ パン・パスタ・ラーメン・肉……昔はなかった！

　日本人の伝統的な食生活は一汁一菜（あるいは一汁三菜）です。和食が無形文化遺産に登録され、知っている人もいると思いますが、一汁一菜とは、ご飯に汁物一品とおかず一品というものです。下のグラフを見ると、1960年は米が中心で、おかずが少なく、とくに「動物性食品（肉・魚・卵・牛乳など）」が少ないことがわかります。パンや肉がなかった食事を想像できますか？

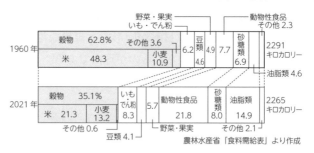

農林水産省「食料需給表」より作成

✓ 日本の食料自給率の移り変わり

自給率とは、国内で食べられている食料品のうち、どれくらいを自分の国で作っているかを表す割合のことです。日本の食料全体の自給率は40％ほどで、先進国の中でも低くなっています。

	1960年	1970年	1980年	1990年	1995年	2000年	2005年	2010年	2015年	2021年
米 …………	102	106	100	100	104	95	95	97	98	98
小麦 ………	39	9	10	15	7	11	14	9	15	17
大豆 ………	28	4	4	5	2	5	5	6	7	7
野菜 ………	100	99	97	91	85	81	79	81	80	79
果実 ………	100	84	81	63	49	44	41	38	41	39
肉類（鯨肉を除く）・・	91	89	81	70	57	52	54	56	54	53
鶏卵	101	97	98	98	96	95	94	96	96	97
牛乳・乳製品 ……	89	89	82	78	72	68	68	67	62	63
魚介類（食用）……	111	108	97	72	59	53	57	62	59	59

農林水産省 HP「日本の食料自給率」より作成

▶ 自給率の低い小麦と大豆

とくに低い小麦と大豆はそのまま数値を覚えましょう。1970年のころから自給率が低かったこともわかります。

▶ 自給率の高い米、鶏卵、野菜

日本では米が主食のため、国が稲作農家を守っています。生でも食べる鶏卵は新鮮さが大切なので、自給率が高くなっています。比較的自給率の高い野菜も新鮮さが大切ですが、低価格の外国産冷凍野菜が外食産業で使われていることなどから、自給率が下がってきています。

▶ 昔高かった果実、肉類、魚介類

果実、肉類、魚介類はいずれも1960年は自給率の高い食料品でした。果実は、日本でとれない多様な果実を輸入するようになったことから下がりました。肉類は、食生活の洋風化で消費が増えたことに加え、1991年の牛肉の輸入自由化で大きく低下しました。魚介類は1970年代の遠洋漁業、1980年代後半の沖合漁業の減少を、輸入でまかなったため自給率が下がりました。

✓ 世界の食料自給率は……？

世界に比べ、日本の自給率が低くなっていることがわかります。日本政府は2030年度までにこの自給率を45％にすることを目標としています。

カナダ	オーストラリア	アメリカ	フランス	ドイツ	イギリス	イタリア	日本
233%	169%	121%	131%	84%	70%	58%	38%

（カロリーベース。日本のみ2021年、他は2019年）
農林水産省 HP「世界の食料自給率」より作成

答え

大豆は自給率が1ケタととくに低いことから「E」とわかります。Dは小麦です。残り3つのうち、最も自給率が下がっているBが果実、1980年半ばまで100％だった自給率がそれ以降急激に下がったAが魚介類、残った1990年前後で下がっている「C」が肉類です。

👆 チェック問題

◆日本の食料自給率が低い理由としてふさわしくないものを次から1つ選び、記号で答えなさい。

　ア　外国から安い食料を輸入しているから。　　イ　国産食品の安全性に疑問があるから。
　ウ　食生活が洋風化したから。　　エ　農水産業で働く人が減っているから。

✎ **得意にするための1歩**

答えは**イ**です。このように、食料自給率が低下している理由はいくつもあります。今後改善していく上でのポイントにもなるので、ここで確認しておきましょう。

なぜ外国産作物は安いの？

アメリカやオーストラリアは広い耕地で大型の機械を使い、少ない人数で大量の農作物を生産しています。農家一戸あたりの耕地面積は、日本が3.3ha程度（北海道は約33ha）なのに対して、アメリカは約170ha、オーストラリアにいたっては約3000haもあります。いかに広いかがわかります。その分、値段も下げることができます。一方日本は、せまい耕地に人手をかけ、肥料を大量に使う**集約農業**を行っているため、生産量は少ないのに値段は上がります。

アメリカの農業

日本は工業製品の輸出で貿易黒字を出してきたことから、外国から農産物の輸入を求められてきました。とくに**1991年の牛肉・オレンジの輸入自由化**は大きな影響がありました。安い牛肉が手に入るようになることで消費が増え、自給率が下がったのです。一方で、日本の農家は工夫を求められるようになり、良質な牛や、品種改良をした農作物を生み出し、ブランド化を進め、外国産より割高ですが成功しているところもあります。

日本の農業

農家の高齢化、そして減少

農業就業人口や耕地が減り続けていることも自給率が上がらない要因です。さらに、2019年には高齢者の割合が70%、平均年齢が67歳と、高齢者が日本の農業を支えている形となっています。近年は、人手不足も深刻となり、他の農家に農作業をまかせる**請けおい耕作**（委託農業）を行うところも増えてきています。

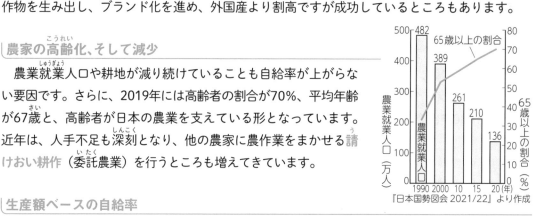

『日本国勢図会 2021/22』より作成

生産額ベースの自給率

日本の食料自給率は40%程度ですが、これはカロリーベースによる統計です。これは、「一年間に消費する食料をカロリー（熱量）に換算して、国内でどれだけ生産しているか」が基準です。だから、高カロリーの油や肉の生産が少なければ大きく下がり、逆に低カロリーの米や野菜などを多く生産していても自給率にはそれほど影響がないといえます。

ただし、多くの国では実は以下のような生産額ベースの食料自給率が使われています。これを見ると、日本の自給率が決して低いわけではないことがわかります。

カナダ	オーストラリア	アメリカ	フランス	ドイツ	イギリス	イタリア	日本
118%	126%	90%	82%	64%	61%	84%	63%

（生産額ベース。日本のみ2021年、他は2019年）
農林水産省 HP「世界の食料自給率」より作成

このようにちがいが出るのは、カロリーベースに廃棄食品（食品ロス）を含むことや、外国産飼料で育ったものは総合自給率から除かれることなどがあげられます。また、低カロリーな米や野菜は外国と比べて値段が高いこともあります。近年の入試では、この生産額ベースの出題も増えてきているので、知っておきたい。

■ 日本の食料自給率について、次の問いに答えなさい。

問1 「食料自給率」について述べた次の文のうち、まちがっているものを、あとの6つの資料を参考にしながら1つ選び、記号で答えなさい。

ア アメリカやオーストラリアでは、日本と比べて農林業などの従事者1人あたりの耕地面積がはるかに大きいので、大型機械を使って、少ない人手で大量の農作物を安く生産することができる。

イ 日本は消費する小麦の多くを輸入に頼っており、2021年のとれ高と輸入額の合計に占める輸入高の割合は、8割を超えている。

ウ 日本の食料自給率は、他の国よりも低く、近年、魚介類以外の食料は国内でほとんどまかなえていない。

エ 農林水産業で働く人の割合が減っていることや、耕地面積が減少していることも、日本の食料自給率が低くなっている理由と考えられる。

資料Ⅰ おもな国の食料自給率の変化

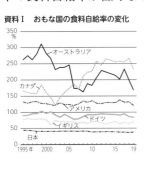

資料Ⅱ 日本のおもな食料の自給率の変化

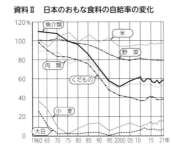

資料Ⅲ 産業別の人口の割合の変化

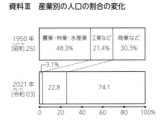

資料Ⅳ 日本の小麦のとれ高と輸入高の変化

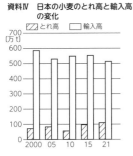

資料Ⅴ 日本の耕地面積の変化

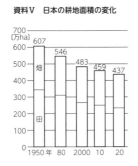

資料Ⅵ おもな国の農林業などの従事者1人あたりの耕地面積(2013年)

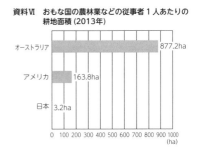

問2 日本は、食料として欠かせない穀物類や飼料も海外からの輸入に多く依存しています。次の表は、ある農作物の日本の国別輸入量を示したものです。A〜Cにあてはまる農作物名の正しい組み合わせをア〜カから1つ選び、記号で答えなさい。

	A			B			C		
	国 名	輸入量(百万トン)	割合(%)	国 名	輸入量(百万トン)	割合(%)	国 名	輸入量(百万トン)	割合(%)
1位	アメリカ合衆国	2.3	44.2	アメリカ合衆国	11.1	72.8	アメリカ合衆国	2.5	75.9
2位	カナダ	1.8	35.1	ブラジル	2.3	15.4	ブラジル	0.5	15.1
3位	オーストラリア	1.1	20.6	アルゼンチン	1.1	7.3	カナダ	0.3	8.3

	ア	イ	ウ	エ	オ	カ
A	小麦	小麦	とうもろこし	とうもろこし	大豆	大豆
B	とうもろこし	大豆	小麦	大豆	小麦	とうもろこし
C	大豆	とうもろこし	大豆	小麦	とうもろこし	小麦

12 少子化？高齢化？どんな影響がある？
―日本の人口―

こんなつまずきありませんか？

なぜ少子化、高齢化が進んでいるんだろう？ 「高齢化は問題がある」と聞くけれど、長生きするのはいいことじゃないの？

例えばこんな場面で 次の図は、日本の1950年、1980年、2010年の人口構成を表したものです。

> 人口ピラミッドだ！ えーと、どう見るんだっけ？

> ウは最初っぽいけど、アとイはどっちが先だろう？

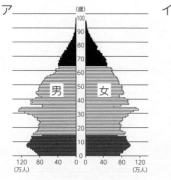 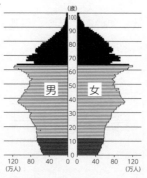 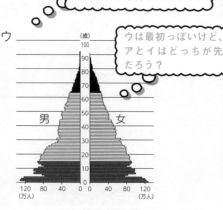

問1　日本の人口に関して起こっている現象を、子ども・高齢者に注目して、それぞれ答えなさい。

問2　上の３つの図を、年代の早い順に並べかえなさい。

> 2つ？ え、少子高齢化じゃないの？

📖 つまずき解消ポイント

少子高齢化を一つのことがらととらえているのがつまずきの原因。あくまで少子化と高齢化は別の現象で、視点をしぼってグラフを読み取ることが大切です。

☑ **統計では子どもは14歳まで、高齢者は65歳以上のこと！**

　子どもや高齢者の数を比較するために、世界的に年齢層を分けています。

　いわゆる子どもは「年少人口（0〜14歳）」、高齢者は「老年人口（65歳〜）」を表します。この間の年代は、「生産年齢人口（15〜64歳）」といって、国の労働力の中心となる世代を指します。

☑ **少子化と高齢化は別のことがら。日本は同時に起こっている！**

　なんでも「少子高齢化」と書いてしまう人がいます。しかし、「少子化」と「高齢化」は関連こそあるものの、別の現象です。例えば、高齢化が進んだから子どもが少なくなったり、逆に子どもが産まれなくなったから高齢者が増えたりするわけではありません。

　問題を解きながら、設問は「少子化」についてのことがらか、「高齢化」についてのことがらか、あるいは同時に起こっている「少子高齢化」なのかを自分の中で明確にしましょう。

☑ 人口ピラミッドの移り変わりをおさえよう！

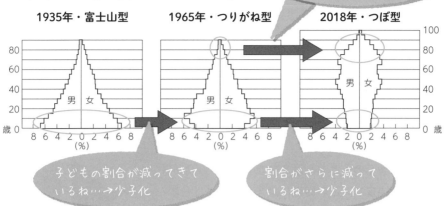

高齢者の割合が増えているのがわかる。→高齢化

1935年・富士山型　　1965年・つりがね型　　2018年・つぼ型

子どもの割合が減ってきているね…→少子化

割合がさらに減っているね…→少子化

☑ 高齢化と少子化の原因は？そして問題とは？

▶ 進む高齢化

　高齢者が増加している理由は、医療技術が進歩したこと、食生活が向上したこと、社会保障が充実していることです。まずは日本が長生きできる国だという点に、感謝したいですね。

　ただ、この高齢者を支える世代が減っており、社会的な負担が増大しています。1965年ごろには高齢者1人を約10人で支えていたのが、近年は約2人で、2050年には約1.4人で支えることになると予測されています。それにともない、税負担が重くなる可能性も高いといえます。

▶ 進む少子化

　子どもが少なくなっている理由はさまざまですが、まず結婚しない人の増加（非婚化）があげられます。これは個人の考えのほか、経済的理由から結婚をしづらいという人もいます。

　また、結婚しても結婚年齢が高かったり（晩婚化）、子どもを持たない、もしくは一人っ子を選択したりする家庭が増えていることもあげられます。これは子育てにお金がかかること、欧米で当たり前になっている仕事と育児の両立が難しい環境にあることなどがあげられます。

答え

問1　子どもに関しては「少子化」、高齢者に関しては「高齢化」が進んでいます。

問2　人数で作られているので、全体の人口の少ない順に「ウ→ア→イ」となります。また、部分に注目するなら、子どもの減少、高齢者の増加を順番に並べても OK です。

🖐 チェック問題

◆次の図は、1935年、1950年、1980年、2010年のいずれかの日本の人口構成を表したものです。これを年代の早い順に並べかえなさい。

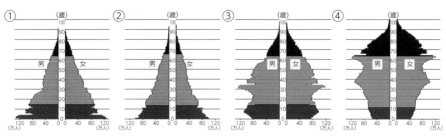

答えは②→①→③→④となります。①と②は似ていますが、①は男女ともに5歳ころに大きく減っています。戦争の影響から、1950年と考えます。このように、形が似ている人口ピラミッドが出題されることもあります。この場合は、増減のある特徴的な時期から判断するので、ここで確認しておきましょう。

100年の間に人口が増加した時期、減少した時期

増加したのはベビーブーム

・戦争が終わり、多くの子どもが産まれた時期を第一次ベビーブームといいます。この時期に産まれた人々は日本の高度経済成長期を支え、「団塊の世代」とよばれます。

・第一次ベビーブームで生まれた世代が親になった時期が、第二次ベビーブームです。残念ながら少子化が進んだことで第三次とよべる時期はありません。

減少したのは戦争とひのえうま

・日中戦争や太平洋戦争では男性が戦争に動員されたため、出生数がとくに減っています。

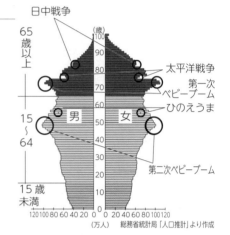

総務省統計局「人口推計」より作成

・よく見ると第一次ベビーブームと第二次ベビーブームの間に、男女とも大きく減っている年があります。これは干支で「丙午」にあたる年に生まれた子は、縁起がよくないという迷信があったためでした。

日本の高齢化の現状

　世界保健機関（WHO）は各国の高齢化の指標として、全人口における高齢者（65歳以上）の割合が7％を超えると「高齢化社会」、14％を超えると「高齢社会」、21％を超えると「超高齢社会」としています。日本はすでに超高齢社会を超え30％程度になっており、世界一の高齢化率です。

　よく使われるデータに、「高齢化社会（7％）から高齢社会（14％）に達するまで何年かかったか」というものがあります。日本の高齢化がいかに早く進んでいるかがわかります。

	7％到達年	14％到達年	年数	2020年高齢化率
フランス	1864	1990	126年	20.8%
イギリス	1929	1975	46年	18.7%
ドイツ	1932	1972	40年	21.7%
アメリカ	1942	2014	72年	16.6%
日本	1970	1994	24年	28.6%

内閣府「令和4年版高齢社会白書（全体版）」より作成

日本の人口の変遷

　日本の歴史上で人口が大きく増加したのは江戸時代と明治時代以降。江戸時代の増加は、戦国時代が終わって寿命が延びたことや江戸時代が平和な時代であったことが要因です。明治時代以降の増加は、医療の発達や栄養の改善、衛生に対する知識が広まったことなどが要因とされます。

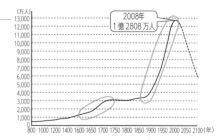

■ 日本の人口について、次の問いに答えなさい。

問1　右の図は、日本の人口ピラミッドを示しています。

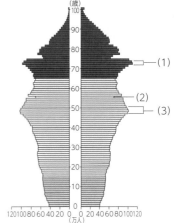

①　図の（1）あるいは（3）の年齢人口は、他の年齢人口と比べて多くなっています。この年齢の人たちが出生した時期をカタカナ6字で答えなさい。

②　図の（2）の年齢の人たちが出生した年は、江戸時代から残る迷信のため、その前後の年齢人口と比べて、出生数が少なくなりました。この年をとくに何というか、ひらがな5字で答えなさい。

問2　最近100年間の日本において、最も低かった年の人口増加率は-2.3%、最も高かった年の人口増加率は5.0%でした。この人口増加率が最も高かった年を西暦で答えなさい。なお、最も高かった年は、最も低かった年の翌年です。

問3　下の図（あ）〜（え）は、1930年・1950年・1970年・1990年における日本の人口ピラミッドを示しています。これらの図を古い順に記号で答えなさい。

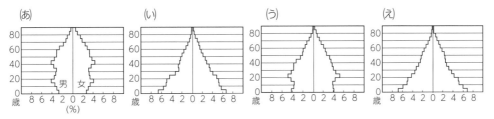

問4　沖縄県と東京都の人口ピラミッドから読み取れることとして正しくないものを下から1つ選び、記号で答えなさい。

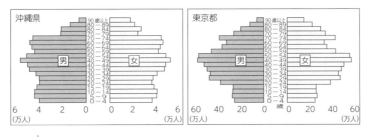

ア　人口全体に占める生産年齢人口（15歳〜64歳）の割合は、沖縄県よりも東京都のほうが高い。

イ　70歳以上を見ると、沖縄県・東京都いずれも男性よりも女性のほうが多い。

ウ　人口全体に占める年少人口（0〜14歳）の割合は、東京都よりも沖縄県のほうが高い。

エ　年少人口（0〜14歳）は、東京都よりも沖縄県のほうが多くなっている。

13 貿易港にも特徴がある？
―日本の貿易―

こんなつまずきありませんか？

日本は世界中からものを輸入しているけど、貿易港はどうやって見分ければいいんだろう？ 貿易総額がのっていたらわかるけれど、品目の割合だけだと決められない……。

例えばこんな場面で 次の表は、東京港・名古屋港・大阪港・成田国際空港のいずれかの輸出入品目の割合を示しています。

> 港か…自動車とか衣類とか同じやつがあるからよくわからない。

①
輸出品目	％	輸入品目	％
自動車部品……	5.8	衣類	8.3
半導体等製造装置	5.2	コンピュータ……	6.2
コンピュータ部品	5.1	肉類	4.5
プラスチック…	4.7	魚介類	4.0
内燃機関……	4.4	音響・映像機器	3.6
計	100.0	計	100.0

②
輸出品目	％	輸入品目	％
自動車 ……	24.6	液化ガス………	7.4
自動車部品……	16.6	衣類	6.9
内燃機関 ……	4.1	石油	5.8
電気計測機器…	3.4	絶縁電線・ケーブル	5.1
金属加工機械…	3.2	アルミニウム…	3.9
計	100.0	計	100.0

③
輸出品目	％	輸入品目	％
集積回路 ……	10.4	衣類	13.7
コンデンサー…	8.6	肉類	6.7
プラスチック…	5.3	家庭用電気機器	3.6
個別半導体 ……	3.9	音響・映像機器	3.5
電気回路用品…	3.9	金属製品 ……	3.2
計	100.0	計	100.0

④
輸出品目	％	輸入品目	％
半導体等製造装置	8.4	通信機 ……	14.1
金（非貨幣用）…	7.6	医薬品 ……	13.5
科学光学機器…	5.5	コンピュータ…	9.8
電気計測機器…	3.8	集積回路 ……	8.0
集積回路 ……	3.8	科学光学機器…	6.3
計	100.0	計	100.0

> 何でパーセント？ 貿易額がのっていたら、成田はすぐにわかるのに…。

問　上の表から、大阪港の輸出入品目を示したものを選び、番号で答えなさい。

> 集積回路は知ってる、IC だ！
> ③と④で出てくるけど、これは空港だ！
> 小さく軽く高価。
> …え、空港は１つだけ…問題おかしくない？

📖 つまずき解消ポイント

貿易品目が似ている港の区別がついていないことがつまずきの原因です。自分で読み取りの根拠を作っておくことが大切です。似ているものをまとめ、ちがいを見つけるのが基本です。できれば、どうしてそれが多いのか、理由と一緒に頭に入れておきましょう。

✅ 空港を読み取るポイント！

　飛行機での輸送は、とても速いという利点がある一方で、輸送費は高くなります。ですから、飛行機で運ぶものは、おもに「小さい」「軽い」「高価」という特徴が求められます。すぐに思いつくのがIC（集積回路・半導体）ですが、実は船でも運ばれているので、注意が必要です。大阪港や博多港は多くの集積回路を輸出しています。

　空港を読み取るポイントは、輸出入品目全部を見て、これにあてはまるかどうかです。わかりやすいのは「医薬品」「金」「通信機」などです。近年「半導体等製造装置」という品目が空港からの輸出品目に入っていますが、これは大型の機械です。ただし、その分高価なものともいえます。東京港でもこの半導体等製造装置を多く輸出しているので、覚えておきましょう。

☑ 成田国際空港と関西国際空港のちがいに注目！

　同じ飛行機を利用するだけあって、貿易品目が似ているこの2つの空港。だからこそ、ちがいを見つけて、見分けられるようにしておきたい。

　まず輸出品目に注目すると、上位のちがいで目立つのは、成田国際空港の「金」です。おもな貿易港で上位に金が出るのは成田国際空港だけです。一方、輸入品目は同じものが並んでいて、品目で判断するのは難しいです。品目は年度によって変わるため、その年のちがう部分に注目して覚えることが大切です。また、もし貿易額があれば成田国際空港は1位なので見分けはかんたんになります。

成田国際空港				
輸出品目	％	輸入品目		％
半導体等製造装置‥	8.4	通信機	‥‥‥	14.1
金 (非貨幣用)‥‥‥	7.6	医薬品	‥‥‥	13.5
科学光学機器‥‥‥	5.5	コンピュータ	‥‥	9.8
電気計測機器‥‥	3.8	集積回路	‥‥‥	8.0
集積回路‥‥‥‥	3.8	科学光学機器	‥‥	6.3
計‥‥‥‥‥	100.0	計	‥‥‥	100.0

関西国際空港				
輸出品目	％	輸入品目		％
集積回路 ‥‥‥	22.3	医薬品	‥‥‥	24.2
科学光学機器‥‥	6.2	通信機	‥‥‥	12.5
電気回路用品‥‥	6.2	集積回路	‥‥‥	8.0
個別半導体‥‥‥	5.0	科学光学機器	‥‥	4.5
半導体等製造装置‥	4.8	コンピュータ	‥‥	3.8
計‥‥‥‥	100.0	計	‥‥‥	100.0

『日本国勢図会 2022/23』より作成

☑ 「その貿易港ならでは」を見つける！

　肉類と魚介類の両方が輸入の上位にくるのは東京港。多くの飲食店がありますね。ほかに博多港や川崎港もありますが、入試であまり見かけません。また、肉類のみ上位に入るのが大阪港です。（事実かわからないけれど）大阪の人は肉が好きなんだ、と覚えておきましょう。

　その他、神戸港の輸入品目上位に「たばこ」があるのは覚えておきましょう。神戸の人がたばこ好きかどうかはわからないけれど、「たばこうべ」と覚えると、まちがいないです。少なくとも上位12港の中に、神戸港以外にたばこは上位に出てきません。

　最後に「衣類」。年度にもよりますが、空港を除く上位の貿易港の輸入品目に見られ、判断の基準にはならないので注意が必要です。

答え

　③と④に集積回路がありますが、金があるので④が成田国際空港です。①は肉類と魚介類があるので東京港、②は自動車輸出が多いので名古屋港です。残った③は輸入品目の上位に肉類があり、輸出品目1位が集積回路なので大阪港。よって答えは「③」となります。

✋ チェック問題

◆次の表は、横浜港・関西国際空港・神戸港・三河港のいずれかの主要貿易品目を示しています。この中から横浜港と神戸港のものを選び、記号で答えなさい。

ア
輸出品目	百万円	％	輸入品目	百万円	％
自動車‥‥‥‥	927 475	15.9	石油 ‥‥‥‥	255 394	6.3
プラスチック‥‥	271 828	4.7	有機化合物‥‥	139 093	3.4
内燃機関‥‥‥	258 556	4.4	液化ガス‥‥‥	136 264	3.4
自動車部品‥‥	247 779	4.3	衣類 ‥‥‥‥	118 179	2.9
ポンプ, 遠心分離機	170 051	2.9	アルミニウム‥‥	113 446	2.8
計‥‥‥‥	5 819 977	100.0	計 ‥‥‥‥	4 054 454	100.0

イ
輸出品目	百万円	％	輸入品目	百万円	％
自動車‥‥‥‥	1 956 705	95.1	自動車 ‥‥‥‥	572 293	87.6
鉄鋼‥‥‥‥	25 522	1.2	鉄鋼‥‥‥‥	21 987	3.4
船舶‥‥‥‥	13 925	0.7	果実‥‥‥‥	6 908	1.1
石油製品‥‥	8 748	0.4	航空機類‥‥	3 778	0.6
鉄鋼くず‥‥	7 712	0.4	魚介類‥‥‥	3 697	0.6
計‥‥‥‥	2 057 577	100.0	計 ‥‥‥‥	653 174	100.0

ウ
輸出品目	百万円	％	輸入品目	百万円	％
集積回路‥‥‥	1 113 947	22.3	医薬品‥‥‥‥	905 195	24.2
科学光学機器‥	311 482	6.2	通信機 ‥‥‥	467 599	12.5
電気回路用品‥	309 116	6.2	集積回路 ‥‥	299 471	8.0
個別半導体‥‥	247 719	5.0	科学光学機器‥	168 368	4.5
半導体等製造装置	239 885	4.8	コンピュータ‥	143 544	3.8
計‥‥‥‥	4 989 856	100.0	計 ‥‥‥‥	3 746 375	100.0

エ
輸出品目	百万円	％	輸入品目	百万円	％
プラスチック‥‥	362 000	7.4	たばこ‥‥‥‥	274 132	9.1
建設・鉱山用機械	243 778	5.0	衣類‥‥‥‥	203 059	6.8
無機化合物‥‥	195 540	4.0	無機化合物‥‥	111 499	3.7
有機化合物‥‥	148 878	3.0	有機化合物‥‥	108 831	3.6
内燃機関 ‥‥	136 241	2.8	果実‥‥‥‥	91 009	3.0
計‥‥‥‥	4 901 725	100.0	計 ‥‥‥‥	3 003 275	100.0

輸出品目に自動車関連製品が並んだときは、慎重に

日本の主要な輸出品、自動車。上位に自動車関連製品が並ぶのは２港、名古屋港と横浜港です。いずれも自動車工業がさかんな場所にあるため、表での見分けが必要です。貿易総額があれば名古屋港が上位なのでかんたんですが、問題は貿易額がない場合です。

名古屋			
輸出品目	％	輸入品目	％
自動車	24.6	液化ガス	7.4
自動車部品	16.6	衣類	6.9
内燃機関	4.1	石油	5.8
電気計測機器	3.4	絶縁電線・ケーブル	5.1
金属加工機械	3.2	アルミニウム	3.9
計	100.0	計	100.0

横浜			
輸出品目	％	輸入品目	％
自動車	15.9	石油	6.3
プラスチック	4.7	有機化合物	3.4
内燃機関	4.4	液化ガス	3.4
自動車部品	4.3	衣類	2.9
ポンプ、遠心分離機	2.9	アルミニウム	2.8
計	100.0	計	100.0

『日本国勢図会 2022/23』より作成

空港のときと同様に輸出品目に注目すると、名古屋港には「電気計測機器」があり、横浜港には「プラスチック」があります。輸入品目に注目すると、名古屋港には「絶縁電線・ケーブル」があり、横浜港には「有機化合物」があります。年度によって変わるので、その年のちがいで見分けられるようにしておきましょう。

また、割合があれば自動車だけで見分ける方法もあります。名古屋港は近くに自動車関連会社がたくさん集まっています。そのため、内燃機関（エンジン）まで含めると、輸出の半分近くが自動車関連製品となります。一方、横浜も自動車で有名ではありますが、豊田ほどではないため、自動車関連製品はおよそ25％となっています。ただし、たまに出題される三河港は、自動車の輸出だけで90％前後なので、これを名古屋港にしないようにしましょう。

日本のおもな港の貿易額順位

貿易港の表には、貿易額（輸出額と輸入額の合計）がのっていることも多いです。これは、より解きやすくなる情報です。年によって順位は変わりますが、これまでのまぎらわしい貿易港（空港・自動車関連）の貿易額には差があります。貿易額上位３港（成田国際空港・東京港・名古屋港）は必ず覚えておきましょう。

世界の貿易

世界の貿易額による順位は①中国、②アメリカ、③ドイツ、④日本となっています。日本の貿易相手国は、2006年まではアメリカが１位でしたが、それ以降はずっと中国になっています。

日本の貿易に影響を与えたできごと

戦後の日本に関する問題では、歴史的背景を問われることがあります。右のグラフで、輸出入額がとくに減少した時期について確認しておきましょう。

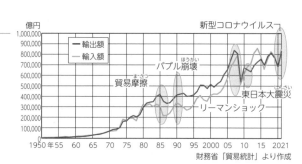

財務省「貿易統計」より作成

1 次の表は、日本のある貿易港の貿易品目と貿易額を示したものです。

①					
輸出品目	百万円	%	輸入品目	百万円	%
半導体等製造装置	849 806	8.4	通信機	1 799 723	14.1
金（非貨幣用）	769 528	7.6	医薬品	1 726 958	13.5
科学光学機器	556 860	5.5	コンピュータ	1 260 572	9.8
計	10 158 849	100.0	計	12 803 024	100.0

②					
輸出品目	百万円	%	輸入品目	百万円	%
集積回路	1 113 947	22.3	医薬品	905 195	24.2
科学光学機器	311 482	6.2	通信機	467 599	12.5
電気回路用品	309 116	6.2	集積回路	299 471	8.0
計	4 989 856	100.0	計	3 746 375	100.0

③					
輸出品目	百万円	%	輸入品目	百万円	%
自動車	2 557 072	24.6	液化ガス	321 222	7.4
自動車部品	1 733 298	16.6	衣類	295 904	6.9
内燃機関	431 768	4.1	石油	250 993	5.8
計	10 413 661	100.0	計	4 316 005	100.0

④					
輸出品目	百万円	%	輸入品目	百万円	%
プラスチック	362 000	7.4	たばこ	274 132	9.1
建設・鉱山用機械	243 778	5.0	衣類	203 059	6.8
無機化合物	195 540	4.0	無機化合物	111 499	3.7
計	4 901 725	100.0	計	3 003 275	100.0

問1　日本は世界から原料を輸入、製品を輸出しています。このような貿易を何といいますか。

問2　①〜④は、どの貿易港を示したものですか。次のア〜エからそれぞれ1つずつ選び、記号で答えなさい。

　　　ア　関西国際空港　　イ　神戸　　ウ　名古屋　　エ　成田国際空港

問3　①〜④の中から、貿易赤字になっている貿易港を番号で答えなさい。

2 次の図は1950年以降の日本の貿易額（輸出額と輸入額）の推移を示したものです。日本の貿易について述べた文として誤っているものを、図も参考にしてあとのア〜オから一つ選び、記号で答えなさい。

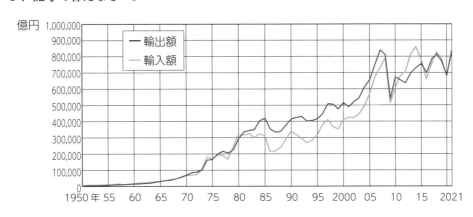

ア　1960年代の輸出の増加額は、1970年代の輸出の増加額よりも小さい。

イ　1980年代から1990年代にかけて大部分の年で輸入超過であり、貿易赤字であった。

ウ　1980年代には、自動車輸出をめぐってアメリカ合衆国との間で貿易摩擦が生じた。

エ　2009年には、世界的な不況の影響で貿易額が前年よりも少なかった。

オ　2019年以降は、世界的なウイルスの感染拡大の影響を受けて輸出入額ともに一度減少した。

14 何で何を輸送している？
―交通と輸送―

貨物と人で、どうして輸送機関を変えるの？ 全部自動車で運べばいいのに、何がちがうの……？

例えばこんな場面で 次のグラフは、国内の貨物輸送と旅客輸送の割合を表しています。グラフ中のA～Dには、鉄道、自動車、航空機、船舶のいずれかの輸送機関が入ります。

貨物（重量 × 距離＝トンキロ）　旅客（人数 × 距離＝人キロ）

（ D ）0.1　（ A ）4.7%　（ C ）0.1　（ D ）3.0

（ C ）39.7　（ B ）55.4

2020年度

（ A ）24.7%　（ B ）72.2

2020年度

> 貨物は物で、旅客は人だな。
> 自分はよく鉄道を利用するから多いはず。
> でも貨物列車はあまり見たことがないなぁ…何で運んでいるんだろう？

> トンキロ？人キロ？何だこれ。
> 両方とも1位がBだけど、あとは全然ちがうな…どこを見ればいいの？

問1　グラフ中のA～Dに入るものの組み合わせとして正しいものを次から選び、記号で答えなさい。
　ア　A：航空機　　B：自動車　　C：鉄道　　D：船舶
　イ　A：鉄道　　　B：航空機　　C：自動車　D：船舶
　ウ　A：鉄道　　　B：自動車　　C：船舶　　D：航空機
　エ　A：船舶　　　B：航空機　　C：自動車　D：鉄道
問2　グラフ中のA～Dには、環境への悪影響を考え、他の機関に輸送をふりかえ、割合を減らす試みがされている機関があります。この機関とはA～Dのどれになりますか。記号で答えなさい。

📖 つまずき解消ポイント

輸送機関の長所と短所を把握できていないことがつまずきの原因です。また、**ふだん自動車と鉄道を利用していて、ほかの輸送機関のイメージがわかないこと**も考えられます。各機関の長所と短所を、他の機関と比較してとらえておくことが大切です。

☑ **長所をおさえれば、それが他の機関の短所になる！**

　輸送機関の長所がわかれば、それは他の機関の短所にもなります。機関ごとの長所を確認しながら、「もし、他の機関で運んだら？」を想像し、「確かに長所だな」と納得していきましょう。実際には、それぞれの長所を活かすため、これらの輸送機関を組み合わせて利用しています。

輸送機関	自動車	鉄道	船	航空機
長所	・戸口間の輸送ができる。	・正確な時間で到着する。 ・輸送量に対して環境にやさしい。	・重いものでも大量に運べる。 ・量に対しての輸送費が安い。	・遠くまで速く運べる。 ・地形に関係なく運べる。
短所	・渋滞があり、時間通りに着かない。 ・積む数量に制限がある。 ・排気ガスによる公害。	・線路があるところしか運べない。 ・駅が必要。	・輸送に時間がかかる。 ・港湾施設が必要。 ・天候の影響を受けやすい。	・輸送費が高い。 ・空港が必要。 ・天候の影響を受けやすい。

☑ 最も多く利用されているのは自動車！

　ものを運ぶにも、人を運ぶにも最も多く利用されているのは自動車です。相手のいる場所まで行けるのが最も大きな利点といえます。

　貨物で2番目に多いのが船です。時間はかかりますが、大量に輸送できるので、利用されています。旅客で2番目に多いのが鉄道で、船や航空機より使う機会も多いため、これは納得しやすいでしょう。

　逆に、輸送量が少ないものに注目すると、貨物で少ないのが航空機です。運べる量が少ない割に、輸送費が高いため、利用は少ないです。旅客で少ないのは船です。飛行場のない離島では欠かせませんが、時間がかかるため、人の移動にはあまり利用されていません。

☑ 交通と環境問題について知っておきましょう！

　交通・輸送は、公害や環境問題にも直接つながっています。例えば、自動車の排気ガスは、大気汚染・地球温暖化・酸性雨などの環境問題のほか、騒音・振動といった公害も引き起こします。

[モーダルシフト]

　自動車輸送の一部を鉄道や船にふりかえ、環境への影響を減らすのがモーダルシフトです。車ごと船に積むカーフェリーや、日本ではあまり見かけないですが、車ごと鉄道にのせるピギーバック輸送も同様の効果があります。

[新しい自動車]

　温室効果ガス排出の多いガソリン車を減らすため、新しい自動車の開発も進んでいます。電気とガソリンを併用するハイブリッド車や天然ガスを利用した自動車、水素・酸素から電気を作る燃料電池自動車、電気を利用した電気自動車などの開発と実用化が進められています。世界各国で、2030年代半ばには、ガソリン車の新車販売を禁止するという話も出てきています。

[航空機による温暖化]

　近年は航空機による温室効果ガス排出にも注目が集まっています。同じ基準で見ると、航空機は鉄道の5～10倍もの温室効果ガスを排出するという結果もあります。また、「フライトシェイム（飛び恥）」という言葉も生まれ、航空機を避けた移動がヨーロッパを中心に広がっています。

> 答え
>
> 問1　貨物・旅客とも最も多いBが自動車、貨物で2番目に多いCが船舶、旅客で2番目に多いAが鉄道です。残ったDが航空機となります。よって、ウとなります。
>
> 問2　公害や環境破壊につながっているのは自動車です。現在最も利用されているBです。

🖐 チェック問題

◆右のA・Bのグラフは、国内の貨物輸送と旅客輸送について、1960年度と2020年度を比較したものです。どちらが貨物輸送になりますか。

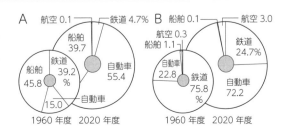

答えは**A**となります。1960年度、2020年度のいずれも船舶の割合が高くなっていて、これは、旅客ではありえません。このように、時代による輸送の変化が問われることもあります。ここで交通機関の発達や新技術の開発について確認しておきましょう。

交通機関の発達(新幹線)

旅客輸送の今後の大きな変化は、新幹線網の拡大です。最終的に東京と大阪を最短67分で結ぶ**リニア中央新幹線**の開業や、北陸新幹線の大阪までの延伸が予定されています。東京から大阪までいくつかの経路を作ることで、災害時の役割も期待されています。

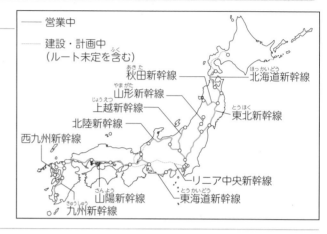

—— 営業中
----- 建設・計画中(ルート未定を含む)

秋田新幹線
北海道新幹線
山形新幹線
上越新幹線
東北新幹線
北陸新幹線
西九州新幹線
リニア中央新幹線
山陽新幹線
東海道新幹線
九州新幹線

船のいろいろ

船はおもに貨物輸送で用いられますが、さまざまな船があり入試でも問われます。船の外観だけでなく、断面図も見ておくと、船のイメージができるはずです。

コンテナ船

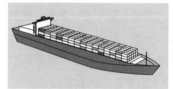

原油タンカー

LNG(液化天然ガス)船

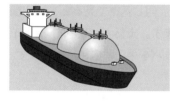

自動車専用船

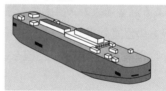

輸送に関するカタカナ用語をチェック!

交通・輸送に関しては、いくつかカタカナ用語が入試で問われるので、確認しておきましょう。

● コールドチェーン

肉や魚などを生産して、輸送・消費するまでの間に、途切れることなく低温に保って新鮮さを維持できるしくみのことです。船の冷蔵・冷凍技術が発達したことにより、遠洋漁業でとれた魚も新鮮さを保ったまま消費者に届くようになっています。

● サプライチェーン

製品が消費者に届くまでの「製品の開発 ― 原料の調達 ― 製品の製造 ― 配送 ― 販売」という一連のつながりのことをいいます。災害が起こったとき、このサプライチェーンの一部が切れ、製造そのものができなくなることがあります。東日本大震災のときには東北地方が被害を受け、他の地域での自動車生産ができなくなりました。

■ 日本の交通について、次の問いに答えなさい。

問1　次の資料は、1960年度と2020年度の旅客輸送と貨物輸送の移り変わりを示したものです。この資料から読み取れる内容として正しいものを、あとのア〜エから1つ選び、記号で答えなさい。

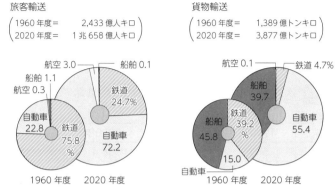

旅客輸送
$$\begin{pmatrix} 1960 年度＝ & 2,433 億人キロ \\ 2020 年度＝ & 1 兆 658 億人キロ \end{pmatrix}$$

貨物輸送
$$\begin{pmatrix} 1960 年度＝ & 1,389 億トンキロ \\ 2020 年度＝ & 3,877 億トンキロ \end{pmatrix}$$

ア　旅客輸送では、2020年度の自動車の輸送量よりも、1960年度の鉄道の輸送量のほうが多い。

イ　1960年度から2020年度の間に、旅客輸送の使用割合では航空機が最も増えて、鉄道が最も減った。

ウ　2020年度の鉄道の旅客輸送の輸送量は、同じ年の船の貨物輸送の輸送量よりも少ない。

エ　船は、旅客輸送は1960年度と比べて2020年度の輸送量は減ったが、貨物輸送では輸送量が増えている。

問2　次の図は、交通手段別の国内旅客輸送量上位5都道府県を示したもので、図中のA〜Cは、海上輸送（2020年度）・航空輸送（2020年度）・バス（2020年度）のいずれかです。A〜Cにあたるものの組み合わせとして正しいものを、あとのア〜カの中から1つ選んで、記号で答えなさい。

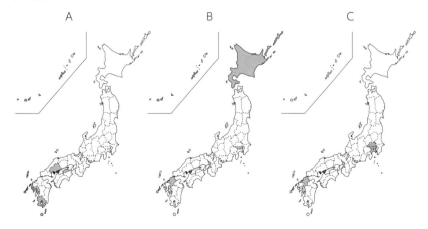

	ア	イ	ウ	エ	オ	カ
A	海上輸送	海上輸送	航空輸送	航空輸送	バス	バス
B	航空輸送	バス	海上輸送	バス	海上輸送	航空輸送
C	バス	航空輸送	バス	海上輸送	航空輸送	海上輸送

こんなつまずきありませんか？

エネルギーの問題で出てくる「再生可能エネルギー」って、何が「可能」なの？ 一次エネルギーって、発電と何がちがうかわからない……。

例えばこんな場面で 次の表は、日本の一次エネルギーの供給割合の推移を示したものです。

まず……一次エネルギーって何？

	1970年	1990年	2010年	2020年
ア	69.9	56.0	40.3	36.4
イ	21.3	16.9	22.7	24.6
ウ	6.0	4.2	3.3	3.7
エ	1.3	10.5	18.2	23.8
原子力	0.4	9.6	11.2	1.8

増減があるけど、何かきっかけがあったっけ？

問1　表中のア～エには石炭、石油、天然ガス、水力のいずれかがあてはまります。このうち石油はどれですか。一つ選んで記号で答えなさい。

問2　2010年から2020年の間に、原子力の割合が大きく減っています。このことと最も関連が深いものを、次の中から一つ選んで記号で答えなさい。
　　ア　アメリカ同時多発テロ　　イ　リーマンショック　　ウ　東日本大震災　　エ　パリ協定

問3　2020年の数値を見ると、合計が100％にならないことから「その他」があることがわかります。近年注目されている、水力や「その他」に含まれる自然エネルギーを使用した、枯渇することのないエネルギーをとくに何といいますか。

枯渇することがない……とは、なくならないということかな？

📖 つまずき解消ポイント

エネルギー供給の変化の背景がつかめていないことが、つまずきの原因です。おもなエネルギーについて、変化の背景にある政策やできごととのつながりをとらえておくことが大切です。

☑ 自然界にある一次エネルギー

「一次エネルギー」は、自然のまま加工されない状態のエネルギーのことです。これに対して、電気や都市ガス、ガソリン、コークスなど、加工して作られたものを「二次エネルギー」とよびます。

右のグラフは、あらゆる場面で使われるエネルギーをすべて一次エネルギーとして考えたときの統計です。発電の統計とはちがうので、注意が必要です。

【一次エネルギー供給割合の推移】

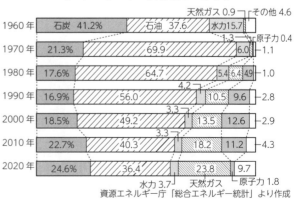

資源エネルギー庁「総合エネルギー統計」より作成

☑ エネルギー政策に影響を与えたできごとって？

● エネルギー革命

1960年代に石炭から石油にエネルギー源が変化したこと。固体の石炭に比べ液体の石油のほうが扱いやすいことなどが要因。これを機に石炭の割合が減り、石油の割合が増えました。

● 石油危機

1970年代に2度起こり、石油価格が上がって石油へ転換していた日本も大打撃を受けました。これを機に日本では原子力や天然ガス、地熱などの代替エネルギーの開発が進みました。

● 東日本大震災

2011年に東北地方を中心に起こった震災で、福島第一原発が津波の被害を受け、放射性物質がもれる事故が発生しました。これにより全国の原発の稼働基準が厳しくなり、原子力発電がゼロになる時期もありました。不足を補うため火力発電が進められ、その割合が増えました。

☑ いろいろな再生可能エネルギーをおさえよう！

再生可能エネルギーは、太陽光や風や水などの地球上からなくなる心配のないエネルギーを指し、環境にやさしいエネルギーとされます。しかし、多くは自然エネルギーを利用するため、地形や気候といった自然条件に左右され、安定した発電ができないなどの問題があります。

▶ おもな再生可能エネルギー

● **水力**…降水量が多い日本は、水力発電を行いやすい。一方で、ダム建設に費用がかかる、自然破壊により生態系に影響を与えるなどの問題があります。

● **地熱**…日本は火山が多く、高温の蒸気を得やすい。一方で、温泉がかれる可能性に反対運動が起こる、最適な場所が国立公園内に多く開発しづらいなどの問題があります。

● **バイオマス**…生物由来のエネルギーのこと。家畜の排せつ物や食品廃棄物のほか、植物から作られるバイオエタノールや間伐材なども含まれます。燃焼時に二酸化炭素を排出しますが、生物の成長過程で吸収したもので環境への影響は少ないとされます。

答え

問1　1970年以降最も多いアが石油です。1970年から1990年にかけて大きく減っていることからもわかります。イは石炭、ウは水力、エは天然ガスです。

問2　2010年から2020年の間に起こり、原子力発電に大きく影響を与えたできごとは2011年に起こったウの東日本大震災です。

問3　「枯渇することがない」とあるので、「再生可能エネルギー」です。

☝ チェック問題

◆右のグラフは、日本の総発電量割合の推移を示したものです。

問1　1970年から1980年にかけて火力発電が減り、原子力発電が増加したことと最も関連の深いものを次から選びなさい。
　　ア　貿易摩擦　イ　高度経済成長　ウ　石油危機　エ　敗戦

問2　2010年から2020年にかけて、原子力発電から火力発電に一部転換したことがわかります。このとき、火力発電はどの化石燃料が最も増えたでしょうか。増えた化石燃料の名を答えなさい。

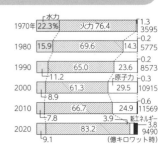

✒ **得意にするための1歩**

答えは問1が1970年代に石油価格が上昇した**こ**、問2が化石燃料の中で最も温室効果ガスの排出が少ない**天然ガス**です。このように、エネルギーの問題は、環境問題と絡められることも多い。とくに関連の深い火力発電や原子力発電について、確認しておきましょう。

火力発電が多い国、日本

火力発電は化石燃料（石炭・天然ガス・石油）を燃やして発電する方法で、輸入に便利な海沿いに多いです。天候に左右されずに安定的に発電できる一方、温室効果ガスを大量に排出し、温暖化への影響が強い問題があります。

化石燃料の中では、天然ガスが最も温室効果ガスの排出が少なく、福島第一原発事故後に天然ガスによる火力発電が増えたのはそのためです。

環境にやさしい…とされていた原子力発電

原子力発電は、ウランを核分裂させて発電する方法です。少ない燃料で大きな電力が得られ、温室効果ガスを排出しない、かつては環境にやさしい発電といわれていました。しかし、福島第一原発事故をきっかけに、放射性物

質の管理や事故のときの周囲への影響、核燃料廃棄物の扱いなどの安全性にさまざまな問題があるといわれるようになりました。

世界では「脱炭素」「カーボンニュートラル（炭素中立）」という考え方が主流となり、日本も現在依存している火力発電を減らし、再生可能エネルギーによる発電を増やそうとしています。その一方で、原発事故はあったものの、今後も原子力発電を利用していくことを表明しています。しかし、世界に目を向けると、日本の原発事故を受けて、ドイツは原発をすべて廃止しました。

世界の一次エネルギー供給

世界各国の一次エネルギーについても出題されることがあります。石炭の多い中国、水力が多いカナダやブラジル、原子力の多いフランスなどを、知っておきましょう。

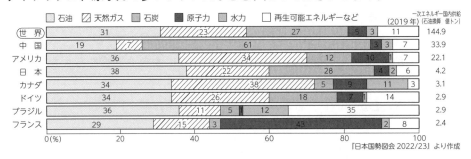

	石油	天然ガス	石炭	原子力	水力	再生可能エネルギーなど	一次エネルギー国内供給 (2019年)(石油換算 億トン)
世界	31	23	27	5	3	11	144.9
中国	19	7	61	3	3	7	33.9
アメリカ	36	34	12	10	1	7	22.1
日本	38	22	28	4	2	6	4.2
カナダ	34	38	5	9	11	3	3.1
ドイツ	34	26	18	7	1	14	2.9
ブラジル	36	11	5	1	12	35	2.9
フランス	29	15	3	43	2	8	2.4

『日本国勢図会 2022/23』より作成

自給率の低い日本

日本でも石油・天然ガスは新潟県などでとれるものの、いずれも自給率は大変低くなっており、日本の一次エネルギー自給率は10％程度と主要国で最も低くなっています。自給率を上げるため、今世界3位の資源量を誇る地熱発電に注目が集まっています。また、近海に大量に存在する「燃える氷」とよばれる**メタンハイドレート**に期待が高まっていますが、採掘費用の高さや、メタン放出による温暖化への影響もあり、実用化には時間がかかるとされています。

1 次の図中のⅠ～Ⅲは、1970年度以降の日本の一次エネルギー供給における、ガス、石炭、石油の割合の変化を示したものです。Ⅰ～Ⅲに該当するものの正しい組み合わせを、あとのア～カから1つ選び、記号で答えなさい。

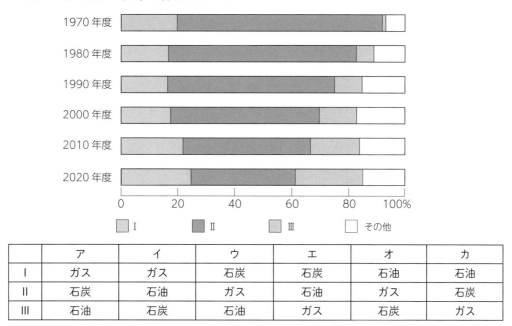

	ア	イ	ウ	エ	オ	カ
Ⅰ	ガス	ガス	石炭	石炭	石油	石油
Ⅱ	石炭	石油	ガス	石油	ガス	石炭
Ⅲ	石油	石炭	石油	ガス	石炭	ガス

2 次の表1は、再生可能エネルギーによる日本の発電電力量の内訳（2020年度）を示したものであり、A～Cは、太陽光・地熱・風力のいずれかです。また、表2は、日本におけるA～Cの再生可能エネルギーによる発電の特徴をまとめたものです。A～Cと再生可能エネルギーの組み合わせとして正しいものを、あとのア～カから一つ選び、記号で答えなさい。

表1　再生可能エネルギーによる発電電力量の内訳

（単位：百万kWh）

		A	B	C
	発電電力量	2,114	24,992	8,326
内訳	電気事業者	1,987	16,185	7,594
	自家用	127	8,808	731

表2　再生可能エネルギーによる発電の特徴

	A	B	C
天気の影響	受けない	強く受ける	強く受ける
発電に適した場所	限られる	あまり限られない	限られる

	A	B	C
ア	太陽光	地熱	風力
イ	太陽光	風力	地熱
ウ	地熱	太陽光	風力
エ	地熱	風力	太陽光
オ	風力	太陽光	地熱
カ	風力	地熱	太陽光

1 時代の区別がつかない……
─原始時代の生活や道具─

旧石器	縄文	弥生	古墳
大陸と陸続き 打製石器・大型動物	**日本列島の誕生** 磨製石器・縄文土器	**稲作・金属器の伝来→貧富の差・身分のちがい** 弥生土器・卑弥呼	**大和政権の成立**

こんなつまずきありませんか？

打製石器や貝塚、縄文土器、土偶…いつの時代かわからなくなる。
それに、写真を見ても何の道具かすぐにうかばない……。

例えばこんな場面で　次のイラストは、旧石器時代、縄文時代、
弥生時代のいずれかの時代に使われていた遺物や建物です。

> 似たようなものが並んでいて、見分けられないんだよな…。

ア　イ　ウ　エ

オ　カ　キ　ク

問　上のア～クの遺物や建物がおもに旧石器時代・縄文時代・弥生時代のどの時代からさかんに
使われはじめたかを考え、それぞれの時代に分け、記号で答えなさい。

> そもそも、この3つの時代の区別がついていない。授業も少なかったし…。

📖 つまずき解消ポイント

時代ごとにまとめて覚えていることがつまずきの原因です。遺物は、前後の時代とくらべてどの
ようにちがうのかをとらえ、背景にある生活の変化をふまえて覚えておくことが大切です。

☑ ちがいを見るために、並べて整理する！

	旧石器時代	縄文時代	弥生時代
生活	大陸と陸続き 狩りや漁、採集 （大型の動物） 	日本列島 狩りや漁、採集 （小型の動物） 	稲作の開始 
住居	ほら穴など	竪穴住居	
石器	打製石器	磨製石器	
土器	×	縄文土器	弥生土器
その他		弓矢・骨角器・土偶	金属器（青銅器・鉄器） 稲作で使う道具 （田下駄・石包丁など）

> まだ土器はなかった！「無土器時代」ともいう

> 骨や角などから作った道具。釣り針とか

☑ 時代を見分けるポイント！

▶打製石器（旧石器）と磨製石器（縄文）

打製石器　　　　磨製石器

見た目の通り、打製石器がゴツゴツしているのに対して、磨製石器は表面が磨かれていて、技術が上がったことがわかります。両方とも、直接、または棒にひもでつけて使われていたとされていますが、打製石器はそのまま持つと痛そうですね。

▶縄文土器（縄文）と弥生土器（弥生）

縄文土器　　　　弥生土器

左の縄文土器の派手な形にまどわされてはいけません。縄文土器でも、実はシンプルな形のもののほうが多く出土しています。見分け方は、弥生土器のほうがうすくて模様が少ないということ。より軽くなったのは、技術が進化して高温で焼けるようになったためです。

▶竪穴住居（縄文〜）と高床倉庫（弥生〜）

竪穴住居　　　　高床倉庫

時代もちがえば目的もちがう建物。竪穴住居はその名の通り人の住居、高床倉庫はものを保管する倉庫です。保管されているものは、床を高くして湿気を防いでいることから、米と推測できます。だから、弥生時代以降の建物です。

☑ 弥生時代は稲作と金属器の伝来！

弥生時代にはじまった稲作によって食料を生産・保存できるようになり、人びとは指導者のもとに集まって定住するようになりました。稲作の道具には田下駄や石包丁などがあります。また、弥生時代には、すでに世界で使われていた金属器も日本に伝わりました。鉄は貴重で、土地や水、米とともに、争いの原因にもなっていました。このように稲作・金属器の伝来は、貧富の差や身分のちがいを生み、人びとに争いをもたらしました。

田下駄

石包丁

答え

旧石器時代は「イ」、縄文時代は「ア・ウ・オ・ク」、弥生時代は「エ・カ・キ」です。縄文時代のアは呪術や祭祀で使われた土偶、オは骨角器で、旧石器時代の使用も一部見られますが、縄文時代にさかんに使われました。弥生時代のエは稲刈りに使われた石包丁、カは祭器として使われた銅鐸です。竪穴住居は弥生時代以降も住居として使われています。

☝ チェック問題

◆縄文時代の遺跡には当時の人びとのゴミ捨て場ともいわれる貝塚があります。

問1　この貝塚から出土すると考えられるものを、次からすべて選びなさい。
　　ア　縄文土器　　　イ　打製石器　　　ウ　銅剣　　　　エ　骨角器

問2　明治時代に最初に発見された大森貝塚はどこにありますか。
　　右の地図から選び、記号で答えなさい。

答えは問1が<u>ア・イ・エ</u>、問2が<u>ウ</u>です。このように原始の時代は遺跡がどこにあり、どのような特徴をもった遺跡かということも聞かれることが多いです。生活の変化とともに、各遺跡の位置を確認しておきましょう。

原始の代表的な遺跡

旧石器時代は2つ、縄文時代も2つ、弥生時代は3つをまずおさえます。地図上の場所と都道府県のほか、かんたんな説明までは覚えておきたいところです。

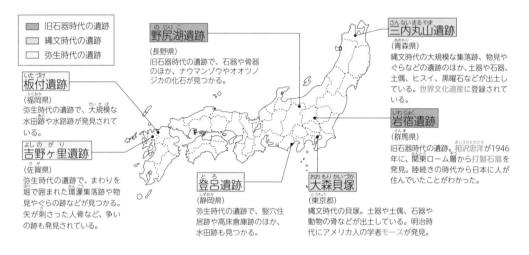

■ 旧石器時代の遺跡
□ 縄文時代の遺跡
□ 弥生時代の遺跡

野尻湖遺跡
（長野県）
旧石器時代の遺跡で、石器や骨器のほか、ナウマンゾウやオオツノジカの化石が見つかる。

三内丸山遺跡
（青森県）
縄文時代の大規模な集落跡、物見やぐらなどの遺跡のほか、土器や石器、土偶、ヒスイ、黒曜石などが出土している。世界文化遺産に登録されている。

板付遺跡
（福岡県）
弥生時代の遺跡で、大規模な水田跡や水路跡が発見されている。

岩宿遺跡
（群馬県）
旧石器時代の遺跡。相沢忠洋が1946年に、関東ローム層から打製石器を発見。陸続きの時代から日本に人が住んでいたことがわかった。

吉野ヶ里遺跡
（佐賀県）
弥生時代の遺跡で、まわりを堀で囲まれた環濠集落跡や物見やぐらの跡などが見つかる。矢が刺さった人骨など、争いの跡も発見されている。

登呂遺跡
（静岡県）
弥生時代の遺跡で、竪穴住居跡や高床倉庫跡のほか、水田跡も見つかる。

大森貝塚
（東京都）
縄文時代の貝塚。土器や土偶、石器や動物の骨などが出土している。明治時代にアメリカ人の学者モースが発見。

中国の歴史書から見る弥生時代の日本

弥生時代に日本には文字がなかったので、日本と関係のあった中国の歴史書から当時の日本のようすを知ることができます。次の3つの史料は、確実におさえておきましょう。

『漢書』地理志（紀元前1世紀ころ）

夫れ楽浪の海中に倭人有り、分れて百余国と為る。歳時を以って来り献見すと云ふ。
（倭は百余国に分かれ、漢に朝貢する国もあった。）

楽浪とは朝鮮半島にあった郡とされています。このころ、日本は「倭」とよばれていたこと、小国に分かれていたことがわかります。

『後漢書』東夷伝（1世紀ころ）

建武中元二年、倭の奴国、貢を奉じて朝賀。（中略）光武、賜ふに印綬を以ってす。
（倭の奴国の王が後漢に朝貢し、光武帝より印綬をもらった。）

現在の福岡市あたりにあったとされる奴国が金印をもらっています。有名な「漢委奴国王」の印です。

『魏志』倭人伝（3世紀ころ）

其の国、本亦男子を以て王と為し、住まること七、八十年、倭国乱れ、相攻伐して年を歴たり。乃ち共に一女子を立てて王と為す。名づけて卑弥呼といふ。
（邪馬台国はもとは男子が王で、70〜80年国を治めた。倭国で乱が起こり、戦いがあって年が経った。そこで、一人の女性を王とした。名は卑弥呼という。）

中国が魏・呉・蜀の三国に分かれていた時代の「魏志」にある記述です。女王である卑弥呼が邪馬台国を治めていました。卑弥呼も魏の皇帝から「親魏倭王」の称号をもらっています。

> ムラがクニとなり、資料からもわかるように統一が進んでいく。次の古墳時代に、日本では統一が進むんだ。

■次の文章を読み、以下の問いに答えなさい。

　1946年、（　1　）遺跡にて、相沢忠洋が打製石器を初めて発見し、旧石器時代に日本にも人類がいたことがわかった。紀元前3世紀ごろまで続いたとされる縄文時代では、気候の変化とともに食生活が豊かになった。そのため食料の保存や煮たきを行うための①縄文土器が作られるようになり、人口の増加にともなって何軒かの世帯で定住生活を行うようになった。青森県の（　2　）遺跡では、500軒をこえる住居やたくさんの土偶などが発見され、縄文時代の自然環境がよくわかるものとなっている。

　弥生時代には、中国や朝鮮から稲作が伝わり、稲をたくわえるための（　3　）が作られた。また②青銅器や鉄器といった金属器が伝わったのもこの時代である。佐賀県の（　4　）遺跡では、大きな③環濠集落の跡が見られる。

　このころの日本のようすは、中国の古い歴史書に記されている。『後漢書』東夷伝には、57年に倭の（　5　）の王が中国に使いを送り、中国の皇帝（光武帝）より金印を授かったことが記されている。また『魏志』倭人伝には、約30の小国がまとまり邪馬台国を形成していたことや、その女王として（　6　）という女性が存在していたことが記されている。

問1　文章中の空欄（　1　）～（　6　）に適する語句を答えなさい。

問2　文章中の下線部①について、下の写真より縄文土器を選び、記号で答えなさい。

ア　　　　　　　イ　　　　　　　ウ　　　　　　　エ

問3　文章中の下線部②について、当時の青銅器と鉄器の説明について述べた文として、まちがっているものを1つ選び、記号で答えなさい。

　ア　鉄器の普及により、しだいに石器は使用されなくなった。

　イ　青銅器は、おもに神をまつるための祭器として使用された。

　ウ　鉄器は、おもに農具を作るための工具や武器として使用された。

　エ　青銅器は、おもに大森貝塚から発見された。

問4　文章中の下線部③について、環濠集落の説明として正しいものを1つ選び、記号で答えなさい。

　ア　円を描くように住居が作られ、その中心に神をまつる建物がある集落。

　イ　人々が1つの大きな住居で共同生活を送り、敵が襲ってくることに備えた集落。

　ウ　まわりを堀で囲み、他のムラとの争いに備えた集落。

2

天皇中心の政治はいつから？
―飛鳥時代の中央集権体制―

弥生	古墳				飛鳥			奈良
	大和政権の成立 大王・氏姓制度・渡来人	仏教伝来	豪族の政治		**蘇我氏の政治**	聖徳太子	大化の改新	**律令政治** 大宝律令	平城京

こんなつまずきありませんか？

飛鳥時代は、いつからはじまったの？
天皇中心の政治って、聖徳太子が十七条の憲法で作ったのでは……？

お、出た世紀。6世紀…500年からだっけ？600年から？いつもわからなくなる…。

例えばこんな場面で　次の①〜⑥のできごとは、6世紀半ばから8世紀にかけて起こったものです。

① 壬申の乱が起こる　　② 十七条の憲法が出される　　③ 白村江の戦いが起こる

④ 大宝律令が出される　　⑤ 大化の改新が起こる　　⑥ 物部氏が滅亡する

問1　①〜⑥のできごとを古い順に並べかえなさい。
問2　この中に同じ人物が中心となったできごとがあります。それはどれとどれですか。

そもそも誰がやったかわからないんだよな…。

📖 つまずき解消ポイント

細かなことに目を向けていて、大きな時代の流れをとらえきれていないことがつまずきの原因です。全体の流れをつかんだうえで、細かな部分に目を向けていくことが大切です。

✅ **世紀は100円玉で考える！**

「6世紀」といわれて、すぐに「501〜600年」と出てきますか？　考え方としては、買い物のときに100円玉で何枚払えばよいかを考えればOKです。例えば、600円であれば6枚、601円であれば7枚必要になります。600年は6世紀、601年は7世紀となります。では、2156年は……（2156円は100円玉22枚必要だから…）「22世紀」とわかりますね。

✅ **飛鳥時代は「豪族から天皇へ」がポイント、中心人物に注目！**

　飛鳥時代は、推古天皇が即位して聖徳太子が摂政になったころ（593年）から平城京遷都（710年）までです。この時代で覚えておきたいのは、下の4人。まずはこの4人の順番を覚えましょう。

蘇我馬子…物部氏との権力争いに勝った蘇我馬子は、のちに天皇を暗殺、女性である
　　　　　推古天皇を天皇に即位させた。この推古天皇の摂政になったのが聖徳太子。

聖徳太子…蘇我馬子と協力して政治を行う。天皇中心の政治をめざし、さまざまな制
　　　　　度を取り入れる。しかし蘇我氏の権力が強いまま亡くなる。

中大兄皇子…蘇我氏を滅ぼし、中国を手本に天皇を中心とする政治改革を進める。ただ白村江の戦いが
　　　　　あり、改革は中断。その後天智天皇となったが、死後、壬申の乱が起こる。

天武天皇…壬申の乱に勝った大海人皇子が天武天皇となる。壬申の乱では強い豪族たちが大友皇子に味
　　　　　方して滅び、強力な天皇中心の政治を進めることができた。これは妻の持統天皇、孫の文武
　　　　　天皇に引き継がれ、701年の大宝律令で天皇中心の政治は完成する。

☑️ **ここだけはおさえておきたい！ 歴史の流れ**

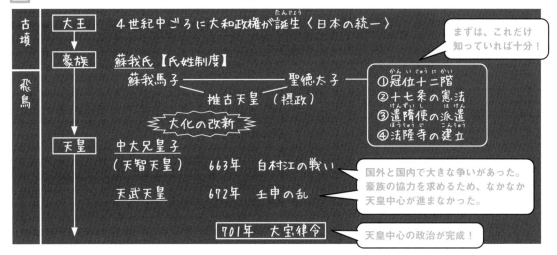

☑️ **天皇中心の政治は大宝律令で完成！**

　飛鳥時代に天皇中心の政治をめざしたのは、聖徳太子、天智天皇（中大兄皇子）、天武天皇の３人。しかし、制度とすることはできませんでした。それは、豪族を排除できなかったからです。

　聖徳太子は天皇の摂政となって、さまざまな制度を取り入れましたが、蘇我氏の力を排除できませんでした。あまり知られていないけれど、家柄に関係なく能力あるものを取り立てる冠位十二階に、そもそも蘇我氏が含まれていません。蘇我氏は家柄で出世できたというわけです。

　天智天皇は大化の改新以降改革を進めましたが、途中白村江の戦いがありました。朝鮮に兵を送るためには豪族の力を借りねばならず、豪族の特権を認めます。また天武天皇も壬申の乱があり、豪族の力を借りました。結果的に強い豪族が滅び、天皇の力が高まりましたが、制度として天皇中心にはいたりませんでした。国内外の大きな争いが、天皇中心の政治を遅らせたといえます。その後、天皇中心の政治は、701年の大宝律令によって完成しました。

> **答え**
>
> 問1　「⑥→②→⑤→③→①→④」となります。
> 問2　中大兄皇子による大化の改新と天智天皇の白村江の戦いです。よって「③と⑤」です。

👆 **チェック問題**

◆次の史料は、646年に出された 詔 です。これについてあとの問いに答えなさい。

> 一　天皇や皇族の私有民や私有地、そして豪族が支配する私有民や私有地を廃止せよ。
> 二　都の制度を定め、国司や郡司、防人などを設置し、国や郡の境を定めよ。
> 三　戸籍と計帳、班田収授法を作れ。
> 四　これまでの税制を廃止して、田の広さに応じた税のしくみを行え。

問1　この史料が出された前年から行われた政治改革を何といいますか。

問2　この詔は当時の中国を手本としたものでした。当時の中国の名前を答えなさい。

問3　天皇中心の政治をめざすために、まず下線部にあるように天皇や皇族、豪族の土地と人民を国のものとしました。これを何といいますか、漢字4字で答えなさい。

答えは問1が大化の改新、問2が庸、問3が公地公民です。このように、飛鳥時代は天皇中心の政治をめざし、制度を固めていった時代です。豪族が強い権力を持っていた時代から、天皇中心の時代とするために用いられた、律令制度について確認しておきましょう。

中国から学んだ律令制度

改新の詔で出された政治方針は少しずつ改革が進められていき、701年の大宝律令によって、天皇を中心とする中央集権国家が完成しました。それまでは各地の豪族に権力を認めていた「地方分権」だったといえます。

大化の改新の政治方針（646年）

① **公地公民**　すべての土地と人びとを国のものとする。つまり、それまでは国のものではない、豪族の私有地や私有民が存在していたということ。まずここをリセットしたのです。

② **国郡里**　地方を国に分け、国をいくつかの郡に分け、郡をいくつかの里に分けました。天皇が自由に決められたのは「公地公民」としたからです。勝手に豪族の土地を分けたら大問題ですね。そして、各国に国司が派遣され、天皇の命を実行する役割を担ったのです。

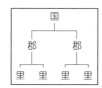

③ **班田収授法**　戸籍を作って、6歳以上のすべての男女に口分田を貸し出す制度です。

④ **新しい税制**　口分田を貸したことに対して、税を負担させました。勝手な感じもしますが、これも公地公民だから成り立ちます。豪族ごとではなく、全国で同じ基準にしたことが画期的な制度となりました。一方農民は、兵役や労役も負担することが求められました。

しかし、天智天皇の670年になるまで全国的な戸籍は作られていません。また国内外で争いもあったため、班田収授や新しい税などはうまく進まず、7世紀後半になってようやく運用がはじまったといわれています。天皇中心と同時に進んでいったと覚えよう。

大宝律令の制定（701年）

① **政治のしくみ**　中央には政治や祭事を行う役所が置かれ、地方は改新の詔にあったように国郡里に分けられました。また、九州には外交や防衛の拠点となる大宰府がありました。

② **土地制度**　改新の詔にあったように6歳以上の男女に口分田を貸し与え、死ぬと国に返させました。女子の口分田は男子の3分の2でした。

③ **税制度**　租は収穫した稲の3％を各国に納め、調は地方の特産物、庸は都で働くかわりに布を納めました。調・庸は男子にのみ課せられ、農民が都まで運ばなければなりませんでした。その他、1年に60日以内国司のもとで働く雑徭や防人などの兵役もありました。

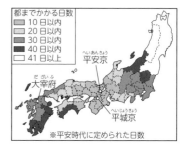

しかし、この律令制度は、次の奈良時代から乱れはじめていく！

■ 次の文章を読んで、各問いの選択肢から最も適当なものを一つ選び、記号で答えなさい。

法隆寺は、①聖徳太子が建てた寺としてよく知られています。金堂の一つの仏像の光背に、「用明天皇（聖徳太子の父）が、病気で治るように祈って寺と薬師如来像を作ることを決意したが、死去したので、（　A　）天皇と聖徳太子が、②7世紀初めに創立した」という意味のことが書かれています。聖徳太子は、③蘇我氏の（　B　）とともに（　A　）天皇を助けて政治にたずさわりました。

しかし、その十数年後に聖徳太子は亡くなり、太子の子、山背大兄王も蘇我氏に滅ぼされて、上宮王家（聖徳太子の家族）は滅亡してしまいました。こののち、④蘇我（　C　）が、中大兄皇子や中臣鎌足に殺され、蘇我氏本家は滅びることになります。

問1　下線部①について、聖徳太子の定めた十七条の憲法の第一条に書かれていることを選びなさい。

　　ア　仏教をあつく信仰せよ　　　　　　イ　人と争わないようにせよ
　　ウ　役人たちは礼儀正しくせよ　　　　エ　天皇の命令には必ず従え

問2　（　A　）天皇についての説明として、正しいものを選びなさい。

　　ア　（　A　）天皇は持統天皇である。

　　イ　（　A　）天皇は聖徳太子のおばである。

　　ウ　蘇我氏の（　B　）は（　A　）天皇の摂政である。

　　エ　（　A　）天皇は大山古墳に葬られている。

問3　下線部②について、7世紀のできごとを選びなさい。

　　ア　最初の遣唐使が送られた。　　　　イ　銅鐸がさかんに作られた。
　　ウ　仏教が百済から伝わった。　　　　エ　渡来人が日本に移り住みはじめた。

問4　下線部③について、蘇我氏に関する説明として、正しいものを選びなさい。

　　ア　もともと聖徳太子と対立していた。　イ　飛鳥寺を建てた。
　　ウ　関東地方に勢力を誇っていた。　　　エ　初めて戸籍を作った。

問5　（　B　）と（　C　）の組み合わせとして正しいものを選びなさい。

	ア	イ	ウ	エ
B	馬子	入鹿	蝦夷	入鹿
C	入鹿	蝦夷	入鹿	馬子

問6　下線部④について、この事件ののちの中大兄皇子が中心となって行った政治の説明として正しいものを選びなさい。

　　ア　中大兄皇子は天武天皇となった。

　　イ　豪族連合の政治体制を立て直した。

　　ウ　最初の本格的な都である藤原京を作った。

　　エ　中国から帰国した留学生を用いた。

3

どうして奈良から京都に都が移ったの？
―奈良時代の律令政治の乱れ―

飛鳥	奈良		平安
律令政治		律令政治のくずれ	
大宝律令	平城京・元明天皇　　聖武天皇　東大寺・国分寺・国分尼寺		平安京・桓武天皇

こんなつまずきありませんか？

「天智天皇、天武天皇って奈良時代？」「遣唐使は平安時代くらい？」
奈良時代に何があったのか、どうして都が京都に移るのかわからない……。

例えばこんな場面で　次の図は、平城京と平安京のいずれかを示したものです。

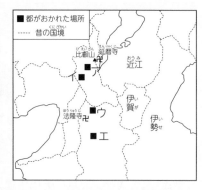

平城京は奈良で、平安京は京都！
うーん、どこで見分ければいい？

問1　平城京・平安京はそれぞれどちらですか。A・Bの記号で答えなさい。また、それぞれの都の位置を右の地図中から選びなさい。
問2　710年に平城京に移され奈良時代がはじまりますが、奈良時代に天皇だった人物を次からすべて選びなさい。
　　ア　元明天皇　　　イ　天武天皇　　　ウ　持統天皇　　　エ　聖武天皇

奈良時代。710年から！
これはわかるんだけどな……。

📖 つまずき解消ポイント

前の飛鳥時代、後の平安時代のできごとと区別できていないことがつまずきの原因です。このあたりから年号が増えますが、奈良時代は710 ～ 794年ということを覚えることが大切です。

☑️ **奈良時代はまず2人の天皇を覚えよう！**

　奈良時代は、実際にはたくさんの人物が権力を握りましたが、中学入試では、まずは2人の天皇を覚えておきましょう。元明天皇と聖武天皇です。

元明天皇…女性の天皇で710年に平城京に都を移した。和同開珎を作ったのもこの天皇。
聖武天皇…即位した724年はききんや伝染病が広がり、貴族や僧の争いもたえなかった時期。都を何度か移しているけれど、まずは、仏教の力で国を守ろうと政治を行ったことを知ろう。

✓ ここだけはおさえておきたい！ 歴史の流れ

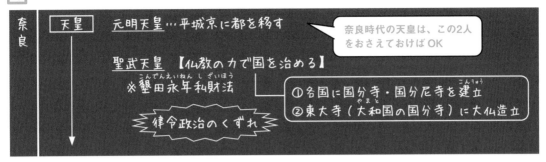

奈良

天皇 → 元明天皇…平城京に都を移す

聖武天皇 【仏教の力で国を治める】
※墾田永年私財法（こんでんえいねんしざいほう）

奈良時代の天皇は、この2人をおさえておけばOK

①各国に国分寺・国分尼寺（こんりゅう）を建立
②東大寺（大和国の国分寺）に大仏造立

律令政治のくずれ

✓ 律令政治がくずれたから都を移した！

▶ 奈良時代の仏教

聖武天皇が仏教を保護したことから、平城京では寺院の勢いが強くなりました。中には、道鏡（どうきょう）のように政治に口を出して天皇になろうとする僧も現れます。のちに都を平安京に移した理由もここにありました。僧が政治に口出ししてくるのを防ぐためです。もちろん、行基（ぎょうき）や鑑真（がんじん）のように仏教の発展（はってん）につくした僧もいます。

▶ 苦しい農民の生活

律令制の中、農民たちは竪穴住居（たてあな）に住み、重い税に苦しんでいました。万葉集（まんようしゅう）の貧窮問答歌（ひんきゅうもんどうか）からもそのようすがわかります。農民の中には、重い税の負担（ふたん）にたえられず、口分田をすてて逃亡（とうぼう）するものも出てきました。人口が増えたことで、6年ごとの班田（はんでん）が確実に行われなくなったことと、口分田が足りなくなったことから、聖武天皇は743年に墾田永年私財法（こんでんえいねんしざいほう）を出しました。

この決まりがきっかけとなり、貴族や寺社が逃亡していた農民などを使って、どんどん私有地（のちに荘園（しょうえん）とよばれる）を増やしていきました。その結果、律令制度の土台であった「公地公民（こうちこうみん）」が大きくくずれることになりました。

⇒中央の乱れ、地方の乱れが重なり、それを立て直すために桓武天皇は平安京に移したのです。

答え

問1　聖武天皇が東大寺を作ったことから東大寺がある「B」が平城京となります。清水寺がある「A」が平安京です。その他、平城京の唐招提寺（とうしょうだいじ）や薬師寺（やくしじ）、平安京の平安神宮や鴨川（かも）などでも判断ができます。平城京の位置は「ウ」、平安京の位置は「ア」です。イは長岡京（ながおかきょう）（784年）、エは藤原京（ふじわらきょう）（694年）です。

問2　「ア」の元明天皇と「エ」の聖武天皇が奈良時代の天皇です。天武天皇、持統天皇はいずれも飛鳥時代後期の天皇です。

☞ チェック問題

◆奈良時代から平安時代にかけてのことがらについて、次の問いに答えなさい。

問1　平城京と平安京に都を移した天皇の名をそれぞれ答えなさい。

問2　平安京には最初寺院が置かれませんでした。なぜ認められなかったのか、最もふさわしいものを次から選び、記号で答えなさい。

　　ア　京都に十分な土地がなかったため。　　　イ　僧が政治へ口出しするのを防ぐため。
　　ウ　僧が平安京への移転に反対したため。　　エ　当時水害で木材が手に入らなかったため。

問3　平城京や平安京はある国の都をまねて作られました。この国と都の名を答えなさい。

答えは問1の平城京が<ruby>元明天皇<rt></rt></ruby>、平安京が<ruby>桓武天皇<rt></rt></ruby>、問2は<ruby>イ<rt></rt></ruby>、問3は<ruby>唐<rt></rt></ruby>の都<ruby>長安<rt>ちょうあん</rt></ruby>です。問3のように、日本は進んだ<ruby>中国<rt>ちゅうごく</rt></ruby>から積極的にさまざまな文化を手に入れ、制度を学んでいました。ここでは中国からどのようなことを学んでいたのかを<ruby>確認<rt>かくにん</rt></ruby>しておきましょう。

遣唐使の<ruby>派遣<rt>はけん</rt></ruby>

<ruby>聖徳太子<rt>しょうとくたいし</rt></ruby>によって使節が<ruby>隋<rt>ずい</rt></ruby>に派遣されていましたが、隋の<ruby>滅亡<rt>めつぼう</rt></ruby>を受けて630年には遣唐使が派遣されました。最初に遣唐使として<ruby>渡<rt>わた</rt></ruby>ったのは、最後の遣隋使でもある<ruby>犬上御田鍬<rt>いぬかみのみたすき</rt></ruby>です。894年に<ruby>菅原道真<rt>すがわらのみちざね</rt></ruby>によって停止されるまで、約260年間に十数回派遣されました。

●遣唐使によってもたらされたもの

<ruby>律令<rt>りつりょう</rt></ruby>制度や都の作り方、新しい仏教など、日本の国づくりに大きな<ruby>影響<rt>えいきょう</rt></ruby>を<ruby>与<rt>あた</rt></ruby>えたものが多いです。また、東大寺の<ruby>正倉院<rt>しょうそういん</rt></ruby>におさめられた<ruby>宝物<rt>ほうもつ</rt></ruby>もあります。聖武天皇の<ruby>遺品<rt>いひん</rt></ruby>とされますが、シルクロードを通して、遠いペルシャやインドの影響を受けたものも見られます。

●留学生として唐に渡った人物

| <ruby>阿倍仲麻呂<rt>あべのなかまろ</rt></ruby>（奈良時代） |

唐の<ruby>皇帝<rt>こうてい</rt></ruby>に仕えて一生を終えた人物。唐でよんだ歌は、奈良の都をしのんだものでした。

> <ruby>天<rt>あま</rt></ruby>の原　ふりさけみれば　<ruby>春日<rt>かすが</rt></ruby>なる　<ruby>三笠<rt>みかさ</rt></ruby>の山に　いでし月かも

| <ruby>最澄<rt>さいちょう</rt></ruby>と<ruby>空海<rt>くうかい</rt></ruby>（平安時代） |

9世紀の初めに帰国した僧。桓武天皇は、僧が政治に口出しするのを<ruby>避<rt>さ</rt></ruby>けるために平安京に寺院を建てることを認めませんでした。しかしこの2人は、寺院を都から<ruby>離<rt>はな</rt></ruby>れたところに建ててきびしい修行をしており、政治との結びつきを避けたことから、のちに桓武天皇によって保護されています。

| <ruby>天台宗<rt>てんだいしゅう</rt></ruby> | 最澄（<ruby>伝教大師<rt>でんぎょうだいし</rt></ruby>） | <ruby>比叡山延暦寺<rt>ひえいざんえんりゃくじ</rt></ruby> |
| <ruby>真言宗<rt>しんごん</rt></ruby> | 空海（<ruby>弘法大師<rt>こうぼうだいし</rt></ruby>） | <ruby>高野山金剛峯寺<rt>こうやさんこんごうぶじ</rt></ruby> |

※「<ruby>鑑真<rt>がんじん</rt></ruby>」は唐の僧。日本では、奈良に<ruby>唐招提寺<rt></rt></ruby>を建て、日本の仏教の発展につくしました。

> 唐から学ぶものがなくなったこと、航海が<ruby>危険<rt>きけん</rt></ruby>であったことなどから遣唐使は停止された。このことは平安時代の日本独自の文化の発展につながる。

奈良時代について書かれた次の文章を読み、以下の問いに答えなさい。

（　ア　）天皇は全国に国分寺・国分尼寺を建て、その中心として、都である平城京に（　イ　）を建立して大仏を置きました。大仏づくりには、のべ260万人以上の人々が何年も働き、752年に大仏は完成しました。

問1　文章中の（　ア　）にあてはまる語句と（　イ　）にあてはまる寺の名前をそれぞれ漢字で答えなさい。

問2　文章中の下線部について、これが行われた目的として正しいものを、次のア〜エの中から1つ選び、記号で答えなさい。
ア　朝廷の家臣である武士たちを統制するため。
イ　仏教の力によって国家を治めるため。
ウ　地方を支配している人名を朝廷に従わせるため。
エ　朝廷の神である天照大神をまつるため。

問3　奈良時代には大陸との交流がさかんに行われ、大陸の文化が日本に伝わりました。
⑴　その時代に日本に文化を伝えた人物について述べた文と、その時代の代表的文化財の組み合わせとして正しいものを、表中のア〜エの中から1つ選び、記号を書きなさい。

a　中国の僧である鑑真は苦労して日本に渡来し、平城京に唐招提寺をひらき、戒律を伝えました。
b　備中（岡山県）の画家である雪舟は中国に渡って水墨画を学び、帰国後は日本各地の風景を墨で描きました。

資料1　五弦の琵琶

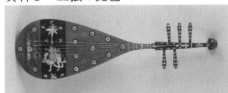

資料2　南蛮人渡来図

	活躍した人物	代表的な文化財
ア	a	資料1
イ	a	資料2
ウ	b	資料1
エ	b	資料2

⑵　奈良時代に交流のあった中国の国名を漢字で答えなさい。

⑶　日本から中国に渡り、中国の皇帝のもとで出世し、日本に帰国することができなかった、以下の歌をよんだことで知られる人物の名前を漢字で答えなさい。
　　天の原　ふりさけみれば　春日なる　三笠の山に　いでし月かも

⑷　⑵の国との正式な交流は、平安時代にある人物の提案によってとだえます。この人物の名前を漢字で答えなさい。

4 上皇？貴族？武士？順番が……
―平安時代の権力者の推移―

奈良	平安				鎌倉
	天皇の政治	貴族の政治	上皇の政治	武士の政治	鎌倉幕府
	平安京・桓武天皇	摂関政治 藤原道長・頼通	白河上皇・院政	平治の乱 平清盛・太政大臣	壇ノ浦の戦い

こんなつまずきありませんか？

平安時代は人物が多すぎてよくわからない。権力者が変わっていくのは知っているけど、順番がいつもごちゃごちゃになる……。

えっと、貴族に武士に上皇か…　全部平安時代だっけ？

例えばこんな場面で 次の①〜④の文章は、平安時代の政治のようすを示したものです。
① 朝廷の重要な役職を一族で独占した（　ア　）は、自身を満月にたとえた歌を詠んだ。
② 政権争いによって政治が乱れはじめたため、律令政治を立て直すために（　イ　）は都を移した。
③ 武士同士の争いに勝利した（　ウ　）は、太政大臣となって政権をにぎった。
④ 自身の息子に天皇の位をゆずった（　エ　）は、上皇となって院政を行った。

問1　①〜④の文章中のア〜エにあてはまる人物を答えなさい。
問2　①〜④の文章を古い順に並べかえなさい。

出た、並べかえ。…ってことはまちがいやすいんだろうな。自信がないな…。

📖 つまずき解消ポイント

細かな人物やできごとに目が向いていて、権力者の変化をとらえきれていないことがつまずきの原因。まずは全体の変化をつかみ、それにつなげる形で細かな部分に目を向けることが大切です。

☑ **平安時代は「天皇・天皇出身者」と「天皇以外の人物」が交互に政治を行う！**

　平安時代は人物が一気に増えることから、苦手意識をもつ人が多い時代です。でも大きな流れをつかむこと、中心人物をおさえることで、実は非常にわかりやすい時代だといえます。
　まず覚えておきたいのは「天皇→貴族→上皇→武士」の実権を握った勢力の順番と、これに対応する人物、「天皇：桓武天皇」「貴族：藤原道長・頼通」「上皇：白河上皇」「武士：平清盛」の5人です。これだけを覚えておくだけで、平安時代はわかりやすくなるはずです。

桓武天皇…律令政治を立て直すために平安京に都を移した。地方の政治の立て直し、農民の負担を軽くする政策を行った。
藤原道長・頼通…中臣鎌足の子孫である藤原氏は平安時代になって自分の娘を天皇の后にして、産まれた男子を天皇にし、その摂政や関白になることで勢力を伸ばした（摂関政治）。
白河上皇…天皇の位を自分の子どもにゆずり、上皇となったあとも上皇の御所（院）で政治を行った（院政）。この院政は100年ほど続く。
平清盛…桓武天皇の血を引く武士の棟梁（リーダー）で、平治の乱で源氏に勝利して政治の実権を握った。藤原氏と同じように自分の娘を天皇の后にして勢力を強めた。

☑️ **ここだけはおさえておきたい！ 歴史の流れ**

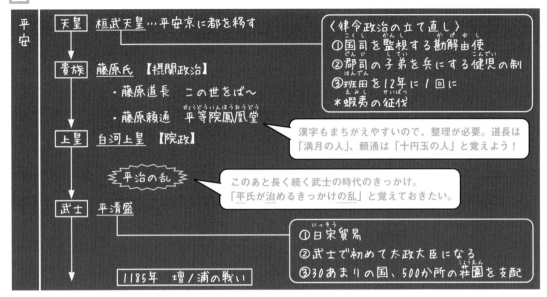

〈律令政治の立て直し〉
① 国司を監視する勘解由使
② 郡司の子弟を兵にする健児の制
③ 班田を12年に1回に
＊ 蝦夷の征伐

平安
天皇	桓武天皇…平安京に都を移す
貴族	藤原氏【摂関政治】 ・藤原道長 この世をば〜 ・藤原頼通 平等院鳳凰堂
上皇	白河上皇【院政】
	平治の乱
武士	平清盛

漢字もまちがえやすいので、整理が必要。道長は「満月の人」、頼通は「十円玉の人」と覚えよう！

このあと長く続く武士の時代のきっかけ。「平氏が治めるきっかけの乱」と覚えておきたい。

① 日宋貿易
② 武士で初めて太政大臣になる
③ 30あまりの国、500か所の荘園を支配

1185年 壇ノ浦の戦い

☑️ **うまいやり方の摂関政治**

　自分の娘を天皇の后にできる程の権力を、藤原氏がどうやって手に入れたのでしょう。奈良時代以降、各地で増えた「荘園」は、私有地とはいえ税を納める必要がありました。そこで荘園を持つ領主は、強い貴族や寺社に土地を寄進し、不輸の権（税を納めなくてもよい権利）や不入の権（国司の立ち入りを禁止する権利）を獲得しました。これは名目上、強い貴族や寺社の荘園とすることで、国司に口を出させないためでした。中央の有力貴族だった藤原氏は、この寄進で多くの荘園を手に入れ財力を高めるとともに、ほかの貴族をしりぞけて権力を獲得していきました。

　摂関政治は、天皇が幼いころには「摂政」として政治を補佐し、天皇が成人しているときには「関白」として政治を補佐するものです。もちろん朝廷での役職も藤原一族が手にしていました。藤原道長は、自分の娘4人を天皇の后にしています。自分を欠けることのない満月にたとえた歌を歌いたくなる気持ちもわかります。

┌─ **答え** ─
問1　アは「藤原道長」、イは「桓武天皇」、ウは「平清盛」、エは「白河天皇」です。
問2　「天皇→貴族→上皇→武士」と権力が変わるので、「②→①→④→③」となります。

👆 **チェック問題**

◆平安時代の中ごろになると、地方の豪族や農民が、自分の領地を守るために武装をはじめ、これにより各地に武士団が誕生するようになりました。

問1　地方の武士団の中には、皇族とつながりをもつことで勢力を広げるものが現れました。西国と東国で力をつけた一族を、それぞれ「〇氏」という形で答えなさい。

問2　問1の2つの勢力は、1185年に現在の山口県で戦い、一方を滅ぼした勢力が、その後政治の実権を握るようになりました。この戦いを何といいますか。

武士が力をつけるまで

● 都や地方で武装がはじまる

平安時代半ばになると、都では貴族の勢力争いが激しくなり、天皇や貴族を守る護衛として武装するものが現れました。また、地方では、身勝手な政治をする国司が増えたり、都の貴族同士の争いが地方の荘園にも及んだりして、都と同様に乱れるようになりました。そのため、自分の土地を守るために、武装する豪族や農民が現れたのです。これが武士のおこりです。

● 源氏と平氏

天皇の子どもが、みんな都で力をもつわけではなく、地方に派遣されることもありました。そういった人物が地方の武士たちをまとめ、武士団を形成することがありました。こうした武士団の中で、武士のリーダーとなっていったのが、天皇を祖先とする「平氏」と「源氏」です。

● 武士の力が示された承平・天慶の乱（935〜941年）

武士が力をつけていく中、関東の豪族であった平将門が関東で、また同じころ海賊として勢力を強めていた藤原純友が瀬戸内海で反乱を起こしました。これらの反乱を承平・天慶の乱といいます。この戦いは、貴族ではどうすることもできず、結局、地方の武士たちの力を借りてようやくおさめられました。武士の力が示されるきっかけとなった乱です。

● 貴族のような政治をめざした平清盛

保元の乱と平治の乱を通して実権を握った平清盛は、太政大臣につき、藤原氏と同じように自分の娘を天皇の后にするなど、武士としてではなく、貴族のような形で権力を握っていきました。これに対して、朝廷内はもちろんのこと、武士の政治を望む地方の武士も不満を抱いていきました。この不満が高まって起こったのが、源平の合戦です。

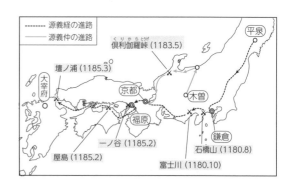

平清盛によって伊豆に流されていた 源 頼朝が北条氏の助けを借りて東国での基盤を固め、西へ西へ平氏を追い詰めていきました。1185年、源氏は壇ノ浦の戦いによって平氏を滅亡させ、鎌倉を拠点に武士による政治をはじめていきます。

■ 次のA～Cの文章を読み、「この年」とはいつのことがらかを考え、各問いに答えなさい。

A　　この年は、　1　上皇が初めて院政をはじめてから30年になります。藤原氏に代わり上皇が政治の実権を握るようになりました。また①武士が勢力を増してきたのもこのころです。この年の33年前に起こった後三年の役で力をつけた源氏はこのころ失脚し、代わって平氏が勢力を強めました。平氏は②平清盛のときに最盛期をむかえました。

問1　文中の空欄　1　にあてはまる人物を漢字で答えなさい。

問2　下線部①に関して、武士のおこりについて述べた内容としてまちがっているものを次のア～ウから1つ選び、記号で答えなさい。

　　ア　10世紀ごろ、地方役人になった貴族の中には国司の立場を利用し勢力を広げるものがでた。

　　イ　地方の農民の中には土地を開墾して富を増やし、土地を守るため武力をもつものがでた。

　　ウ　有力な豪族となった農民は武力を蓄えるとともに天皇に仕え、大きな力をつけていった。

問3　下線部②に関して、平清盛が関わった戦いを次のア～エから1つ選び、記号で答えなさい。

　　ア　応仁の乱　　　イ　承久の乱　　　ウ　藤原純友の乱　　　エ　保元の乱

B　　この年は　2　天皇が平安京に遷都してから約20年がたって、ようやく政治が落ち着いてきたころです。③東北地方も徐々に朝廷の支配下に入り日本全国が律令制度のもとで栄えました。この年の約10年前には空海が中国から帰朝し、真言宗を日本に伝えるなど仏教の新しい勢力が広がった時期でもあります。

問4　文中の空欄　2　にあてはまる人物を答えなさい。

問5　下線部③に関して、東北地方と朝廷との関係について正しく述べた文を次のア～ウから1つ選び、記号で答えなさい。

　　ア　東北地方の人びとはこのころ、自ら蝦夷と名乗るようになり、百済と結んで朝廷と対立した。

　　イ　朝廷は奈良時代に東北地方の拠点を現在の宮城県において陸奥国の国府とした。

　　ウ　征夷大将軍の坂上田村麻呂は、東北地方の蝦夷を屈服させ、守護と地頭を置いて支配した。

C　　この年の翌年、④藤原氏は他の貴族を政治から追いやって自分たちで政治を独占しました。しかし、地方では律令政治がゆるんできました。この年の約30年前には関東で　3　が反乱をおこしました。またこの年の20年後には国司の横暴に対して尾張（現在の愛知県）の国の百姓たちが中央政府に訴えでる事件もおこりました。

問6　文中の空欄　3　にあてはまる人物を漢字で答えなさい。

問7　下線部④に関して、藤原氏について正しく述べた文を次のア～ウから1つ選び、記号で答えなさい。

　　ア　藤原氏の一族は奈良時代には小さな豪族に過ぎず、政治の中心にでることはなかった。

　　イ　8世紀の末に遣唐使停止を意見した菅原道真は藤原氏と対立し、大宰府に流された。

　　ウ　藤原氏は11世紀前半の道長と子の頼通のときに多くの荘園を支配して最盛期をむかえた。

問8　A～Cの文章を、時代順に並べかえなさい。

5 御家人は何が嫌だった？
―執権政治と鎌倉幕府の滅亡―

平安		鎌倉					室町
	鎌倉幕府	北条氏の政治				建武の新政	室町幕府
壇ノ浦の戦い	源 頼朝・征夷大将軍	執権政治	承久の乱	御成敗式目	元寇	後醍醐天皇	

こんなつまずきありませんか？

「義時？ 時政？ 政子は何代目の執権？」「御恩？ 奉公？」聞かれると混乱する……。自分の領地があるのに、なぜ生活が苦しいの？

北条氏。執権。これは知ってる。でも誰がいたっけ？ 時宗しか出てこない…。

例えばこんな場面で 鎌倉時代、源氏が３代で滅んだあと、北条氏が政治を引き継ぎ、執権として幕府を支えました。次の①〜④のできごとは、北条氏のときのできごとです。

① 元からの服属要求を（ ア ）が拒否した結果、二度にわたって北九州に元軍が襲来した。

② 朝廷に権力を取り戻そうと上皇が兵をあげたが、執権の（ イ ）によって退けられた。

③ 公正な裁判を行うために（ ウ ）は頼朝以来のしきたりをもとに御成敗式目を作った。

④ （ エ ）は朝廷に政権を取り戻そうと兵をあげ、足利尊氏らとともに鎌倉幕府を滅ぼした。

問1 ①〜④の文章中のア〜エにあてはまる人物を答えなさい。

問2 ①〜③のできごとを並べかえなさい。

御家人が不満に思ったからだよね…。でも全部不満をもちそう。

問3 ④にあるように幕府が滅んだのは、御家人たちの幕府への不満が高まったためですが、その理由を説明したものとして正しいものをすべて選びなさい。

　ア　ほうびがもらえなかったから。　　イ　元軍に自分たちの土地を奪われたから。
　ウ　苦しくても借金ができなくなったから。　エ　3度目の襲来に備え、出費が増えたから。

📖 つまずき解消ポイント

鎌倉時代の知識はあっても、できごとの流れを因果関係でとらえられていないことがつまずきの原因です。「なぜ？」を自分にぶつけて、納得しながら流れをつかんでいくことが大切です。

☑️ **鎌倉時代は「源氏→北条氏→後醍醐天皇」、「武士から天皇へ」という流れをつかむ！**

　武士では「源頼朝」「北条義時」「北条泰時」「北条時宗」の４人、天皇は「後醍醐天皇」をおさえる。この時代はできごとは多くありません。だからこそ背景が問われます。

源頼朝…平氏を滅ぼし征夷大将軍となり、鎌倉に幕府を開き、武士の時代を作った。

北条義時…２代執権。後鳥羽上皇の承久の乱を退ける。京都に置いた六波羅探題によって幕府が朝廷を監視し、西国までを支配するきっかけとなった。

北条泰時…３代執権。武士のための決まりである御成敗式目を制定した。

北条時宗…８代執権。２度の元の襲来（元寇）を退けたが、この恩賞をめぐって御家人たちの不満が高まり、幕府滅亡のきっかけとなった。

後醍醐天皇…足利尊氏の協力もあり鎌倉幕府を滅ぼした。しかし、武士の反発を受け、２年あまりで自ら行う政治が終わり、吉野に逃れた。

☑ ここだけはおさえておきたい！ 歴史の流れ

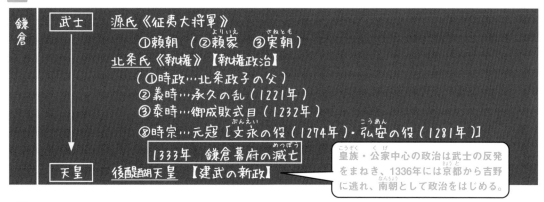

皇族・公家中心の政治は武士の反発をまねき、1336年には京都から吉野に逃れ、南朝として政治をはじめる。

☑ ほうびのあった承久の乱、ほうびのなかった元寇

　もちろん元寇によって生活が苦しくなったのは事実ですが、ここでは承久の乱のころと元寇のころの御家人のようすに注目します。

13世紀前半《承久の乱》　執権：2代北条義時のころ

〇朝廷側についた西国の武士の土地を、活躍した御家人はほうびとしてもらうことができた！

・鎌倉時代がはじまって間もないので、御家人には十分な土地があった。

13世紀後半《元寇》　執権：8代北条時宗のころ

〇元軍を追い返しただけで土地が手に入らず、活躍した御家人でもほうびがもらえなかった！

・元寇にかかる費用はすべて御家人の負担であったが、十分なほうびがなかった。

・ほうびがなかったにもかかわらず、御家人は3度目の襲来に備え、出費が増大していた。

・御家人は代々分割相続のため、一人当たりの土地が小さくなり、すでに生活が苦しかった。

・生活費を手に入れるため、自分の土地を売ったり、質に入れたりしていた。

　⇒みかねた幕府は御家人を救済するために1297年に徳政令を出して借金を帳消しにしたものの、逆に社会が混乱し、御家人も借金ができなくなり、幕府への信用がなくなった。

答え

問1　アは8代執権「北条時宗」、イは2代執権「北条義時」、ウは3代執権「北条泰時」、エは「後醍醐天皇」です。

問2　「②→③→①」となります。

問3　元軍には土地を奪われていないことから、イ以外の「ア・ウ・エ」が正解です。

☞ チェック問題

◆右の図は、将軍と武士の主従関係について表した図です。

問1　将軍と主従関係を結んだ武士のことを何とよびますか。

問2　この関係は鎌倉に幕府を開いた人物が作ったものです。
　　　この人物の名前を答えなさい。

問3　図中のA・Bにあてはまることばを漢字で答えなさい。

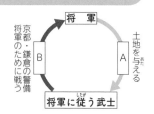

答えは問1が御家人、問2が源頼朝、問3のAが御恩、Bが奉公です。問3のように、将軍と御家人は御恩と奉公の関係で結ばれていました。このように土地を仲立ちとした主従関係で成り立つしくみを封建制度といいます。改めて、鎌倉幕府がどのような土台を作ったのかを確認しておきましょう。

本拠地鎌倉は地形をイメージ！

源氏の守り神をまつる鶴岡八幡宮があり、三方を山に囲まれ、一方が海であることから、敵に攻められにくく、守りやすい地形です。鎌倉に入るには、切通しとよばれる細い道を使います。幕府滅亡のときに鎌倉を攻めた新田義貞は、海から幕府を攻撃しました。

名前が同じでも仕事がちがう幕府のしくみ（鎌倉幕府と室町幕府）

侍所・政所・問注所と、次の室町幕府と同じ名前の役所がありますが、仕事が異なっているので、そのちがいを正確に覚えましょう。また、それぞれの「中央」は異なります。鎌倉幕府の中央は「鎌倉」、室町幕府の中央は「京都」です。だから鎌倉幕府の地方には「六波羅探題（京都）」が置かれ、室町幕府の地方には「鎌倉府」が置かれています。いずれも前の時代の中心地であり、対抗勢力を監視するための役所です。

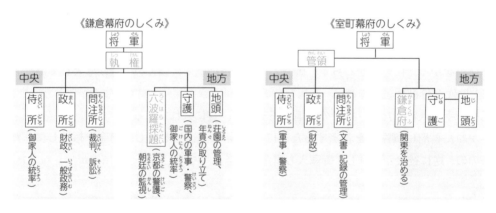

後醍醐天皇はやはり失敗する

なぜ鎌倉幕府が滅んだかというと、御家人が将軍へ命懸けで奉公したにもかかわらず、御恩を得られず、不満が高まっていったためです。後醍醐天皇は、何をすればよかったのでしょう。もちろん活躍した御家人に対してほうびを与えればよかったと考えられます。

しかし、知っての通り、後醍醐天皇の建武の新政は、皇室や公家の領地を優先し、武士への恩賞を少なくしました。さらに、武士の慣習を無視した政治を行ったことから、武士の不満を生み、2年あまりで終了したのです。そのあとに登場する足利尊氏が、武士たちに恩賞を与えたのはいうまでもありません。

> 一時、後醍醐天皇が政治を行ったものの、再び武士の世の中へ。
> 新たな幕府が開かれるが、いよいよ弱肉強食の混乱期が訪れることに！

■ 鎌倉時代について書かれた次の文章を読んで、あとの問いに答えなさい。

A 　鎌倉幕府は、征夷大将軍のもと中央に政治や財政を行う（　あ　）、裁判を行う（　い　）、御家人をまとめる（　う　）などが置かれました。また地方には軍事や警察の仕事を行うもの、荘園を管理する仕事を行うものなどが置かれました。

B 　源氏の正統はわずか①4代でとだえました。そこで鎌倉幕府は、京都から公家の子をむかえて将軍としましたが、政治の実権は②執権となった北条氏がにぎりました。とりわけ頼朝の妻であった北条政子は1221年に起こった③承久の乱において鎌倉幕府軍をまとめ、④後鳥羽上皇らの軍勢を破る原動力になるなどして尼将軍ともよばれました。

C 　①フビライは中国をおさえて元という国を作り、日本も支配下におこうと考えました。1274年、元と高麗の軍が博多へ上陸して幕府軍と戦いましたが、暴風雨によって大損害を受け退きました。これを②文永の役といいます。執権③北条時宗は博多湾に石塁を築いて元軍の再上陸に備えました。1281年、元は大軍をひきいて博多湾から上陸しようとしましたが、再び暴風雨に襲われ退きました。これを④慶長の役といいます。

D 　元寇ののち、幕府への御家人たちの不満や社会の混乱の中、後醍醐天皇は即位しました。2度にわたり幕府打倒を計画しましたが、結局隠岐に流されてしまいます。しかし、後醍醐天皇は隠岐を脱出し、京都の（　え　）を攻め落とした足利尊氏や鎌倉を攻撃した（　お　）の力もあって、1333年に鎌倉幕府を滅ぼしました。幕府の滅亡後、後醍醐天皇は天皇中心の政治をはじめましたが、この政治を（　か　）といいます。

問1　この時代に関係の深いものを下のア～エから1つ選び、記号で答えなさい。

ア　　　　　　　イ　　　　　　　ウ　　　　　　　エ

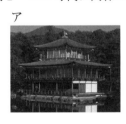   

問2　Aの文章中の（　あ　）～（　う　）にあてはまる言葉を下のア～オから1つ選び、記号で答えなさい。
　　ア　問注所　　イ　政所　　ウ　守護　　エ　侍所　　オ　地頭

問3　B・Cの文章の中には、それぞれ1か所ずつまちがいがあります。まちがっている下線部分の番号をそれぞれ1つずつ答えなさい。また、正しい語句を答えなさい。

問4　Dの文章中の（　え　）～（　か　）にあてはまる言葉を答えなさい。

足利義満は何をした？
―室町時代の発展と衰退―

鎌倉	室町						安土桃山
建武の新政 後醍醐天皇	室町幕府 足利尊氏	足利義満	南北朝合一・日明貿易	足利義政	応仁の乱	戦国時代 鉄砲・キリスト教伝来	織田信長

こんなつまずきありませんか？

鎌倉時代の次は南北朝時代！「あれ、室町時代は？」「戦国時代もあった
よな……？」足利義満って結局、何をやった人？

> お、ザビエルだ。あとは…何だ？　全部室町時代のもの？

例えばこんな場面で　次の①〜⑦の資料は、室町時代に関係するものです。

① 　② 　③ 　④

⑤ 　⑥ 　⑦

> 幕府でえらかったんだよ
> ね。朝廷でも何かもらっ
> たの？摂政？関白？

問1　この中から、足利義満に関係が深いものをすべて選び、番号で答えなさい。
問2　足利尊氏は、幕府を開くにあたり天皇からA ある役職に任命されました。この役職の名を答えなさい。
　　　また足利義満は、朝廷のB ある役職につき、朝廷で強い力を握りました。この役職の名も答えなさい。
問3　室町時代の1467年に、京都で大きな戦乱である応仁の乱が起きました。これ以降、100年以上にわたって
　　　領地をめぐる争いが続いていきます。このような時代を何時代といいますか。

📖 つまずき解消ポイント

どの時期にどんなできごとが起こっていたのか、人物とともに整理されていないことがつまずき
の原因です。まず、足利義満がやったことを中心にしてとらえておくことが大切です。

☑ **室町時代は、南北朝時代と戦国時代との切れ目を明確に！**

　室町時代全般は、武士の足利氏の時代。ただ南北朝時代や戦国時代という時代があるように、足
利氏が権力を握った単純な時代ではありません。大切なのは、この時代の切れ目と切れ目にいる人
物をおさえることです。カギとなるのは足利義満と足利義政の2人です。

> **足利義満**…3代将軍。足利氏全盛の時代で、強力な幕府を作った人物。後醍醐天皇
> 以降、分かれていた南北朝の合一を実現した。
> **足利義政**…8代将軍。義満の死後、守護大名の勢力が強まり幕府の力が弱まった。
> 義政のあと継ぎをめぐる応仁の乱以降を下剋上で有名な戦国時代と
> よぶ。

☑️ **ここだけはおさえておきたい！ 歴史の流れ**

人物で多く出題される義満は、まずこの5つを覚えておけばOK

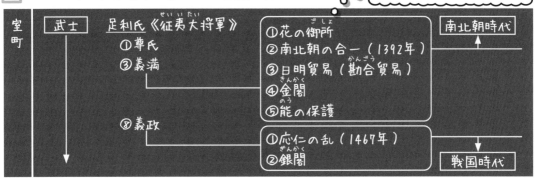

☑️ **守護・守護大名・戦国大名のちがいって？**

　守護は鎌倉時代に国ごとに置かれ、御家人の統率や軍事・警察の仕事を担いました。一方守護大名は、室町時代に入って年貢を取り立てる権利を得て権限が強化され、ときには数か国を支配した武士のことをいいます。そして戦国大名は、戦国時代に国の実権を握って支配していた武士のことです。守護大名からなったものもいれば、家臣が主君を討ち取ってなったもの、下級の武士からなったもの、変わったところでは商人からなったものなどもいました。いわゆる下剋上です。

☑️ **農村が変わる！ 農民の抵抗がはじまる！**

　産業の発展によって生活が向上してくると、農民は共同作業などを通じて、地域ごとに団結するようになりました。これを惣や惣村とよびます。惣では、農民たちが寄合を開いて村のおきてを定めるなど、自治を行うところが出てきます。そして、戦乱から土地を守ったり、集団で領主の重税を訴えたり、要求が通らない場合に田畑を捨てて他国へ逃げたりすることもありました。

　15世紀には、農民は武器を持って領主に年貢を減らすよう求めたり、高利貸しに借金をなくすよう求めたりしました。これを土一揆といいます。幕府の力が弱まり、農村まで支配がいきわたらなくなったことも要因です。

答え

問1　能の「①」、金閣の「②」、勘合の「⑤」です。③はザビエル、⑦は鉄砲でいずれも16世紀のもの、④は水墨画、⑥は銀閣でいずれも足利義政のころの文化です。

問2　「幕府を開く」からA「征夷大将軍」、「朝廷で強い力」からB「太政大臣」です。

問3　応仁の乱以降にはじまる戦乱の世のことを「戦国時代」といいます。

✋ **チェック問題**

◆室町時代になると、農民たちは地域ごとに惣というまとまりを作り団結するようになりました。

問1　農民たちが村の問題を相談したり、おきてを決めたりするために開いたものは何ですか。

問2　団結した農民は、領主や高利貸しに対して武器を持って反抗することもありました。この反抗をとくに何といいますか。漢字3字で答えなさい。

問3　室町時代は農業や商業が発展しました。次の中から、室町時代に関係ないものを1つ選びなさい。

　　ア　はじめて西日本に二毛作が広がった。　　イ　宇治の茶や三河の綿花など各地に特産物ができた。

　　ウ　定期市が月6回に増えた。　　エ　輸入した銅銭によって貨幣経済が発達した。

農業や商業の発達（鎌倉時代から室町時代へ）

● 農業の発達

鎌倉時代に西日本ではじまった二毛作や牛馬耕は、室町時代になると全国に広がります。室町時代にはかんがい用の水車が使われはじめ、また牛馬のふんなども肥料として使われるようになりました。この時代に農業生産が飛躍的に高まります。

さらに、各地で特産物も生産されるようになります。この時代に朝鮮から伝わった綿花は三河で生産されるようになり、人びとの衣服として用いられるようになりました。そのほか、紀伊のみかんや甲斐のぶどう、宇治の茶などもこのころから生産されるようになりました。

● 手工業の発達

各地に専門の職人も現れます。京都の西陣織や美濃の和紙、灘の酒造業、瀬戸や美濃の焼き物など、各地でさかんに作られるようになりました。現代につながっている技術も多くあります。

● 商業の発達

商品が増え、貨幣経済が発達してくると、流通も活発化します。鎌倉時代にはじまった月3回の定期市は室町時代になると月6回に増え、さまざまな取引がされるようになります。鎌倉時代以降、都市や交通の要所では、商工業者が座とよばれる同業組合を作り、問丸（問）という倉庫業や馬借という輸送業を営むものも現れます。そして、土倉（質屋）や酒屋が高利貸し（金貸し）をはじめます。農民たちが襲ったのは、この土倉や酒屋でした。

● 都市の発達

室町時代になると、商業の発達とともに、主要な港には港町、寺や神社の門前には門前町などが作られるようになり、のちの戦国大名に対抗したり、協力したりしていくことになります。堺や博多では、町衆とよばれる商工業者が自治を行っていました。

□…港町
○…門前町

応仁の乱をきっかけにはじまった下剋上の世の中は、16世紀後半には織田信長、豊臣秀吉が登場し、統一に向けて動きはじめる。各地で力をつけた人びとをどのように取りこんでいくのかに注目しよう。

■ 次の文章を読み、あとの問いに答えなさい。

　　　A　は、1338年に北朝の天皇から征夷大将軍に任命され、京都に室町幕府を開きました。　A　は鎌倉幕府にならって①政治のしくみを整え、守護大名を従えて勢力を強めました。その後、②3代将軍の　B　のころには、全国のほとんどの武士が足利氏に従うようになり、　B　は、約60年にわたって続いてきた、南朝と北朝の対立を1つにまとめ、内乱を終わらせました。

　　しかし、8代将軍の　C　のころになると、守護大名の力が強くなり、将軍　C　のあと継ぎをめぐり、対立がおこると、③11年間に及ぶ戦乱が各地に広がりました。このころになると④農民も自治を行い、大きな力を発揮するようになりました。

問1　　A　～　C　にあてはまる名前を、次のア～オからそれぞれ選び、記号で答えなさい。
　　ア　足利義教　　イ　足利義満　　ウ　足利尊氏　　エ　足利義昭　　オ　足利義政

問2　下線部①について、この時代の政治のしくみを次から選び、記号で答えなさい。

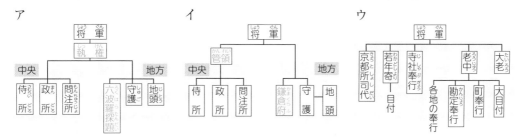

問3　下線部②について、この人物が行ったこととして正しいものを次のア～エから選び、記号で答えなさい。
　　ア　宋と勘合を使った貿易をはじめた。　　イ　京都の北山に金閣を建てた。
　　ウ　能や歌舞伎を積極的に保護した。　　エ　京都の室町で建武の新政を行った。

問4　下線部③について、次の問いに答えなさい。
　(1)　この戦乱を何といいますか。答えなさい。
　(2)　この戦乱ののち、世の中はどのようになっていきましたか。「下剋上」という語句を用いて説明しなさい。

問5　下線部④について、次の問いに答えなさい。
　(1)　農村では、有力な農民が指導者となって話し合いが行われ、村の問題を解決したり、村のおきてを作ったりしていました。このような話し合いを何といいますか。
　(2)　この時代には、農業生産が飛躍的に高まるとともに、各地で特産物が作られるようになりました。この時代の特産物と産地の組み合わせについて、正しくないものを次のア～エから選び、記号で答えなさい。
　　ア　甲斐国－ぶどう　　イ　紀伊国－みかん　　ウ　三河国－木綿　　エ　陸奥国－りんご

7 結局誰が天下を統一した？
―戦国時代の天下への道―

室町		安土桃山	江戸
	織田信長	豊臣秀吉	江戸幕府
室町幕府滅亡	楽市楽座　関所の廃止　キリスト教保護	太閤検地　刀狩　天下統一　朝鮮侵略　関ケ原の戦い	徳川家康

こんなつまずきありませんか？

「豊臣秀吉が天下統一」というけれど、信長と家康は何をやったの？
キリスト教は結局信じてよかったの？ 悪かったの？

> なんとなくどっちかはわかる。でも何て政策だっけ…。

例えばこんな場面で　次の①～④は織田信長と豊臣秀吉が行った政策である。

① 自身の領地でァ商人が自由に営業することを認める制度を取り入れ、商工業の発展をさせた。
② ィ宣教師を国外に追放する法令を出したが、貿易は進めていたためあまり効果はなかった。
③ 年貢を確実にとるため、ゥものさしやはかりを統一して全国を調べる政策を行った。
④ 一揆が起きないようにするため、ェ農民から刀や鉄砲を取り上げる政策を行った。

問1　下線部ア～エの制度や政策を何といいますか。
問2　①～④の政策について実施したのが織田信長であればA、豊臣秀吉であればBと答えなさい。
問3　織田信長と豊臣秀吉はキリスト教の布教について、どのような立場をとりましたか。次から選びなさい。
　　ア　禁止　　イ　保護　　ウ　最初は保護、のちに禁止　　エ　最初は禁止、のちに保護

> キリスト教って、都合が悪いからみんな禁止したんじゃないの？

📖 つまずき解消ポイント

天下統一に向けた人物とできごと、政策が整理されていないことがつまずきの原因。できごとは
多いので、まず政策を正確に覚えることが大切。そのうえで歴史の流れをとらえていきます。

✅　**安土桃山時代は、まず織田信長と豊臣秀吉の政策に目を向ける！**
　安土・桃山という表現自体が「織田信長」「豊臣秀吉」を指している時代。流れをおさえる前に、
まず2人の政策に目を向け、年号が必要なできごととは切り離して考えるとよいでしょう。

織田信長…尾張の戦国大名。桶狭間の戦いで今川氏を破り、その後天下統一を進めた
　　　　　が、家来の明智光秀に攻められ自殺する。覚えたい政策は以下の3つ。
　①**楽市楽座**…商工業を発展させるため、商人に城下での自由な営業を認めた。
　②**関所の廃止**…人やモノの移動を妨げる関所を廃止し、商工業を発展させた。
　③**キリスト教の保護**…自身にはむかう仏教勢力と対抗させるために保護した。

豊臣秀吉…尾張出身で信長に仕えた人物。信長を自殺に追いこんだ明智光秀を倒した
　　　　　のち、天下統一を果たす。覚えたい政策は以下の4つ。
　①**太閤検地**…年貢を確実に取り立てるため、ものさしやはかりを統一して全国の土地
　　　　　を調べ、管理した。
　②**刀狩**…一揆を防ぐため、農民から刀や鉄砲を取り上げ、農業に専念させた。
　③**バテレン追放令**…貿易船でやってきていた宣教師（バテレン）を追放した。
　④**朝鮮侵略**…明の征服を目的に、2度にわたって朝鮮に大軍を送った。

✓ ここだけはおさえておきたい！ 歴史の流れ

安土桃山

武士	織田信長	【信長の政策】
	安土城	①楽市楽座 ②関所の廃止 ③キリスト教の保護

この2人に関することはたくさんあるが、政策として、まとめていえるようにしておこう。

豊臣秀吉《関白》《太政大臣》
伏見城
大阪城

【秀吉の政策】
①太閤検地
②刀狩
③バテレン追放令
④朝鮮侵略

✓ 鉄砲伝来とキリスト教伝来がもたらしたことって？

戦国時代を終わらせるきっかけにもなったのが鉄砲とキリスト教の伝来です。このとき訪れたポルトガル人・スペイン人は南蛮人とよばれ、彼らとの貿易を南蛮貿易といいます。

▶ **鉄砲の伝来（1543年）**

ポルトガル人を乗せた中国船が種子島に漂着したことがきっかけです。すぐに製造方法と火薬の製法が研究され、堺や国友（近江）などで作られるようになりました。鉄砲の伝来により、戦いの勝敗が早くつくようになり、天下統一を早めたといわれます。

▶ **キリスト教の伝来（1549年）**

スペイン人のフランシスコ・ザビエルが鹿児島に来たことがきっかけです。ザビエルは九州や山口の戦国大名に許可を得て布教を行い、その後日本に宣教師が来るようになりました。キリスト教徒になった戦国大名はキリシタン大名とよばれ、南蛮貿易を積極的に行って経済力をつけるものも現れました。

織田信長は仏教勢力に対抗させるために、キリスト教を保護しました。豊臣秀吉も最初は貿易の利益から保護していましたが、キリシタン大名によって長崎が教会に寄付されていたことを知り、キリスト教を邪教として宣教師を追放します。ただし、ポルトガルとスペインの宣教師は布教と貿易の両方を行っており、秀吉は貿易を認めていたため宣教師は変わらず入ってきていました。

答え

問1　アは「楽市楽座」、イは「バテレン追放令」、ウは「太閤検地」、エは「刀狩」です。

問2　①は「A」、②は「B」、③は「B」、④は「B」です。

問3　信長は仏教勢力に対抗させるため保護したので「イ」、秀吉は最初保護していたが、のちに宣教師を追放しているので「ウ」となります。

☞ チェック問題

◆安土桃山時代のことがらについて、次の問いに答えなさい。

問1　織田信長が仏教勢力に対抗させるために保護したのは何ですか。

問2　豊臣秀吉が明を征服するために行ったことは何ですか。

問3　織田信長と豊臣秀吉は、天下統一に向けた拠点として城を建設しています。
　　　それぞれどこに城を建設したか、右の地図から選びなさい。

答えは問1が**キリスト教**、問2が**朝鮮侵略（朝鮮出兵）**、問3が信長は**イ**（安土城）、秀吉は**エ**（大阪城）です。問3のように、天下統一に向け、戦国大名がどこを拠点にしていたかは知っておきたい。信長や秀吉と戦った、おもな戦国大名の拠点とともに、2人に関する重要なできごとをここで確認しておきましょう。

1560年ごろの戦国大名

有力な戦国大名は京都に上り、天皇や将軍を利用して、天下をねらっていた時代です。逆にいうと、天皇や将軍は実質的な力を持っていなかったということです。

有力な今川氏や伊達氏、武田氏などは名前を聞きますね。また、江戸時代まで名前が出てくる島津氏や毛利氏などの名前も。このあたりからが天下統一に向けた最後の戦いがはじまります。

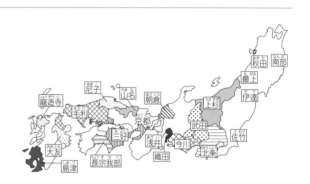

信長と秀吉の天下統一への道

〈織田信長の天下への道〉

1560年	桶狭間の戦い（vs 今川義元）
1573年	足利義昭追放・室町幕府滅亡
1575年	長篠の戦い（vs 武田勝頼）
1576年	安土城築城
1582年	本能寺の変（vs 明智光秀）

〈豊臣秀吉の天下への道〉

1582年	山崎の戦い（vs 明智光秀）
1583年	大阪城築城
1585年	関白になる
1586年	太政大臣になる
1590年	小田原攻め・天下統一

まずは上の年表で流れをおさえ、下の地図で場所を確認しましょう。

「織田がつき 羽柴がこねし 天下もち 座りしままに 食うは徳川」の通りに、このあと、徳川の時代がやってくる。2人の政策を見ていた家康が、約260年続く江戸時代の土台をどう作ったのかに注目したい。ちなみに左下にいて、信長を手伝っているのは明智光秀である。

天下もちの絵

■ 次の文章を読んで、あとの問いに答えなさい。

　　日本では室町時代の後半からA南蛮貿易が行われました。鉄砲やキリスト教が伝えられ、キリスト教の信者になる大名も現れました。B織田信長はC外国から伝わった鉄砲による戦術を生み出し、全国支配をめざしましたが、本能寺の変により目的を達成できませんでした。

　　信長の家臣であった豊臣秀吉は、信長の後継者（こうけいしゃ）となり、1590年には全国の大名を従えて、天下統一を達成しました。D秀吉は田畑の面積をはかり、百姓（ひゃくしょう）から年貢を集めました。さらに、百姓から刀などの武器を取り上げました。秀吉は日本だけでなく明も支配し、インドまで征服しようと試み、E朝鮮へ出兵しましたが、明の援軍（えんぐん）が朝鮮に加わり、失敗に終わりました。

　　徳川家康は秀吉によって関東地方に領地を移されていました。しかし家康は、秀吉の死後に関ヶ原の戦いで石田三成（いしだみつなり）を破り、全国支配を達成し江戸幕府を開きました。

問1　下線部Aについて、このころ日本が南蛮貿易を行った国として正しいものを次から選びなさい。

　　ア　イギリス　　イ　スペイン　　ウ　フランス　　エ　アメリカ　　オ　オランダ

問2　下線部Bについて、織田信長が行ったこととして正しいものを次から選びなさい。

　　ア　楽市楽座の政策を進め、市の税を廃止し、座の特権（とっけん）を認め、領内の産業をさかんにした。
　　イ　足利尊氏（たかうじ）が開いた室町幕府を保護し、足利氏と同盟（どうめい）を結び勢力を強め武田氏を破った。
　　ウ　信長に敵対（てきたい）する仏教勢力の比叡山延暦寺（ひえいざんえんりゃくじ）を焼き討ちにし、その後も仏教勢力と戦い続けた。
　　エ　全国統一の本拠地として京都を選び、屏風絵（びょうぶえ）やふすま絵（え）が描かれている安土城を築いた。

問3　下線部Cについて、大量の鉄砲を使った戦いとして正しいものを次から選びなさい。

　　ア　桶狭間の戦い　　イ　白村江（はくすきのえ）の戦い　　ウ　壇ノ浦（だんのうら）の戦い　　エ　長篠の戦い

問4　下線部Dのことを何というか。次から選びなさい。

　　ア　太閤検地　　イ　農地改革（かいかく）　　ウ　地租改正（こうちこうみん）　　エ　公地公民　　オ　荘園制度（しょうえん）

問5　下線部Eのとき、日本に連れてこられた朝鮮人が現在の佐賀県（さが）で作った陶器（とうき）として正しいものを次から選びなさい。

　　ア　益子焼（ましこやき）　　イ　九谷焼（くたに）　　ウ　備前焼（びぜん）　　エ　有田焼（ありた）　　オ　信楽焼（しがらき）

問6　信長・秀吉・家康について述べた次のⅠ・Ⅱの文について、正しければ○、誤（あやま）っていれば×と答えなさい。

　　Ⅰ　信長は、キリスト教勢力が全国統一の妨げになると考え、南蛮寺を焼き討ちするなど徹（てっ）底的（てい）に弾圧（だんあつ）を行った。
　　Ⅱ　秀吉は、キリスト教の国との関係について、貿易だけでなく布教活動も完全に禁止し、この考えは家康にも受け継（つ）がれた。

問7　次の①～③の歌は、信長・秀吉・家康の3人の性格を表したものとして有名です。それぞれ誰（だれ）を表したものですか。組み合わせとして正しいものをあとから選びなさい。

①	泣かぬなら　鳴かせてみせよう　ホトトギス
②	鳴かぬなら　鳴くまで待とう　ホトトギス
③	鳴かぬなら　殺してしまえ　ホトトギス

　　ア　①：信長　　②：秀吉　　③：家康　　イ　①：信長　　②：家康　　③：秀吉
　　ウ　①：秀吉　　②：信長　　③：家康　　エ　①：秀吉　　②：家康　　③：信長
　　オ　①：家康　　②：信長　　③：秀吉　　カ　①：家康　　②：秀吉　　③：信長

8 どうやって260年の平和を築いたの？
―江戸幕府の政治と外交―

安土桃山	江戸幕府			江戸		鎖国の完成	徳川綱吉
関ヶ原の戦い	徳川家康	大阪夏の陣		徳川家光	参勤交代の追加		生類憐みの令
		武家諸法度・禁中並公家諸法度				島原・天草一揆	

こんなつまずきありませんか？

オランダと清と貿易したのは知ってるけど、どうしてそうなったの？
国を閉じたら、情報も外国のものも入ってこなくて大変だ……。

例えばこんな場面で 次の①～⑤の文章は江戸時代の初期のできごとや政策である。

① 徳川家の支配を固めるために、冬に続き夏にも大阪を攻め、（ ア ）氏を滅ぼした。

② 江戸幕府は幕府領に禁教令を出し、翌年全国に広げた。

③ 重い年貢と禁教令で苦しんだ島原の約4万人の農民が一揆を起こした。

④ （ イ ）船の来航を禁止し、いわゆる鎖国が完成した。

⑤ 天皇や公家の行動を制限するために、禁中並公家諸法度を定めた。

> 禁教令っていつ出たんだろう？ ほかはなんとなくわかるけど。

問1 文章中のア・イにあてはまる言葉を答えなさい。

問2 ⑤と同じ年に大名向けの決まりが出されているがこの法令の名を答えなさい。

問3 上の①～⑤の文章を古い順に並べかえなさい。

> やっぱり、並べかえか… 年号知らなきゃだめ？

📖 つまずき解消ポイント

長い江戸時代のできごとを、なんとなく覚えようとしていることがつまずきの原因です。ここでは
江戸幕府の土台を作った時期として、国内政策・国外政策を整理してとらえておくことが大切です。

✓ **初期は支配のしくみを固めた徳川家康と、それを発展させた徳川家光の2人に注目！**

　1605年に将軍職を息子の秀忠にゆずった家康は、その後1616年に亡くなるまで幕府の政治に
関わりました。そして、幕藩体制をより強固にし、鎖国を完成させたのが3代将軍の徳川家光です。

徳川家康…三河の戦国大名で江戸幕府の初代将軍。1590年に豊臣秀吉の命で江戸に移
　　　　　り、朝鮮侵略には参加せず力を蓄え、1600年の関ヶ原の戦いで天下人と
　　　　　なった。江戸時代の土台となる政策は次の5つ。
　①朱印船貿易…貿易船に朱印状を与え、東南アジアと積極的に貿易を行った。
　②幕藩体制の確立…全国を幕府領と大名領（藩）に分けて、政治を行った。
　③禁教令（1612年幕府領、1613年全国）…国の政策としてキリスト教を禁止した。
　④大阪夏の陣（1615年）…幕府の支配を固めるために豊臣氏を滅ぼした。
　⑤武家諸法度（元和令）・禁中並公家諸法度…大名と天皇・公家向けの決まり。
徳川家光…江戸幕府の3代将軍。「生まれながらの将軍」として強い権力を持ち、さらに強固なしくみ
　　　　　を整えた人物。覚えておきたい政策は、次の2つ。
　①武家諸法度（寛永令）…「参勤交代」を制度化、大名の忠誠心をはかり、経済力を弱めた。
　②鎖国の完成…キリスト教禁止の徹底、幕府の貿易独占のために、鎖国を行った。

☑ **ここだけはおさえておきたい！歴史の流れ**

☑ **よく考えられた幕府の支配のしくみ！**

　全国を幕府領と大名領（藩）に分け、将軍と大名がそれぞれ土地と人民を支配するしくみが幕藩体制です。幕府領は全国の4分の1にも及び、幕府は京都や大阪などの都市、堺や長崎などの港町、貨幣生産に重要な佐渡金山・生野銀山・足尾銅山などの鉱山を直接支配しました。

　大名については、徳川一族の親藩、関ヶ原以前から従っている譜代、関ヶ原以後に従った外様の3つに分け、幕府の役人は原則譜代としました。また、1615年の大阪夏の陣で豊臣家を滅ぼした直後には、武家諸法度を出して大名同士の結婚や城の修築を禁止し、禁中並公家諸法度を出して皇族や公家が政治に口出しできないようにしています。3代将軍家光の時代には、武家諸法度に参勤交代を追加しました。この家光のころ、幕府が支配するしくみがほぼ整えられました。

☑ **支配に都合のよい、鎖国への道！**

　徳川家康は、朱印船貿易の利益を見込んで当初はキリスト教の布教を黙認していましたが、徐々に警戒が強まり、1612年に幕府領、1613年に全国に禁教令を出しました。団結して一向一揆のような勢力になることや、大名が貿易の利益で力を強めることなどを恐れたのがその理由でした。

　しかし、1637年には恐れていたキリシタンの反乱である島原・天草一揆が起こります。これにより、キリスト教禁止のための絵踏や寺請制度を徹底するようになり、1639年にはポルトガル人を追放し、キリスト教を布教しないオランダと清のみと貿易することを決めました。目的は2つ。キリスト教禁止の徹底と幕府の貿易独占です。これが鎖国です。

答え

問1　アは大阪なので「豊臣（氏）」、イは鎖国の完成なので「ポルトガル（船）」です。
問2　大名向けに出された「武家諸法度」です。
問3　「②→①→⑤→③→④」となります。豊臣氏を滅ぼしたあと、武家諸法度・禁中並公家諸法度が出されている点に注意しましょう。

👆 **チェック問題**

◆鎖国について、次の問いに答えなさい。

問1　幕府の正式な貿易港は長崎でしたが、この長崎で貿易をしていた相手国を2つ答えなさい。
問2　日本が外交関係を結んでいた国はほかにもありましたが、対馬藩の宗氏、薩摩藩の島津氏を通じて外交関係があったのはそれぞれどこの国ですか。国名を答えなさい。

得意にするための1歩

答えは問1が オランダ・清、問2が対馬藩は朝鮮、薩摩藩は琉球王国です。正式な貿易港は長崎ですが、それ以外に3か所窓口がありました。いずれも大名を通した関係ですが、それぞれ、どこで、どの国とやりとりをしていたのかということを確認しておきましょう。

江戸時代の4つの窓口

①長崎（幕府の直轄地）

・出島… オランダ　オランダ船入港のたびに、オランダ商館長は海外の事情を伝えるオランダ風説書を幕府に提出しており、幕府は海外のようすをつかむことができました。

・唐人屋敷… 清　出島のすぐ近くにありましたが塀と堀で囲まれ、役人以外の立ち入りは禁止でした。出島同様に取引はこの中で行われていました。

②対馬藩（宗氏）

朝鮮　日本の将軍の代替わりごとに朝鮮から朝鮮通信使が派遣され、江戸への参府が行われました。貿易は宗氏によって、朝鮮の釜山で行われていました。

③薩摩藩（島津氏）

琉球王国　琉球王国から、日本の将軍の代替わりごとに慶賀使、琉球国王の代替わりごとに謝恩使が江戸に送られていました。17世紀初めから薩摩藩が支配し、中国風の服装で江戸への参府が行われました。琉球王国は中国にも朝貢していました。

④松前藩（松前氏）

蝦夷地（アイヌ）　17世紀の初めから、蝦夷地の支配とアイヌとの交易は、渡島半島の松前藩が独占していました。17世紀後半には、松前藩の不公平な取引にアイヌのシャクシャインを指導者に抵抗するというできごとが起こっています。

約260年にもわたって続いた江戸時代だが、これは江戸時代初期に大名支配や外交関係を固めて、国内に対抗勢力が生まれにくい環境を作ったためだったことに注目したい。

■ 江戸時代の鎖国について、次の問いに答えなさい。

問1　次の年表は、鎖国にいたる経緯（けいい）を示しています。年表の期間、将軍の位にあった人物の名前を漢字で答えなさい。また、この将軍が年表の期間中に行ったこととして正しいものを、あとのア〜エから記号で1つ選びなさい。

1624	スペイン船の来航を禁止する ………… A
1635	日本人の海外渡航（とこう）・帰国を禁止する … B
1639	ポルトガル船の来航を禁止する ……… C
1641	平戸（ひらど）のオランダ商館を出島に移す …… D

ア　御成敗式目（ごせいばいしきもく）を作り、武士の裁判（さいばん）の基準を定めた。

イ　刀狩令（かたながり）を出して、百姓（ひゃくしょう）たちから武器を取り上げた。

ウ　一国一城令を出して、大名たちが住む城以外の城の破壊（はかい）を命じた。

エ　武家諸法度を改め、参勤交代の制度を定めた。

問2　次の文章が示すできごとは、問1の年表中のどの時期におきましたか。あとのア〜オから記号で1つ選びなさい。また、下線部の地方が含（ふく）まれる都道府県名を漢字で答えなさい。

> 九州（きゅうしゅう）の島原や<u>天草地方</u>で、キリスト教の信者を中心に3万数千人もの人々が重い年貢の取り立てに反対して一揆を起こしました。幕府は大軍を送ってこの一揆をおさえました。

ア　Aよりも前　　イ　AとBの間　　ウ　BとCの間

エ　CとDの間　　オ　Dよりもあと

問3　江戸幕府は鎖国のもとにあっても、外国との交渉（こうしょう）にあたるために「四つの口（窓口）」を設けました。右の地図中の4か所は、この窓口を示しています。

地図中aの　①　藩は、当時「蝦夷地」とよばれた北海道（ほっかいどう）との窓口でした。蝦夷地では、アイヌの人々が狩（か）りや漁で得た産物を　①　藩と取引していました。それら産物の中でもとくに　②　は、　①　藩に買い取られたあと、日本海（にほんかい）の航路を通って九州に運ばれ、さらに琉球にまで渡（わた）りました。「　②　ロード」とも名づけられたこの流通ルートを通って、遠い北国からはるばる琉球にまで運ばれた　②　は、右のイラストが示すように、現在の沖縄（おきなわ）料理にも使われています。

空欄（くうらん）　①　と　②　に入る適当な語句を、いずれも漢字2字で答えなさい。

問4　問3の地図中の対馬藩・長崎・薩摩藩について述べた次のア〜ウについて、正しいものには○、誤（あやま）っているものには×を記しなさい。

ア　対馬藩を通して、朝鮮との貿易や外交が行われ、将軍がかわったときには、お祝いと友好を目的に朝鮮通信使が江戸を訪（おと）れた。

イ　長崎は、ほかの3か所の窓口とちがって、幕府が直接支配するところであり、オランダ以外に中国とも貿易を行った。

ウ　薩摩藩は、江戸時代の初めに琉球王国を武力で征服（せいふく）して、年貢米をとりたてるなど厳（きび）しく監督（かんとく）し、中国との貿易も禁止した。

三大改革がごちゃごちゃになる……
―江戸幕府の政治改革―

		江戸			ペリー来航
江戸幕府	鎖国の完成	三大改革			
徳川家康	徳川家光	徳川綱吉	享保の改革	寛政の改革	天保の改革
		生類憐みの令	徳川吉宗	松平定信	水野忠邦
			田沼意次		
		享保のききん	天明のききん	天保のききん	

こんなつまずきありませんか?

上米の制、囲い米の制…どの改革だっけ、すぐわからなくなる……。
1603年からの江戸時代で改革はいつごろ? 1700年代かな?

例えばこんな場面で 次の①～③は、江戸時代の三大改革です。

はい、三大改革。知ってる。でも人物か…江戸時代にはたくさん人物がいるからな……。

① 天保の改革　　② 享保の改革　　③ 寛政の改革

問1　①～③の改革を古い順に並べかえなさい。
問2　①～③の改革は誰によって行われたか、それぞれ人名を答えなさい。
問3　次のA～Eは三大改革で実施された政策です。どの改革のものか、それぞれ①～③の番号で答えなさい。
　　A　棄捐令　　B　上米の制　　C　上知令　　D　目安箱の設置　　E　囲い米の制

やっぱりこのパターン。正直、何が何やらわからないなぁ。

📖 つまずき解消ポイント

一度に全部覚えようとして、結局整理しきれないことがつまずきの原因。いろいろな人物がさまざまな改革をしているため、まずは政治を行った人物の順番を言えるようにすることが大切です。

✓ **家光以降は、政治を行った6人の人物をまずおさえる!**

　3代将軍徳川家光のあと、政治を行った6人は三大改革前と改革後に分けられます。改革前の2人は初期の土台作りにもつながる人物、そして改革後の4人は幕府の財政を立て直そうとした人物です。細かな政策を覚えるのはあと回しでよいので、まずこの人物をおさえましょう。

● 三大改革前
徳川綱吉…5代将軍。有名な生類憐みの令があるが、それまでの武力で支配する武断政治から、朱子学の考えで支配する文治政治に変えたことは大きな影響を与えた。
新井白石…6・7代将軍に仕えた。綱吉の政策を修正したことが有名だが、長崎貿易を制限して、金銀の海外流出を防いだことは覚えておきたい。その政治は「正徳の治」とよばれる。

● 改革後
徳川吉宗…8代将軍で享保の改革を行う。「米将軍」とよばれ、家康のころの政治にならってさまざまな改革を行った。
田沼意次…老中として当時力をつけていた商人を利用して幕府の財政を立て直した。しかし、多額のわいろをとった政治は批判をあびやめさせられた。
松平定信…老中として寛政の改革を行う。祖父の吉宗にならって改革を行った。厳しすぎる政治は批判もあり、わずか6年で失敗に終わった。
水野忠邦…老中として天保の改革を行う。ききんや反乱など、混乱していた政治を立て直そうと改革を進めたが、政策に対する大名の反対もあり、2年あまりで失敗に終わった。

☑ ここだけはおさえておきたい！ 歴史の流れ

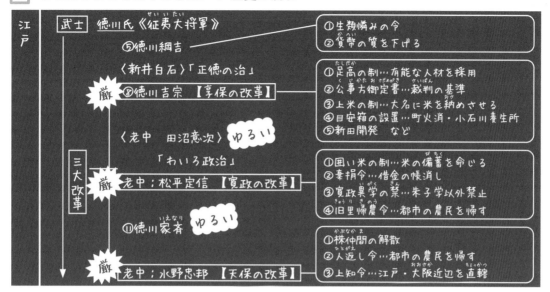

☑ 三大改革は享保の改革を確実におさえよう！

　改革はすべて政治の立て直しのため、いずれも質素倹約（ぜいたく禁止）を進め、似たような政策も登場します。そこで、最も多くの政策を行った享保の改革をまずは確実におさえたい。30年もの間改革を行い比較的その場の対応ではなく、後世に残る政策を行っています。

☑ 引きしめた三大改革の間には、ゆるむ時期があった！

　上の表に見慣れない人物がいるかもしれません。11代将軍の徳川家斉です。

　三大改革は基本的に引きしめ政策ですが、改革の間にゆるむ時期（田沼意次・徳川家斉）が入っていることを知っておくと、見方が変わるかもしれません。田沼のわいろ政治はいうまでもありませんが、家斉は50年ほど将軍で、政治や財政に興味もなく50人以上子どもがいました。当然幕府の支出は増加、政治でもわいろが横行し、町も犯罪が多発するなど混乱しました。これを引きしめたのが水野忠邦でした。厳しい政治への反動でのゆるみ、そしてゆるんだからこそまた引きしめなければならなくなる……三大改革の中でも歴史がくり返されていたのがわかります。

答え

問1　享保・寛政・天保の順番なので、「②→③→①」です。
問2　①は「水野忠邦」、②は「徳川吉宗」、③は「松平定信」です。
問3　Aは「③」、Bは「②」、Cは「①」、Dは「②」、Eは「③」です。

👆 チェック問題

◆次のA～Fは江戸時代に政治を行った人物です。

　A　松平定信　B　田沼意次　C　徳川家斉　D　徳川吉宗　E　徳川綱吉　F　水野忠邦

問1　A～Fの人物を、政治の中心となった順に並べかえなさい。
問2　A～Fの人物のうち、株仲間を「奨励した人物」と「解散させた人物」をそれぞれ答えなさい。
問3　A～Fの人物のうち、元禄と化政の文化が栄えた時期に政治をしていた人物をそれぞれ答えなさい。

それぞれの文化の美術

● **元禄文化**：5代将軍徳川綱吉が政治をしていたころの文化（17世紀後半）

《裕福な**上方（京都・大阪）**の商人を中心に栄えた、明るく活気に満ちた、華やかな文化》

見返り美人図

紅白梅図屏風

> ほかにも文学など、文化のちがいまで求められることもある。内容とともに整理しておこう。

● **化政文化**：11代将軍徳川家斉が政治をしていたころ（文化・文政時代）の文化（19世紀初め）

《**江戸**の一般の町人たちの間で栄えた、落ち着いた文化》

東海道五十三次

富嶽三十六景

美人画

改革はききん、百姓一揆とセットで覚える！

いずれの改革にも、「ききん」が関係しています。ききんとは、農作物が実らず、食料不足で苦しむことで、百姓一揆も増えるため、改革が必要になります。

寛政の改革だけ「天明のききん」と名前が異なります。悪天候に加えて、浅間山などが噴火した影響で作物が実らず、餓死者が多く出たとされています。

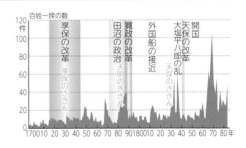

余裕があれば、三大改革の年号も

年号が聞かれることはありませんが、江戸時代は19世紀に入るころまで覚えるべき年号がなく、17世紀後半から頭が空白になっている人もいます。三大改革がいつのことかを知れば、解消できます。加えて綱吉の政治（1680〜）も知っておくと、江戸時代全体のバランスがわかります。

徳川吉宗（享保の改革）：1716〜
松平定信（寛政の改革）：1787〜
水野忠邦（天保の改革）：1841〜

> 外国船が接近し、外国からの圧力が加わる中、幕府の力は次第に失われていった。老中の水野忠邦でさえ大名の反対でわずか2年で失脚。開国や明治維新がどう進められていくのか注目しよう。

■ 江戸時代の政治に関する各問いに答えよ。

① 田沼意次の政治　　② 天保の改革　　③ 新井白石の政治

④ 享保の改革　　　　⑤ 徳川家斉の政治　　⑥ 寛政の改革

問1　上のできごとを古い順に正しく並べたとき、4番目になるのはどれか。①〜⑥のうちから番号で答えなさい。

問2　上の②、④、⑥の三大改革のときに行われたことや出された命令、起こったできごととして正しいものを、2つずつ選び、それぞれ記号で答えなさい。

ア　ポルトガル船の来航を長崎に制限した。

イ　中国語に訳された洋書の輸入を禁止した。

ウ　株仲間を解散させた。

エ　長崎にイギリス船が乱入したのを撃退した。

オ　朝鮮からの使者に対する待遇を質素なものとして、財政を立て直そうとした。

カ　囲い米の制を定めて、各藩に米の備蓄をさせた。

キ　間宮林蔵を樺太の探検に行かせた。

ク　江戸・大阪周辺の土地を幕府の領地にしようとし、失敗した。

ケ　上げ米の制を定めて、幕府に米を納めさせた。

コ　アメリカからの使者が浦賀に来航し、開国を求めた。

サ　ロシアからの使者が長崎に来航し、開国を求めた。

シ　幕府の学校において朱子学以外の講義（授業）を行うことを禁止した。

ス　小石川に無料の診療所を作った。

セ　幕府に反感をもつ大阪町奉行所の元役人が反乱を起こした。

ソ　外国船打払令を出した。

問3　次の絵は、1783年の浅間山の噴火のようすを描いたものです。上の①〜⑥のどの時期に起きたものですか。正しいものを一つ選び、番号で答えなさい。

江戸					明治
		ペリー来航			明治維新
寛政の改革		天保の改革	日米和親条約 日米修好通商条約	安政の大獄 薩長同盟 大政奉還	五か条の御誓文
松平定信	外国船の接近	水野忠邦			

こんなつまずきありませんか？

「ラクスマン？」「フェートン？」「モリソン？」カタカナばかり……。
「治外法権」や「関税自主権」って、誰が誰に認めたもの？

> カタカナばっかりで、どこの国かわからない。

例えばこんな場面で 次の①～⑥は、江戸時代の後期に起こったできごとです。

①　ペリー来航　　　　　②　アヘン戦争　　　　③　ラクスマン来航
④　日米修好通商条約締結　⑤　外国船打払令　　　⑥　フェートン号事件

問1　①・③・⑥はどこの国と関係があるできごとですか。国名を答えなさい。
問2　①～⑥のできごとを古い順に並べかえなさい。

> 内容がわからないのに、並べかえはきついなぁ。
> ペリーのあとに条約ということはわかるけど…。

📖 つまずき解消ポイント

国内のことも、外国のことも同じ軸で覚えようとしていることがつまずきの原因です。別々の軸を作って、それぞれまとめて覚えておくことが大切です。

☑ 江戸時代後半（18世紀末～）は、ペリー来航前か後かで分ける！

　来航前は国内の政治（前回の内容）と外国との関係（今回の内容）を分けて流れをおさえ、ペリー来航で合流となります。国内外のことが重なる来航前がとくにポイントです。

▶**ペリー来航前**…外国の接近について、覚えておくのは3か国です。

[ロシア] 1792年　ラクスマンが根室に来航 ┐
　　　　 1804年　レザノフが長崎に来航　　┘ 通商を求めたが、幕府は拒否。

[イギリス] 1808年　フェートン号事件（長崎に侵入し、オランダ商館から薪や水を奪う）
　　　　　 1824年　イギリス船員が常陸に上陸して薪水・食料を要求する。
　　　　　 1825年　外国船打払令（日本に近づく外国船の撃退を命じる）

[アメリカ] 1837年　モリソン号事件
　　　　（日本人7人返還と通商を求めたが、日本は浦賀・薩摩で砲撃）
　　　　　 1840～1842年　アヘン戦争（イギリスが清に勝利、日本も同じ運命に…？！）
　　　　　 1842年　外国船打払令の緩和（外国船が来たら薪と水を与える）

▶**ペリー来航後**…和親条約が「アオイロ」で修好通商条約が「アオイフロ」
　　　　　　　　と覚えましょう。これを機に幕府滅亡が近づきます。

　　　　　 1853年　ペリー来航
　　　　　 1854年　日米和親条約を締結（のちに英・露・蘭）〔開国〕
　　　　　 1858年　日米修好通商条約を締結（のちに蘭・露・英・仏）〔貿易の開始〕

> ⓐメリカ＝米
> Ⓞランダ＝蘭
> ⓘギリス＝英
> ⓕランス＝仏
> ⓡ シ ア＝露

✅ ここだけはおさえておきたい！ 歴史の流れ

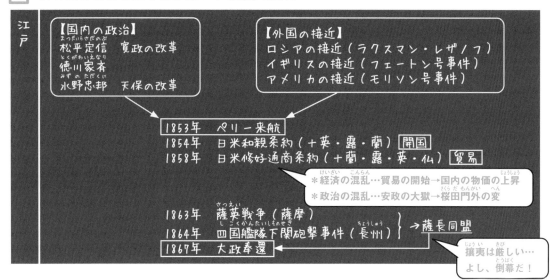

江戸

【国内の政治】
松平定信　寛政の改革
徳川家斉
水野忠邦　天保の改革

【外国の接近】
ロシアの接近（ラクスマン・レザノフ）
イギリスの接近（フェートン号事件）
アメリカの接近（モリソン号事件）

1853年　ペリー来航
1854年　日米和親条約（＋英・露・蘭）開国
1858年　日米修好通商条約（＋蘭・露・英・仏）貿易

＊経済の混乱…貿易の開始→国内の物価の上昇
＊政治の混乱…安政の大獄→桜田門外の変

1863年　薩英戦争（薩摩）
1864年　四国艦隊下関砲撃事件（長州）　｝→薩長同盟
1867年　大政奉還

攘夷は厳しい…
よし、倒幕だ！

✅ 開国・貿易開始後の大きな影響！

　大きくは2つ、経済と政治の混乱です。大老暗殺なんて、幕府の弱体化がわかりますね。

①経済の混乱…生糸を中心に輸出が急増し、国内の物資が不足、物価が上昇。
　　　　　　　→各地で一揆や打ちこわしが起こる。

②政治の混乱…開国反対派が大老井伊直弼を批判し、捕らえられる（安政の大獄）。
　　　　　　　→大老井伊直弼が江戸城前で暗殺される（桜田門外の変）。

✅ 尊王攘夷運動がもたらした江戸幕府の滅亡！

　混乱は外国の圧力に負けて開国した幕府のせいとして、「尊王（天皇中心の政治をめざす）」、「攘夷（外国勢力を追い払う）」という考えが生まれ、結びついて「尊王攘夷運動」となりました。

　しかし、薩摩藩は薩英戦争でイギリス艦隊に敗れ、長州藩は四国艦隊下関砲撃事件でアメリカ、オランダ、イギリス、フランスの連合艦隊に敗れ、いずれも大きな損害を出しました。攘夷が厳しいことに気づいた2つの藩は、倒幕という共通の目的のもと薩長同盟で結びつき、武力による倒幕を決意します。そして、これが15代将軍徳川慶喜による大政奉還、幕府滅亡につながります。

答え

問1　①は「アメリカ」、③は「ロシア」、⑥は「イギリス」です。

問2　「③→⑥→⑤→②→①→④」の順になります。外国船打払令後にアヘン戦争が起こり、打払令を緩和、開国につながっていきます。

👆 チェック問題

◆日本は幕末に各国と修好通商条約を結び、外国との貿易を開始しました。

問1　この条約に先立ち、日本を開国させた1853年に日本に来航した人物を答えなさい。

問2　最初にこの条約を結んだ日本とアメリカの人物は誰ですか。それぞれ人名を答えなさい。

問3　この条約は日本に不平等な点が2点ありました。次の（　）にあてはまる言葉を答えなさい。

　・日本に（　①　）権がない。　　　・外国に（　②　）権を認めた。

答えは問1が**ペリー**、問2は日本が**井伊直弼**、アメリカが**ハリス**、問3は①が**関税自主**（権）、②が**治外法（領事裁判）**（権）です。この不平等条約、何が不平等なのかがあいまいで、ただ言葉を暗記している人も多いので、ここで確認しておきましょう。

「関税自主権」と「治外法権（領事裁判権）」、何が不平等？

●関税自主権

「関税を自分で（自主的に）決められる権利」で、本来、日本が持つ権利です。だから、書き方としては「日本に関税自主権がなかった」となります。もし外国にも同じように関税自主権がなければ、日本と平等といえます。より正確に書くと、「（外国には関税自主権があったが、）日本には関税自主権がなかった」となります。だから不平等ということです。ただ「関税をかけられなかった」わけではないので注意しましょう。税率は相手国と話し合って決められていました。

●治外法権（領事裁判権）

「治めている国の外で自国の法律を行使する権利」のことなので、日本が持つ権利ではなく、日本が外国に特別に認める権利です。領事裁判権は、「領事館（日本にある外国の窓口となる施設）で裁判をする権利」です。もちろん、日本人は勝手に領事館に入れませんし、日本人がその領事館で裁判するのはおかしいですね。つまり、書き方としては「外国に治外法権（領事裁判権）を認めた」となります。もし日本も外国で治外法権を認められていたら、日本と平等といえます。例えば、アメリカで日本人が罪を犯したときに、日本の法律で日本人を裁けるのであれば、これは平等ですね。より正確に書くと、「（外国は日本に治外法権を認めていなかったが、）日本は外国に治外法権を認めた」となります。だから不平等ということです。

　記述で、「『日本に』『外国に』を入れよう」といわれたことがある人はいるはずです。これらは、正確に理解していれば、自然と入る表現です。

幕末の開港地を正確に覚えよう！

　これも正確さで差が出るところ。とくに修好通商条約では、条約で決められた港と実際に開かれた港がちがうので注意しましょう。

　※**神奈川**は東海道の宿場町。日本人の通行も多く、外国人と問題が起こる可能性が。そこで近くの小さな漁村、**横浜**に変わりました。

　※**兵庫**は当時国内貿易の拠点だったため選ばれましたが、すでに人家が密集していて、新たに国際貿易港とするには難しかったのです。そこで隣の**神戸**が選ばれましたが神戸も寂しい田舎でした。

長い江戸時代が終わり、急速に発展する明治時代が訪れる。しかし、幕末に結んだ不平等条約が明治政府を苦しめることになる。この不平等条約が、日本の内政・外交政策に影響を与えた。

■ 次の文章を読んで、あとの問いに答えなさい。

　①18世紀末から19世紀にかけて、イギリス・ロシア・アメリカなどの船が日本近海に現れました。幕府はあいつぐ外国船の来航に対して、1825年、（　１　）令を出して外国船の砲撃を命じました。1853年、アメリカの使節である（　２　）が浦賀に来航し、開国を強く要求すると、幕府はこれを拒否することができず、翌年、②（　３　）条約を結ぶことになりました。1858年、大老の（　４　）は朝廷の許しのないままに③（　５　）条約を結びました。これらの条約により、200年ほど続いた「鎖国」は終わり、日本は国際社会に関わっていくことになりました。

問１　文章中の（　１　）～（　５　）にあてはまる言葉を答えなさい。

問２　下線部①について、説明として誤っているものを次のア～エから選び、記号で答えなさい。
　　ア　イギリスの軍艦ノルマントン号が長崎港内に侵入した。
　　イ　ロシアの使節ラクスマンが根室に来航した。
　　ウ　アメリカの商船モリソン号が浦賀に来航した。
　　エ　ロシアの使節レザノフが長崎に来航した。

問３　下線部②について、この条約内容に関する説明として誤っているものを次のア～エから選び、記号で答えなさい。
　　ア　難破船の乗組員を救助すること。
　　イ　日本が輸入する物資は金銀をもって支払うこと。
　　ウ　下田・函館を開港すること。
　　エ　燃料や食料を供給すること。

問４　下線部③について、次の史料はこのときに結ばれた条約です。この条約についてのあとの問いに答えなさい。
　　第４条　日本への輸出入品に対しては、別に定める通り日本の役所に関税を納めること。
　　第６条　（　Ｘ　）人に対して罪をおかした（　Ｙ　）人は、アメリカ領事裁判所において（　Ｚ　）の法律で罰すること。

　(1)　この条約を結ぶために、幕府と交渉したアメリカ人の名前を答えなさい。また、（　　　）に入る国名の組み合わせとして正しいものを次のア～ウから選びなさい。
　　ア　Ｘ：アメリカ　　　Ｙ：日本　　　　Ｚ：日本
　　イ　Ｘ：日本　　　　　Ｙ：アメリカ　　Ｚ：アメリカ
　　ウ　Ｘ：アメリカ　　　Ｙ：日本　　　　Ｚ：アメリカ

　(2)　この条約が結ばれた時期のこととして正しいものを次のア～ウから選び、記号で答えなさい。
　　ア　貿易が開始されると、初めは輸出額よりも輸入額が上回った。
　　イ　薩摩藩は開国に反対し、下関で外国船を砲撃する事件を起こした。
　　ウ　幕府は、これに続いてほかに４か国とも、同様の条約を結んだ。

　(3)　この条約には不平等な内容がありました。その内容がすべて対等なものに改正されるまではおよそ何年かかりましたか。次のア～エから選びなさい。
　　ア　約10年　　　イ　約50年　　　ウ　約100年　　　エ　約150年

11 天皇中心の中央集権国家って？
―明治維新と国内整備―

こんなつまずきありませんか？

毎年続く四字熟語みたいな政策…順番も内容も、わからなくなる……。
なぜまた天皇中心にするの？ 昔と何がちがうんだろう？

> 出た、四字熟語みたいなやつ。数年おきで覚えられない…。

例えばこんな場面で 次の①〜⑥は、明治時代に国家建設が進む中で行われた政策です。

① 徴兵令 ② 廃藩置県 ③ 第一回帝国議会
④ 版籍奉還 ⑤ 大日本帝憲法発布 ⑥ 内閣制度の設立

問1 これらの政策に先立って天皇が神に誓う形で出された政治方針が発表されています。この政治方針を次の中から選び、記号で答えなさい。
ア 王政復古の大号令 イ 大政奉還 ウ 五か条の御誓文 エ 五榜の掲示
問2 ⑥のときに、初めて内閣総理大臣になった人物の名前を答えなさい。
問3 ①〜⑥のできごとを古い順に並べかえなさい。

> やっぱり並べかえだ。何回やってもわからないんだよな…。

📖 つまずき解消ポイント

年号順にただ覚えようとしていることがつまずきの原因です。まずは時期や政策でのまとまりを作って、その中で流れを覚えることが大切です。明治時代後半に外国との戦争がはじまりますが、そこまでの流れを整理し、国内が安定したから外国と戦争をはじめられた、と考えましょう。

☑️ **明治時代の国内政治は1874年の民撰議院設立建白書の前と後で分けてつかむ！**
前半のポイントとなるのは「廃藩置県」、後半のポイントとなるのは「大日本帝国憲法」です。

▶民撰議院設立建白書前

前半のテーマは「中央集権国家の建設」。大名ごとに政治が行われ、場所によっては言語も通じないほどバラバラでは、外国に対抗できません。だから一つにまとまる必要がありました。

新たな政治方針は五か条の御誓文で出され、すべての土地と人民を国に返す版籍奉還が行われました。しかし、これはもともと治めていた大名の名が知藩事と変わっただけです。人びとから見ると何も変わりません。そこで行われたのが1871年の廃藩置県です。もと大名を全員クビにして、中央から地方にリーダーを派遣した政策です。言ってみれば校長先生が変わり（大政奉還）、担任の先生が校長先生の言うことを聞く人に全員入れかわる(廃藩置県)感じです。隅々まで天皇の命令がいきわたるようになり、これをもって中央集権国家が完成したといえます。

岩倉使節団の派遣は廃藩置県の5か月後です。当時の多くの有力者が2年近く抜けても大丈夫な強力な体制になりました。このあと学制・徴兵令・地租改正といった、国民の反発を招くような政策を思い切って行えたのも廃藩置県のためだといえます。

▶ 民撰議院設立建白書後

　後半のテーマは「立憲国家の建設」。「民撰議院設立建白書」の提出からはじまります。政府主導で国家建設を進めるつもりが、自由民権運動の高まりで、国民の声を無視できなくなっていきます。そして国は国民に対して国会開設を約束します。欧米諸国にはすでに国民が参加する議会、そして憲法があり、それらは日本にないことから条約改正で相手にされていませんでした。

　そこで、伊藤博文をヨーロッパに派遣してドイツ憲法を学ばせました。伊藤博文の帰国後、憲法にもとづく政治をするため内閣制度を作り、彼を初代内閣総理大臣とします。1889年に大日本帝国憲法を発布、1890年に国民も参加する帝国議会が開かれ、日本はアジア初の本格的な立憲国家になりました。この後、条約改正や外国との戦争が進みました。それは、日本の法治国家としての土台が完成したからこそ、行えたのです。

✓ ここだけはおさえておきたい！ 歴史の流れ

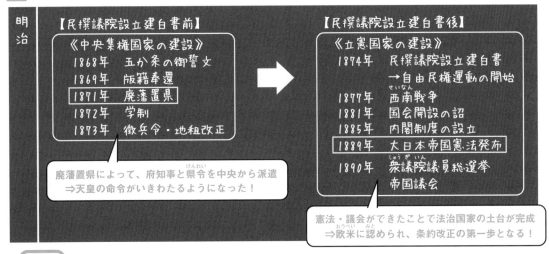

┌ 答え ┐

問1　政治方針とあるので五か条の御誓文、「ウ」が正解となります。

問2　初代内閣総理大臣は「伊藤博文」です。

問3　「④→②→①→⑥→⑤→③」となります。

👆 チェック問題

◆日本は欧米諸国がアジアに進出してくる中で、それに対抗する国づくりを進めていきました。

問1　1871年に岩倉使節団が、海外視察などのためにアメリカとヨーロッパに派遣されています。
　(1)　政府の多くの実力者が、1年以上も外国に視察に行けたのは、直前に中央集権のしくみが完成したためです。何という政策か漢字4字で答えなさい。
　(2)　当時の外交上の最重要事項ともいえる、この使節団の目的を答えなさい。

問2　日本は憲法を作り、アジアで初めて欧米と並ぶ立憲国家となりました。
　(1)　明治時代に作られた憲法を何といいますか。
　(2)　国内の諸制度が整ったことで、日本は欧米諸国と同様に国外に支配する国や地域を求めて戦争をはじめていきます。このように他国によって政治・経済を支配された国や地域のことを何といいますか。

┃ノルマントン号事件でようやく国民の声が高まった！

明治政府は不平等条約改正を外交の最重要課題としていました。1858年の日米修好通商条約で約束した「日本に関税自主権がないこと」「外国に治外法権を認めたこと」の２点です。

● 岩倉使節団

1871年に派遣された岩倉使節団は、２年近くかけて欧米を視察しました。目的は「条約改正交渉」と「欧米視察」の２つ。ところが、国内の諸制度が整っていないこともあり、相手にされませんでした。

● 鹿鳴館外交

政府は1878年に東京日比谷に鹿鳴館を建て、外国の外交官を招いてダンスパーティを行うなどしました。欧米の生活をまねる欧化政策を行ったのです。しかし、「猿まね」とされ、うまくいきませんでした。

● ノルマントン号事件

大きな転機が、1886年のノルマントン号事件。イギリスの汽船が紀伊半島沖で沈没したとき、船長を含めたイギリス人乗組員だけが避難し、日本人乗客は全員おぼれ死にました。裁判を行ったイギリス領事が全員無罪としたことで日本から大きな反発があり、船長は軽い罪となりましたが、これをきっかけに、国民の間で条約改正を求める運動が起こっていきます。反対に、それまでは条約の内容があまり知られていなかったともいえます。

● 大津事件

1891年に滋賀県大津市で起こった事件です。来日していたロシア皇太子が警備中の日本の巡査に襲われて負傷します。政府はロシアとの関係悪化を恐れて巡査に死刑を求めました。しかし、大審院長だった児島惟謙は、法に照らして、死刑ではなく無期徒刑（懲役）とし、今につながる「司法権の独立」を守ったというできごとです。内外に日本が法治国家であることを示したできごとといわれ、条約改正にもつながったとされています。

┌───┐
│ **治外法権の撤廃**（日清戦争の直前）
│ 1894年、外務大臣の陸奥宗光がイギリスとの間で治外法権（領事裁判権）を撤廃させます。
│ **関税自主権の回復**（日露戦争・韓国併合後）※明治時代は1912年まで。ギリギリでした。
│ 1911年、外務大臣の小村寿太郎がアメリカとの間で関税自主権を回復させます。
└───┘

┌───┐
│ 国内の諸制度が整ったことで、日本は欧米と同じように外国に植民地を求めて、戦争をはじめていく。どの国を相手に、どのように戦いを挑んでいくのか、注目しよう。
└───┘

1 明治維新を成しとげた明治政府がめざした政治について、以下の問いに答えなさい。

問1　明治政府が実施した廃藩置県の目的は、次のア～エの政策のどれに最も近いですか。記号で答えなさい。

ア　聖徳太子が十七条の憲法を定めた。

イ　律令制に基づき、全国に役人である国司が派遣された。

ウ　聖武天皇が全国に国分寺・国分尼寺を建立させた。

エ　織田信長が、城下に楽市・楽座を実施した。

問2　地租改正について次の問いに答えなさい。

(1)　地租改正について説明した次の文の（　A　）（　B　）にあてはまる言葉を答えなさい。
国の収入を安定させるために（　A　）で納めていた税を、（　B　）で納めることにした。

(2)　地租改正での地租は以下のように決められました。このことで農民の税負担はそれまでに比べて、どう変化したと考えられますか。それに対する農民等の行動も含めて説明しなさい。

> ・持っている土地の価値（価格）を定めて、地価に対して課税する。
> ・これまでの税収を減らさないように地価を定める。

問3　殖産興業の具体的な官営工場として、群馬県に作られ、2014年に世界遺産に登録された施設を漢字で答えなさい。

問4　殖産興業と徴兵令は、ヨーロッパの国々に追いつくためのある目標のために実施されました。この目標を、漢字4字で答えなさい。

2 次の年表を見て、下の問いに答えなさい。

1874年	①民撰議院設立建白書が政府に提出される。板垣退助らが立志社を結成する。
1877年	西郷隆盛を指導者として鹿児島の士族が政府に反対する②事件を起こす。
1881年	③政府が10年後に国会を開設すると発表する。
1885年	内閣制度ができる。
1889年	④大日本帝国憲法が発布される。
1890年	⑤第1回帝国議会が開かれる。

問1　年表中の下線部①について、板垣退助らが中心となっておこした運動を何といいますか。漢字で答えなさい。

問2　年表中の下線部②の「事件」は、中央政府の政治に反対する士族の反乱の中で最大のものになりましたが、この事件を何といいますか。答えなさい。

問3　年表中の下線部③によって、板垣退助は政治に民衆の意見を取り入れるため政党を作りましたが、この政党を何といいますか。答えなさい。

問4　次の文は年表中の下線部④の内容を書き改めたものです。空欄に共通する言葉を答えなさい。

> 第1条　日本は永久に続く同じ家系の＿＿＿が治める。
> 第4条　＿＿＿は国の元首であり、国や国民を治める権限をもつ。
> 第11条　＿＿＿は、陸海軍を統率する。

問5　年表中の下線部⑤の「帝国議会」の衆議院は国民から選挙で議員を選びましたが、その選挙権について、次の文の空欄にあてはまる数字を入れなさい。

> 選挙権は直接国税15円以上を納める満＿＿歳以上の男子がもち、女子には選挙権はなかった。

12 清やロシアとなぜ戦った？
―明治時代の朝鮮をめぐる争い―

	明治		大正		昭和
大日本帝国憲法	外国との戦争		第一次世界大戦	関東大震災	満州事変
	日清戦争　三国干渉　日露戦争　韓国併合			普通選挙法	
帝国議会	下関条約　　　　ポーツマス条約		ベルサイユ条約	治安維持法	

こんなつまずきありませんか？

日清戦争、日露戦争は何のために戦った？　それに、太平洋戦争まで、たくさん戦争があって、整理できない……。

> 風刺画ね。ちょんまげとか胸に「日」とあるから日本はわかるけど…。

例えばこんな場面で　次の絵は、明治時代の外国との関係を絵にしたものです。

A

B

問1　絵はいずれもある戦争の直前のようすを表しています。A・Bの戦争の名前を答えなさい。

問2　Aの魚、Bの左の人物が焼いている栗は、同じ地域を表しています。この地域の名を答えなさい。

問3　AとBの戦争の講和条約によって日本は植民地を獲得します。

　　　A・Bの戦争で得た植民地を、次からそれぞれ選びなさい。
　　ア　朝鮮　　イ　山東半島　　ウ　満州　　エ　樺太の南半分　　オ　台湾

> 日本がどんどん領地を拡大していったのは知っているけど。

📖 つまずき解消ポイント

年号順にただ覚えようとしていることがつまずきの原因です。戦争には目的があるので、まずは目的をとらえ、流れの中で覚えることが大切です。

☑ **日清戦争・日露戦争は朝鮮の獲得、第一次世界大戦はさらなるアジアへの進出が目的！**

▶ **朝鮮の獲得をめざした日清戦争・日露戦争**

日清戦争（1894～95年）

　大陸への進出のために朝鮮への影響を強めたい日本と、朝鮮を属国とする清との間で1894年に起きた戦争です。近代化を進めていた日本は、大方の予想に反して勝利をおさめ、下関条約で台湾・遼東半島などを獲得、賠償金も得ました。

　しかし同様に朝鮮をねらっていたのがロシアです。冬でも凍らない港を求めて南下政策をとっていて、フランスとドイツを誘って、遼東半島を清に返すよう要求し、日本は返還に応じます（三国干渉）。その後ロシアは遼東半島の旅順と大連を清から借り、さらに満州を事実上占領し、朝鮮への影響力を強めていきます。日本は、対ロシア政策が共通するイギリスと日英同盟を結びます。

日露戦争 （1904〜05年）

　朝鮮の支配をめぐり、日本とロシアの間で1904年に起きた戦争です。日本陸軍は遼東半島の旅順と大連を攻略後、満州での戦いに勝利します。また、海軍は日本海海戦でロシアのバルチック艦隊に勝利します。ただ両国とも戦争を続けられなくなり、アメリカの仲立ちでポーツマス条約を結びました。日本は南樺太を手に入れましたが、賠償金を得られませんでした。

韓国併合 （1910年）

　清やロシアに勝利した日本は、朝鮮の支配を強めます。そして1909年、伊藤博文が暗殺されたことをきっかけに、翌年日本に併合します。日本は念願だった大陸進出を果たしました。

▶大国への仲間入りを果たした第一次世界大戦

第一次世界大戦 （1914〜18年）

　ヨーロッパ諸国が領土や植民地の拡大をめぐって争う中で1914年に起きた戦争です。日本は日英同盟を理由に参戦し、欧米諸国がアジアへの関心がうすれていたのを機に、ドイツ軍のいた山東半島などを占領、さらに中国に二十一か条の要求を出して影響力を強めていきました。

☑ ここだけはおさえておきたい！ 歴史の流れ

明治	◎1894年　治外法権の撤廃（陸奥宗光）
	1894年　日清戦争　→1895年　下関条約（伊藤博文・陸奥宗光）
	（1902年　日英同盟）
	1904年　日露戦争　→1905年　ポーツマス条約（小村寿太郎）
	↓
	1910年　韓国併合
	◎1911年　関税自主権の回復（小村寿太郎）
大正	1914年　第一次世界大戦　→1919年　ベルサイユ条約

　条約改正と講和条約を結んだ人物はセットで覚えよう。

　日本はさらなる植民地を求めて、戦争に参加していく…

答え

問1　Aは左に日本人、右に中国人がいることから「日清戦争」、Bは英（イギリス）に促されて日（日本）が露（ロシア）のほうへ行こうとしているので「日露戦争」です。

問2　日清戦争、日露戦争の目的であった「朝鮮」です。

問3　Aでは「オ」の台湾、Bでは「エ」の樺太の南半分を手に入れました。

✋ チェック問題

◆次の文は、ロシアとの間で結ばれたポーツマス条約の一部です。

> 第2条　ロシア帝国は、日本国が韓国内で政治・軍事・経済上の卓越した利益を持つことを認め、日本国が韓国内で行う指導・保護や監督を行うことを妨げたり、これに干渉したりしないと約束する。

問1　この条約は何という戦争のあとに結ばれましたか。戦争名を答えなさい。

問2　この条約はある国の仲立ちによって結ばれました。ある国とはどこですか。

問3　この条文から、日本とロシアが何をめぐって争ったのか書き抜きなさい。

明治時代の条約、朝鮮に対する変化に注目！

朝鮮をどのようにして日本の領土にしていったのか、史料からも読み取ってみましょう。

● 下関条約（1895年）

> 第1条　清国は、朝鮮国が完全な独立国であることを確認する。したがって、朝鮮国の自主独立を害する、朝鮮国から清国へのみつぎものなどは、これからはまったく廃止する。

⇒「朝鮮国が完全な独立国であることを確認する」というのは、今後日本が朝鮮を手に入れても、清には関係ないことを認めさせたということです。日本のねらいが見えますね。

● ポーツマス条約（1905年）

> 第2条　ロシア帝国政府は、日本国が韓国内で政治・軍事・経済上の卓越した利益を持つことを認め、日本国が韓国内で行う指導・保護や監督を行うことを妨げたり、これに干渉したりしないと約束する。
> 第9条　ロシア帝国政府は、樺太の南部とその地方の財産などを主権とともに永久に日本帝国政府へゆずりわたす。

⇒第2条で、ロシアは日本が韓国内で支配を広げることを認めています。下関条約から、さらに進んだ表現になっています。1897年に国名が「朝鮮」から「大韓帝国」になったので、これ以降は「韓国」という表現が用いられています。大韓民国ではないので注意しましょう。

● 韓国併合条約（1910年）

> 第1条　韓国皇帝陛下は、韓国全部に関する一切の統治権を、完全にかつ永久に日本国皇帝陛下にゆずりわたす。
> 第2条　日本国皇帝陛下は、この譲与を受け入れ、韓国をすべて日本帝国に併合することを承諾する。

⇒第1条、第2条を見ると、韓国側からの申し出を、日本が受け入れたように読み取れます。しかし、当たり前ですが文字通りの内容ではありません。

領土の変遷

　徐々に広がる日本の領土。いつ、どのような形で獲得していったのか、いえるようにしておきましょう。

　これに先立ち、1869年には蝦夷地を「北海道」、1879年には琉球王国を「沖縄県」として日本に組みこんでいます。江戸時代までは、樺太は日本人とロシア人の雑居地であったなど、他国との国境があいまいでした。明治政府は、北は北海道、南は沖縄県というように国境を確定させていたのです。

> 少しずつ領土を広げていく日本だが、こののちさらにアジア・太平洋へ戦争を拡大し、敗戦へとつながる。日本がどのように敗戦に向かっていくのか注目しよう。

1910年時点の領土

■ 次の文章を読み、あとの問いに答えなさい。

　明治維新によって、国内の改革を進めた日本は①対外政策も積極化させていきました。琉球を沖縄として編入し、朝鮮に対しては江華島事件を起こして翌年、日朝修好条規を結び開国させました。以後、朝鮮へ勢力を伸ばしていこうとする日本は、朝鮮を属国と考える清朝と対立を深め、②日清戦争を引き起こすこととなります。この戦争に勝利した日本は、朝鮮に対する支配権と満州や中国に進出する機会を得たかに思いましたが、今度は北方の③ロシアが満州から朝鮮半島へ進出しようとする野心を見せはじめました。このロシアの南下政策は、イギリスとの対立も深め、利害の一致した日本との間に、1902年日英同盟を成立させました。この同盟に力を得た日本は、1904年ついにロシアに対して宣戦を布告し、日露戦争がはじまります。日本は苦戦を強いられながらも、旅順や奉天での戦いや④日本海海戦に勝利をおさめ、⑤ポーツマス条約を結びました。こうして韓国での指導的地位を確保した日本は、支配を強化し、数度の協約の中で韓国の外交権を管理し、内政にも干渉するようになったので、韓国の人々は激しい抵抗運動を起こしました。そして韓国統監であった伊藤博文が韓国の青年に暗殺される事件が起こり、これをきっかけに1910年韓国を日本に併合しました。これ以降、韓国の人々は日本語を使うことを強制されたり、名前を日本風に変えさせられたりしました。

問1　下線部①について、この時期の対外政策を説明したア～エの中から誤っているものを、一つ選び記号で答えなさい。
　ア　幕末に結んだ不平等条約の改正は、重要な外交問題の一つだった。
　イ　岩倉具視を代表とする使節団が欧米へ派遣された。
　ウ　清との間に結んだ日清修好条規は、対等の立場にたつ平等な条約だった。
　エ　西郷隆盛のとなえた征韓論は、大久保利通らによってすぐに支持された。

問2　下線部②の日清戦争について説明したア～エの中から誤っているものを、一つ選び記号で答えなさい。
　ア　戦争のはじまるきっかけとなったのは、朝鮮で柳条湖事件という内乱が起こったことだった。
　イ　清は敗戦を認め、下関で講和の会議が開かれ、日本の代表伊藤博文・陸奥宗光、清朝側代表李鴻章らとの間で会談がもたれ、条約が結ばれた。
　ウ　下関条約では、清は朝鮮の独立を認め、台湾や遼東半島などを日本にゆずった。
　エ　下関条約で得た2億テール（約3億円）の賠償金の一部は、八幡製鉄所の設立費にも使われた。

問3　下線部③に関連して、ロシアは下関条約後、三国干渉によって日本が清から得た領土の一部を返すよう強く申し入れてきました。この三国干渉に加わったロシア以外の2か国とはどの国でしょうか。答えなさい。

問4　下線部④の日本海海戦でロシアのバルチック艦隊を撃破した日本の連合艦隊司令長官の名として正しいものを、ア～エの中から一つ選び記号で答えなさい。
　ア　内村鑑三　　　イ　東郷平八郎　　　ウ　乃木希典　　　エ　東条英機

問5　下線部⑤のポーツマス条約を仲介したアメリカの大統領と、この条約締結に日本の全権として関わった人物は誰ですか。答えなさい。

なぜ戦争に向かっていったの？
―軍部の台頭と敗戦への道―

大正			昭和		
	大正デモクラシー		軍部の台頭		
第一次世界大戦	関東大震災	普通選挙法	世界恐慌　満州事変	五・一五事件	日中戦争　太平洋戦争
ベルサイユ条約		治安維持法		二・二六事件	

こんなつまずきありませんか？

「二・二六？ 五・一五？」聞いたことあるけど、その後の戦争と関係あるの？ 戦争したくない人もいたのでは？ 国会議員になって反対すればよかったのに……

例えばこんな場面で 次の①〜⑥は、第一次世界大戦後に起こったできごとです。

① 治安維持法の制定　　② 満州事変　　③ 世界恐慌

④ 関東大震災　　⑤ 二・二六事件　　⑥ 五・一五事件

> 聞いたことがあるものばかりだ。年号、覚えてないけど大丈夫かな？

問1　日本の経済に大きな打撃となったできごとを、①〜⑥から2つ選びなさい。

問2　⑥のときに、軍部によって暗殺された内閣総理大臣の名前を次から選びなさい。
　　ア　尾崎行雄　　イ　原敬　　ウ　犬養毅　　エ　加藤高明

> 総理大臣？ 聞いたことある名前ばかりだけど…。

問3　①〜⑥のできごとを古い順に並べかえなさい。

📖 つまずき解消ポイント

ただ年号とできごとを覚えようとしていることがつまずきの原因です。ここでのポイントは軍部。軍部がどのように発言力を強めていったのか、当時の背景に注目しながら整理しておくことが大切です。

✅ 大正時代から昭和時代にかけては戦争の背景にある「経済」と「軍部」に注目！

▶経済のゆきづまり

　大戦景気によって好景気になったものの、第一次世界大戦後は輸出が低迷し、産業も停滞していました。それにともない国内では格差が広がり、都市では仕事や賃金の引き上げを求める労働争議が、農村では小作料の引き下げを求める小作争議が起こるようになります。

　そんな中で起こったのが1923年の関東大震災。政治・経済の中心地の東京で4割を超える建物が崩壊や焼失し、死者・行方不明者は10万人以上ともなりました。さらに復興途中で起こったのが1929年の世界恐慌です。アメリカから広がったこの恐慌の影響を受け、生糸の輸出が減り、農村が打撃を受けます。さらに1931年には東北地方での大凶作などもあって、人びとの生活は苦しくなり、日本経済はゆきづまっていきました。

▶強まる軍国主義

　不景気を乗り切るために、軍部は「満州は日本の生命線」として日本人の目を満州の土地や資源に向けさせました。そして1931年、満州にいた関東軍が柳条湖で南満州鉄道を爆破し、これを中国軍のしわざとして満州全域を占領、翌年には清朝最後の皇帝を即位させ、満州国を建国しました。関東軍は満州国の承認を政府にせまります。

満州国

　しかし、犬養毅首相は満州国を承認しない方針をとっていたことで、海軍の青年将校たちによって暗殺され（五・一五事件）、次の内閣で満州国は承認されることとなります。一方、国際連盟はリットン調査団の調査結果から満州国を認めない決定をくだし、そのため日本は国際連盟を脱退、孤立の道を歩みます。さらに1936年には陸軍の青年将校が軍部の政権を作るために首相や大臣を襲い、東京の中心部を占領する事件が起こりました（二・二六事件）。

⇒五・一五事件によって政党政治が終わり、そして二・二六事件によって、軍部の支持がなければ内閣を組織できなくなるなど、軍部が台頭していきます。

☑ ここだけはおさえておきたい！ 歴史の流れ

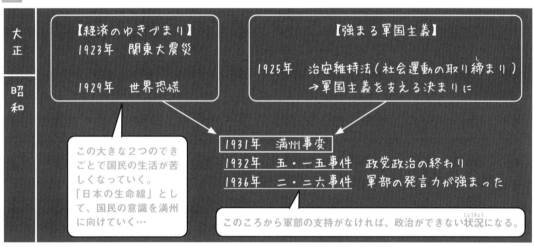

大正	【経済のゆきづまり】 1923年　関東大震災 1929年　世界恐慌	【強まる軍国主義】 1925年　治安維持法（社会運動の取り締まり） →軍国主義を支える決まりに
昭和	この大きな2つのできごとで国民の生活が苦しくなっていく。「日本の生命線」として、国民の意識を満州に向けていく…	1931年　満州事変 1932年　五・一五事件　政党政治の終わり 1936年　二・二六事件　軍部の発言力が強まった このころから軍部の支持がなければ、政治ができない状況になる。

答え

問1　東京に大きな被害が出た「④」と、アメリカへの生糸の輸出が止まった「③」です。

問2　五・一五事件によって暗殺されたのは「ウ」の犬養毅です。

問3　大正時代の「④→①」に続き、昭和時代の「③→②→⑥→⑤」となります。

✋ チェック問題

◆第一次世界大戦後に苦しくなった国民の生活について、次の問いに答えなさい。

問1　1923年に東京を中心に大きな被害を受けたできごとを何といいますか。

問2　日本が満州事変を起こすきっかけともなる、アメリカからはじまった世界的な不景気のことを何といいますか。

問3　第一次世界大戦のころ、人びとの間では民主主義を求める風潮が生まれました。

　(1)　このような風潮を何といいますか。

　(2)　人びとは、運動を通して自分たちの考えを訴えるようになります。しかし労働運動などは、その後ある法律によって取り締まられるようになります。この法律を次から選びなさい。
　　　ア　普通選挙法　　イ　国家総動員法　　ウ　治安維持法　　エ　治安警察法

答えは問1が関東大震災、問2が世界恐慌、問3の(1)は大正デモクラシー、(2)はウです。
問3のように、この時代、民主主義を求める大正デモクラシーが問われることも多いです。
明治時代の自由民権運動のように、人びとの意識の高まりを示しています。人びとの意識
がどのように高まり、国がどのように対応をしたのか、ここで確認しておきましょう。

｜自由民権運動以来の盛り上がり、大正デモクラシー

　一番のポイントは、大正時代になっても特定の藩出身者による藩閥政治が行われていたことで
す。すでに明治維新から40年以上経っているにもかかわらず、です。

● 護憲運動

　のちに「憲政の神様」とよばれる尾崎行雄や、のちに内閣総理大臣となる
犬養毅を中心とした普通選挙や政党政治の実現を求めた運動です。1913年
には、数万の民衆が国会議事堂を取り囲み、長州出身で軍人でもあった桂
太郎内閣を総辞職に追いこんでいます。

犬養毅

● 吉野作造の「民本主義」

　吉野作造は、政治の目的は国民の幸福と利益だとして、その国民全体の意思にもとづいた政策
が行われるためには普通選挙と政党政治が必要と主張しました。このとき、現在「民主主義」と
訳されている「デモクラシー」という言葉を「民本主義」と訳しています。天皇が主権を持つ
時代なので、「民主主義」の言葉を使うと天皇制への批判につながりかねません。そのために民
衆本位の政治という意味で「民本主義」という表現を使っています。

● 人びとの意識の高まり

　第一次世界大戦後、経済格差が広がるとともに、関東大震災などによって生活が苦しくなって
いきました。都市部で労働争議、農村部で小作争議などの労働運動が起こったのも、そのためで
した。

　また同じ時期には、平塚らいてうや市川房枝などによる
女性の地位向上をめざした女性解放運動や、全国水平社を設
立して江戸時代から差別されていた人びとの部落解放をめざ
す社会運動も起こっています。人びとの自由や平等について
の意識が高まり、運動につながっていった時代であったこと
がわかります。

平塚らいてう　　市川房枝

● 普通選挙法と治安維持法

　人びとの意識の高まりから、ようやく1925年に「普通選挙法」が実現します。25歳以上の男
子に選挙権が与えられ、有権者数が約4倍に増えています。しかしこれにより、さらに運動が強
まることを恐れた政府は、直前に「治安維持法」を出しています。最初は、国の体制を変えよう
とする社会主義運動を取り締まるものでしたが、その後政府や軍部への批判なども対象となり、
日本の軍国主義を支える法律となりました。

> 国民の意識が高まっていくとともに、軍部の発言力も少しずつ増していったことがわかった。
> この軍部の発言力の高まりがアジア・太平洋へ戦争を拡大し、日本を敗戦へと導くことにな
> る。日本がどのように敗戦に向かっていくのか注目しよう。

■次の文章を読み、あとの問いに答えなさい。

1914年、第一次世界大戦が起こると、日本は工業製品の輸出が増えて好景気を迎えました。しかし、第一次世界大戦が終わると日本の輸出が減って、不景気になっていきました。また、世界的な民主主義の高まりなどを背景に、政治や社会を変えようとする動きが現れました。1922年には（　A　）が結成されて①人間の差別をなくす運動をはじめ、1925年には②普通選挙法が成立しました。

1920年代の日本経済は、1923年に起きた（　B　）、金融恐慌、1929年にアメリカ合衆国ではじまった（　C　）によって、さらに悪化しました。政党への不信が高まる中、軍人が政治にも介入するようになりました。広大な土地と豊かな資源のある満州に勢力を伸ばすことで国民の生活がよくなるととなえられ、その後も中国への侵略をはじめました。

1931年に③関東軍が起こした柳条湖事件を中国のしわざとして満州を占領しました。これを日本の侵略として中国は④国際連盟に訴えましたが、その報告書に不服だった日本は国際連盟を脱退しました。⑤満州国の承認に積極的でなかった（　D　）首相は海軍の青年将校らに暗殺されました。また、軍部中心の政権を作ろうと陸軍の青年将校が二・二六事件を起こし、反乱は失敗しましたが軍部の発言力は強くなっていきました。さらに日本は中国全土を支配しようと北京郊外での衝突をきっかけに日中戦争に突入していきました。こうした日本の動きを警戒したアメリカとの関係も悪化し、太平洋戦争へとつながっていくのです。

問1　空欄（　A　）～（　D　）に入る語句を答えなさい。

問2　下線部①について、このころ女性の地位向上や参政権を求める運動を進めた人物は誰ですか。次のア～エから1つ選び、記号で答えなさい。
ア　津田梅子　　　イ　杉原千畝　　　ウ　樋口一葉　　　エ　平塚らいてう

問3　下線部②について、次の問いに答えなさい。
⑴　普通選挙法で選挙権が与えられたのはどのような人ですか。
⑵　この直前に、社会主義運動を取り締まる法律が成立しています。この法律を何といいますか。

問4　下線部③の事件をきっかけに満州を占領したできごとを何といいますか。

問5　下線部④の結果、国際連盟が派遣した調査団の長は誰ですか。

問6　下線部⑤をきっかけに日本の政治に変化が起きました。この変化として正しいものを次のア～エから1つ選び、記号で答えなさい。
ア　普通選挙法が廃止された。　　　イ　軍人しか内閣総理大臣になれなくなった。
ウ　政党政治が終わった。　　　　　エ　国民が内閣を総辞職させる法律ができた。

14 日本は負けて何が変わった？
─日本の敗戦と戦後の改革─

			昭和					日本の独立
軍部の台頭 満州事変	日中戦争 国家総動員法	第二次世界大戦	日独伊三国同盟 日ソ中立条約		占領期 太平洋戦争　敗戦　日本国憲法の公布			サンフランシスコ平和条約

こんなつまずきありませんか？

戦争やできごとが多すぎて、どういう順番で起こったのか混乱する……。戦後、敵だった外国人の命令は、嫌じゃなかったの？

例えばこんな場面で　次の①〜⑥は、1937年から1945年に起こったできごとです。

① 国家総動員法の制定　　② 太平洋戦争の開始　　③ 日ソ中立条約

④ 日中戦争の開始　　⑤ 第二次世界大戦の開始　　⑥ 学童疎開がはじまる

> 戦争の順番は覚えているけど、ほかのやつの年号は覚えてないなぁ…。

問1　②と④の戦争のきっかけとなったできごとを次から選びなさい。
　　ア　盧溝橋事件　　イ　柳条湖事件　　ウ　サラエボ事件　　エ　ハワイ真珠湾攻撃

問2　③の中立条約があるにもかかわらず、1945年にソ連は対日参戦しました。これは何月何日のことですか。

問3　①〜⑥のできごとを古い順に並べかえなさい。

> え、1945年でしょ。何月何日？そこまで聞くの？

📖 つまずき解消ポイント

ただ年号とできごとを覚えようとしていることがつまずきの原因です。まず戦争を順番にいえるようにしたうえで、できごとがどの戦争とどう関係するかに注目して覚えることが大切です。

☑ **昭和時代の戦争は、戦争と関係するできごとがたくさんある！**

　戦争を順番に並べかえるだけでは足りません。戦争にいたる背景や戦争による影響をふまえ、社会がどのように変化したのかに目を向けましょう。

▶ **日中戦争→国家総動員法（1938年）**

　1937年にはじまった日中戦争では、すぐに首都である南京を占領したものの、予想以上に長期化したことから、翌年1938年に国家総動員法が定められています。これは、国の判断で国民や資源のすべてを戦争に使えるようにしたものです。

▶ **日独伊三国軍事同盟（1940年）・日ソ中立条約（1941年）→太平洋戦争（1941年12月〜）**

　1940年、日本はそれまでの日独伊防共協定を日独伊三国軍事同盟に発展させ、翌年1941年には日ソ中立条約を結び、アメリカ、イギリス、フランスとの戦争に向かっていきます。1941年12月8日、陸軍はイギリス軍のいるマレー半島に上陸、海軍はアメリカ軍のいるハワイの真珠湾を攻撃して太平洋戦争がはじまります。

▶ **サイパン島陥落（1944年）→学童疎開→敗戦（1945年）**

　1944年7月のサイパン島の陥落が日本の敗戦を決定づけました。アメリカ軍の日本全土への空襲が可能になったのです。このタイミングで東条英機内閣が総辞職しているのはそのためです。また、都市への空襲がはじまり、子どもを地方へ集団で疎開させるようになりました。

✔ ここだけはおさえておきたい！ 歴史の流れ

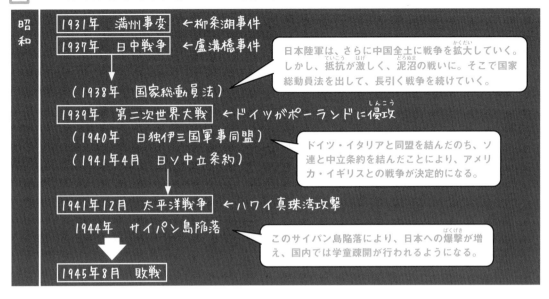

昭和

1931年　満州事変　←柳条湖事件

1937年　日中戦争　←盧溝橋事件

> 日本陸軍は、さらに中国全土に戦争を拡大（かくだい）していく。しかし、抵抗（ていこう）が激（はげ）しく、泥沼（どろぬま）の戦いに。そこで国家総動員法を出して、長引く戦争を続けていく。

（1938年　国家総動員法）

1939年　第二次世界大戦　←ドイツがポーランドに侵攻（しんこう）

（1940年　日独伊三国軍事同盟）

（1941年4月　日ソ中立条約）

> ドイツ・イタリアと同盟を結んだのち、ソ連と中立条約を結んだことにより、アメリカ・イギリスとの戦争が決定的になる。

1941年12月　太平洋戦争　←ハワイ真珠湾攻撃

1944年　サイパン島陥落

> このサイパン島陥落により、日本への爆撃（ばくげき）が増え、国内では学童疎開が行われるようになる。

1945年8月　敗戦

✔ 1945年にあったことは、とくに正確に覚えておきたい！

次の1945年のできごとについては、日付まで正確に覚えておきましょう。

3月10日	東京大空襲（とうきょう）
4月1日	米軍が沖縄本島に上陸（おきなわ）（6月23日に戦闘（せんとう）は終了（しゅうりょう））
5月	ドイツ軍、連合国に無条件降伏（こうふく）
8月6日	広島に原爆投下（ひろしま）
8月8日	ソ連が日本に宣戦布告（せんせん）
8月9日	長崎に原爆投下（ながさき）
8月14日	ポツダム宣言の受諾（じゅだく）を決定
8月15日	玉音放送（ぎょくおん）で天皇（てんのう）が戦争終結を宣言
9月2日	降伏文書の調印

答え

問1　②はハワイの真珠湾攻撃なので「エ」、④は北京郊外（ペキンこうがい）の盧溝橋事件なので「ア」です。

イは満州事変、ウは第一次世界大戦のきっかけとなったできごとです。

問2　ソ連が日本に攻（せ）めこんできたのは「8月8日」です。

問3　「④→①→⑤→③→②→⑥」となります。

👉 チェック問題

◆太平洋戦争とその後の改革について、次の問いに答えなさい。

問1　太平洋戦争直前に、日本が中立条約を結んだ国の名を答えなさい。

問2　太平洋戦争は連合国が出した宣言を受け入れて終わりました。この宣言の名を答えなさい。

問3　連合国の最高司令官として日本の改革を進めたのは誰（だれ）ですか。

問4　1945年中に行われた改革は次のうちのどれですか。

　　ア　婦人への参政権（けん）　　イ　日本国憲法公布　　ウ　教育基本法公布　　エ　警察予備隊創設（けいさつ）（そうせつ）

ＧＨＱの改革…を実行したのは実は日本政府！

ＧＨＱは、日本の非武装と民主化を進めました。この際、敵だったアメリカ軍が直接行うのではなく、「ＧＨＱが日本政府に指令を出す→日本政府が実行する」という間接的な形をとりました。それまでの日本のやり方を利用したほうが、抵抗も少なく、民主化を進められると判断したわけです。

さまざまな民主化政策

次の政策は現代政治につながる政策ばかり。数は多いですが、説明できるようにしましょう。

①政治の民主化

婦人参政権

1945年に選挙法が改正され、満20歳以上の男女に選挙権が与えられました。翌1946年4月には衆議院議員総選挙が行われ、女性議員39人が誕生、憲法の審議にも参加しています。

治安維持法廃止

社会運動や労働運動を制限していた治安維持法を廃止し、言論の自由が保障されました。

②経済の民主化

財閥解体

戦争に協力してきた財閥を解体して複数の会社に分割し、自由な競争が生まれました。

労働組合の奨励

労働者が賃金や労働時間などの改善をめざして労働組合を作る権利を認めました。

農地改革

地主が耕作していない土地を国が強制的に買い上げて、小作人に安く売り渡す政策です。これにより多くの小作農が自作農となり、生産意欲が高まり、農民の生活が向上していきました。

③教育の民主化

教育基本法などの制定

教育勅語に代わって教育基本法や学校教育法が制定され、小学校・中学校の9年間が義務教育とされました。また男女共学が原則となりました。

④大日本帝国憲法の改正

国民の権利を制限し、軍国主義を支えていた大日本帝国憲法を改正し、「国民主権」「平和主義」「基本的人権の尊重」を三原則とする日本国憲法を公布。天皇は、日本の象徴として、政治的な権限をもたないものとされました。

> ＧＨＱが現代につながる民主化を進めたということは、それまではまったくちがう時代だったということ。ＧＨＱのそれぞれの改革を見つつ、それ以前の日本が、どのような時代だったのか、改めて注目しよう。

■ 次の文章を読み、あとの各問いに答えなさい。

　1931年にはじまる①満州事変から敗戦までの15年戦争は日本中に多くの変化をもたらしました。1937年には中国・北京郊外で起こった（　1　）をきっかけとして日中戦争がはじまりました。1938年には日中戦争が長引いたため、戦争のための物資や労働力を統制・運用できるようにした法令である（　2　）が出され、国民生活もまた戦争に向け統制を受けるようになりました。

　1941年12月8日、日本軍はハワイの真珠湾を奇襲し、同時にイギリス領マレー半島に上陸して、（　3　）がはじまりました。しかし1944年になるとアメリカ軍による大規模な空襲がはじまり、②大都市の小学生は親元を離れて地方に逃れました。そして1945年8月6日に広島、9日には長崎に③新型爆弾が落とされたのち、8月15日に（　4　）宣言の受諾を国民に伝え、戦争が終わりました。

　戦後は④占領下の改革がGHQによって行われ、日本社会は大きく変化していきました。

問1　下線部①がはじまった場所として正しいものを、次の地図中から選び、記号で答えなさい。

問2　（　1　）にあてはまる事件を次から選び、記号で答えなさい。
　　ア　柳条湖事件　　　イ　五・一五事件　　　ウ　盧溝橋事件　　　エ　二・二六事件
問3　（　2　）にあてはまる法令を漢字で答えなさい。
問4　（　3　）にあてはまる戦争を漢字で答えなさい。
問5　下線部②のことを何といいますか。「がくどう○○○」にあてはまるように、ひらがな3字で答えなさい。
問6　下線部③の新型爆弾を何といいますか。漢字4字で答えなさい。
問7　（　4　）にあてはまる宣言をカタカナで答えなさい。
問8　下線部④について、GHQ（連合国軍総司令部）最高司令官は誰ですか。カタカナで答えなさい。
問9　下線部④について、この改革としてふさわしくないものを次から選び、記号で答えなさい。
　　ア　これまで国民の自由な発言や考え方をおさえつけていた、治安維持法を廃止した。
　　イ　選挙法を改正して選挙権は20歳以上の男子がもつこととし、衆議院の総選挙を実施した。
　　ウ　農村の民主化として、地主がもっている土地の一定部分以上を国が買い上げ、土地をもたない小作人に安い値段で売り渡し、多くの自作農が生まれた。
　　エ　戦争に協力してきた財閥を解体し、自由な競争ができるようにした。

15 総理大臣？ 誰が何を行った？
―戦後の日本の歩み―

昭和							平成
占領期	**日本の独立**		**高度経済成長期**		**石油危機**	**バブル景気**	**バブル崩壊**
日本国憲法の公布	サンフランシスコ平和条約	日ソ共同宣言	東京オリンピック		日韓基本条約	日中共同声明	
		国連加盟			沖縄返還		

こんなつまずきありませんか？

「〜を行った総理大臣を答えなさい」って、総理大臣は誰を覚えればいい？ 歴史的背景をふまえて…というけれど、歴史的背景って何？

例えばこんな場面で
次の①〜⑥は、戦後の内閣総理大臣を示しています。

① 池田勇人　② 吉田茂　③ 鳩山一郎
④ 安倍晋三　⑤ 田中角栄　⑥ 佐藤栄作

> そうそう、総理大臣。覚えたよな。でも順番とか何をやったかは、すぐに出てこない…。

問1　次のA・Bの説明にあたる内閣総理大臣を①〜⑥から選び、番号で答えなさい。
　　A　在職中に非核三原則をとなえ、のちにノーベル平和賞を受賞した。
　　B　日ソ共同宣言に調印し、国際連合への加盟を果たした。
問2　⑤の人物のときに高度経済成長が終わりましたが、その理由を歴史的背景をふまえて説明しなさい。
問3　①〜⑥の人物を内閣総理大臣になった順番に並べかえなさい。

> 結局並べかえだよな。安倍首相は最近だ！でもそれ以外は……？

📖 つまずき解消ポイント

できごとに合わせて総理大臣を覚えようとしていることがつまずきの原因です。出る総理大臣はある程度決まっているので、まずおもな総理大臣を覚えましょう。また、戦後は10年ごとの時代のイメージをもって時代背景をつかんでおくことが大切です。

☑ 聞かれる総理大臣はそれほど多くはない！

　戦後の内閣総理大臣は多くいるけれど、おさえておきたいのは次の6名。できごととともに写真も確認しましょう。

吉田茂（1946年5月〜47年5月、1948年10月〜54年12月）
　→日本国憲法公布、サンフランシスコ平和条約、日米安全保障条約
鳩山一郎（1954年12月〜56年12月）
　→日ソ共同宣言、国際連合加盟
池田勇人（1960年7月〜64年11月）
　→国民所得倍増計画、オリンピック東京大会
佐藤栄作（1964年11月〜72年7月）
　→日韓基本条約、非核三原則、小笠原・沖縄返還
田中角栄（1972年7月〜74年12月）
　→日中共同声明、第一次石油危機
安倍晋三（2006年9月〜07年9月、2012年12月〜20年9月）
　→アベノミクス、消費税8％・10％、在任期間1位（通算3188日）

吉田茂

鳩山一郎

池田勇人

佐藤栄作

田中角栄

安倍晋三

✓ 冷戦の終結は時代を変えた！

第二次世界大戦後の1945年10月に国際連合が発足しました。しかし戦後世界はアメリカを中心とする資本主義諸国と、ソビエト連邦を中心とする社会主義諸国の対立がありました。2大国が直接戦火を交えなかったことから冷戦とよばれますが、各地で戦争や紛争が起こっています。

- **朝鮮半島**（1948年）…南に大韓民国、北に朝鮮民主主義人民共和国が成立。1950年から朝鮮戦争。
- **ドイツ**（1949年）…東西ドイツに分裂。冷戦の終結を受けて1990年に統一。
- **中国**（1949年）…中華人民共和国が成立、アメリカの援助を受ける中華民国政府は台湾に逃れた。
- **ベトナム**（1954年）…国を南北に分けたベトナム戦争が起こり1976年に統一。

⇒1989年に米ソの首脳が会談し、冷戦の終結を確認します。この影響を受けて、1990年には東西ドイツが統一、1991年にはソビエト連邦が崩壊しています。

✓ ここだけはおさえておきたい！ 歴史的背景

昭和	1950年代	【独立と朝鮮特需、日本の国際社会復帰】
		朝鮮戦争を機に独立、経済復興をとげる。国連加盟で国際社会に復帰。
	1960年代	【高度経済成長期と公害】
		国民所得倍増計画で急速な経済成長をとげ、世界第2位の経済大国へ。
	1970年代	【2度の石油危機】
		重化学工業が大打撃を受け、長い高度経済成長が終わる。
	1980年代	【貿易摩擦とバブル経済】
		日本の貿易黒字増加に続き、予想を超える速さで景気の拡大が起こる。
平成	1990年代	【冷戦の終結と失われた10年】
		バブル景気が崩壊し、日本経済は景気の低迷が続くことになった。
	2000年代	【テロとの戦いとリーマンショック】
		世界各地でのテロとアメリカ発の世界的な大不況が起こる。
	2010年代	【東日本大震災と人口減少時代】
		震災と原発事故の衝撃と歯止めのかからない日本の人口減少。

答え

問1　Aは佐藤栄作首相なので「⑥」、Bは鳩山一郎首相なので「③」となります。

問2　田中角栄首相は1972年に首相になり、日中共同声明に調印しています。1970年代に高度経済成長を終わらせたできごとなので、「石油危機が起こったから。」となります。

問3　「②→③→①→⑥→⑤→④」となります。

👆 チェック問題

◆日本の戦後は、戦争をした相手国との講和の歴史ともいえます。

問1　次の国の中で、日本と平和条約を結んでいない国を選びなさい。
　　ア 中華人民共和国　　イ 大韓民国　　ウ アメリカ合衆国　　エ ロシア連邦

問2　1951年に日本が48か国との間で結んだ講和条約の名と、この条約に調印した首相の名を答えなさい。

問3　右の人物は、2002年に日本が未だ国交を結んでいない国の首脳と初めて会談を行いました。この相手の国名を正式名称で答えなさい。

小泉純一郎

日本の国際社会復帰のきっかけは隣国（りんごく）の戦争

1948年に朝鮮半島の南北にできた国が対立をはじめます。冷戦の代理戦争ともいわれる朝鮮戦争が、日本の国際社会復帰のきっかけとなりました。

● **朝鮮戦争**（1950 〜 53年休戦）

朝鮮民主主義人民共和国（北朝鮮）軍が大韓民国（韓国）を攻撃してはじまりました。韓国を支援したのはアメリカ中心の国連軍、北朝鮮を中国が支援しました。アメリカは日本を味方にするために、日本の独立を急ぎました。

①ＧＨＱは1950年に**警察予備隊**を作らせ、防衛力をもつことを認める（1954年に**自衛隊**へ）。

②アメリカ軍からの大量の軍需品の注文を受けて経済復興をとげる（**特需景気**）。

③1951年、アメリカをはじめとする48か国と**サンフランシスコ平和条約**を結び、翌年独立。

サンフランシスコ平和条約後に国交回復をした国

● **ソビエト連邦との国交回復**：**日ソ共同宣言**（1956年）

サンフランシスコ平和条約の署名を拒否したソ連との国交回復。同年、国際連合への加盟が認められ、日本は国際社会に復帰します。ただ現在のロシア連邦にいたるまで、平和条約は結ばれていません。**北方領土問題**が両国の間に立ちふさがっています。

● **大韓民国との国交正常化**：**日韓基本条約**（1965年）

当時の**佐藤栄作首相**によって大韓民国との国交が正常化しました。北朝鮮とは、2002年に当時の**小泉純一郎首相**が金正日総書記と会談しましたが、未だ国交回復にはいたっていません。

● **中華人民共和国との国交回復**：**日中共同声明**（1972年）

当時の**田中角栄首相**が北京（ペキン）を訪れ国交回復を発表。これを記念して中国からは2頭のパンダが贈られました。その後、1978年の福田赳夫首相のときに**日中平和友好条約**が結ばれました。

さらに知っておきたい戦後の内閣総理大臣

● **日米新安全保障条約成立で総辞職した岸信介首相**（1957年2月〜 60年7月）

1960年の条約改定に、日本の米軍基地攻撃に際し、自衛隊と米軍が共同防衛する内容があった。これに対し、デモ隊が国会周辺を埋め尽くしたことから、成立後に岸内閣は総辞職しました。

● **ＪＲを作った中曽根康弘首相**（1982年11月〜 87年11月）

日本国有鉄道（国鉄）をＪＲグループとするなど、民営化を進めた首相です。

● **消費税3％→5％→8％→10％**

消費税導入と変更時の首相。3％の導入をしたのが**竹下登首相**（1989年）、5％が**橋本龍太郎首相**（1997年）、8％（2014年）・10％（2019年）はいずれも**安倍晋三首相**です。

昭和・平成・令和となり、まだまだ歴史は続いている。この続きを身につけていくために、日ごろから時事ニュースなどに注目したい！

■次の表は、戦後日本のおもな内閣とその関連事項（じこう）をまとめたものです。表を見てあとの問いに答えなさい。

代	首相名	発足年月	関連事項
43	東久邇宮稔彦（ひがしくにのみやなるひこ）	1945.8〜	①降伏文書調印（こうふく）
45	吉田　茂	1946.5〜	②日本国憲法公布
48〜51	吉田　茂	1948.10〜	③日米安全保障条約調印
52〜54	鳩山一郎	1954.12〜	日ソ共同宣言調印、国際連合加盟
58〜60	池田勇人	1960.7〜	東京オリンピック開催（かいさい）
61〜63	佐藤栄作	1964.11〜	沖縄返還協定調印
64・65	田中角栄	1972.7〜	日中共同声明調印
66	三木武夫（みきたけお）	1974.12〜	④第1回先進国首脳会議開催
67	福田赳夫	1976.12〜	日中平和友好条約調印
70	鈴木善幸（すずきぜんこう）	1980.7〜	⑤アメリカ核持ちこみ疑惑（ぎわく）
74	竹下　登	1987.11〜	⑥消費税導入
76・77	海部俊樹（かいふとしき）	1989.8〜	米ソ・マルタ会談、冷戦終結宣言
78	宮澤喜一（みやざわきいち）	1991.11〜	⑦PKO等協力法成立
81	村山富市（むらやまとみいち）	1994.6〜	阪神・淡路大震災発生（はんしんあわじだいしんさい）
82・83	橋本龍太郎	1996.1〜	消費税増税
87〜89	小泉純一郎	2001.4〜	アメリカ同時多発テロ事件発生

問1　①について、日本の降伏条件や戦後処理（しょり）を示した対日共同宣言を何といいますか。

問2　②の年月日として正しいものを、次の中から選び、記号で答えなさい。

　　ア　1945年11月3日　　　イ　1946年5月3日

　　ウ　1946年11月3日　　　エ　1947年5月3日

問3　③の条約と同時に結ばれ、日本の独立を回復した条約を何といいますか。

問4　④について、現在、主要国首脳会議（G7）に参加していない国を次の中から選び、記号で答えなさい。

　　ア　アメリカ　　　イ　カナダ　　　ウ　ドイツ　　　エ　中国

問5　⑤について、次の（　　　）にあてはまる語句を入れ、非核三原則を完成させなさい。

　　核兵器を「持たず、作らず、（　　　　　　　）」

問6　⑥について、当時の消費税率を次の中から選び、記号で答えなさい。

　　ア　1％　　　イ　3％　　　ウ　5％　　　エ　8％

問7　⑦に関連して、自国と同盟関係にある国が攻撃を受けた場合、同盟国とともに防衛力を行使する権利を何といいますか。漢字6字で答えなさい。

問8　ノーベル平和賞を受賞した首相を、表中の首相名から1人選び、漢字で答えなさい。

本当に国民が決めているの？
―憲法の三原則―

明治時代から国会議員は選挙で選んでいたし、そもそも国民が本当に決めているの？ 前の憲法とは何がちがうんだろう……？

例えばこんな場面で 次の文は、日本国憲法に書かれている内容を示しています。

A　すべて国民は、法の下に平等であって、人種、信条、性別、社会的身分又は門地により、政治的、経済的又は社会的関係において、差別されない。

B　…ここに主権が国民に存することを宣言し、この憲法を確定する。

C　日本国民は、正義と秩序を基調とする国際平和を誠実に希求し、国権の発動たる戦争と、武力による威嚇、又は武力の行使は、国際紛争を解決する手段としては、永久にこれを放棄する。

問1　A～Cの文は憲法のどこに書かれていますか。次からそれぞれ選び、記号で答えなさい。
　　ア　前文　　イ　第1条　　ウ　第9条　　エ　第14条

問2　A～Cの文は日本国憲法の三原則を示していますが、それぞれどの原則のものか答えなさい。

問3　Bに主権という表現があります。日本国憲法以前は、主権は誰が持っていたか、答えなさい。

> お、見たことある…けど何条といわれても…。

> 主権って何だっけ？

📖 つまずき解消ポイント

三原則の用語だけ覚えていて、日本国憲法に書かれた表現をわかっていないことがつまずきの原因。それぞれの原則についての条文を、穴埋めに対応できるレベルで知っておくことが大切です。

☑️ **三原則について触れられているおもな条文**

　太字のところは穴埋めになることも多いので、いえるようにしておきましょう。

国民主権
前文 「…ここに**主権**が国民に存することを宣言し、この憲法を確定する。」
第1条「天皇は、日本国の**象徴**であり日本国民統合の**象徴**であって、この地位は、**主権**の存する日本国民の総意に基く。」

基本的人権の尊重
第11条「…この憲法が国民に保障する基本的人権は、侵すことのできない**永久**の権利として、**現在及び将来**の国民に与えられる。」
第14条「すべて国民は、**法の下**に平等であって、人種、信条、**性別**、社会的身分又は門地により、政治的、経済的又は社会的関係において、差別されない。」

平和主義
第9条「日本国民は、正義と秩序を基調とする**国際平和**を誠実に希求し、国権の発動たる**戦争**と、**武力**による威嚇、又は**武力**の行使は、**国際紛争**を解決する手段としては、永久にこれを**放棄**する。」

☑ 日本国憲法では何が変わったの？

ここでは日本国憲法の三原則を軸として、日本国憲法でどう変わったかに注目しましょう。

	大日本帝国憲法	日本国憲法
成立	**1889年2月11日発布** 1890年11月29日施行	**1946年11月3日公布** 1947年5月3日施行
制定形式	欽定憲法（天皇が制定）	民定憲法（国民が制定）
主権	天皇が元首として統治権を総攬する 最終的に天皇が政治的決断をしていた。	国民主権 国民の意思が、国の政治に反映されるように なった！
基本的人権	法律の範囲内で保障 保障はしていたけれど、いつでも法律で制限できたということ。「治安維持法」がいい例。人権はあくまで天皇が与えるものだった。	基本的人権の尊重 公共の福祉に反しない限り、 最大の尊重を必要とする 「厳守」ではなく「尊重」というところもポイント。公共の福祉とのバランスが大切だ。
軍事	天皇が陸海軍を統帥する 天皇が軍隊を統率し、指揮していた。戦争をする可能性があった、ということ。	平和主義 戦争放棄・戦力不保持・交戦権否認 二度と戦争をしない、と決意をしている。

☑ 天皇主権と国民主権は何がちがうの？

戦前も衆議院議員は選挙で選んでいましたし、帝国議会でさまざまなことを決めていました。一見、変わらないように見えますが、「主権」の意味を考えると大きなちがいがあります。

「主権」とは「国の政治のあり方を最終的に決める権力」のこと。つまり、議会等でどのような議論や過程があっても、最終的に OK という人がいるということです。戦前はこの主権は「天皇」にありました。

日本国憲法では国民主権となり、主権を持つ国民の代表者が集まる「国会」が最高機関とされました。そして、重要な法律や予算を決めたり、外国との条約を承認したりするようになりました。また、最高法規の日本国憲法改正の際、国民投票が必要なのもそのためです。

大日本帝国憲法

OK

日本国憲法

OK

答え

問1　Aは第14条の「エ」、Bは前文の「ア」、Cは第9条の「ウ」です。

問2　Aは「基本的人権の尊重」、Bは「国民主権」、Cは「平和主義」です。

問3　大日本帝国憲法の下で主権を持っていたのは「天皇」です。

🖐 チェック問題

◆太平洋戦争での敗戦後、日本では民主的な憲法である日本国憲法が施行されました。

問1　日本国憲法が施行されたのは何年何月何日ですか。

問2　国の政治のあり方を最終的に決める権限のことを「主権」といいます。戦前は天皇にありましたが、現在は誰がこの主権を持っていますか。

問3　現在の天皇はどのような位置づけにありますか。漢字2字で答えなさい。また、天皇が行う仕事を何というか、答えなさい。

答えは問1が1947年5月3日、問2が国民、問3は象徴、国事行為です。このように三原則とともに天皇の地位や仕事について問われることも多いです。ここでは、日本国憲法で定められている天皇が行う「国事行為」について、確認しておきましょう。

天皇の国事行為

「政治には関係しない儀礼的な行為」のこと。憲法上は「国事に関する行為」と表現されていること、国事行為には「内閣の助言と承認」が必要なことは知っておきましょう。

国事行為について、憲法改正や法律・条約の公布や国会の召集、衆議院の解散などは覚えている人は多いです。差がつくのは栄典の授与、外国の使節の接受です。国事行為は、とにかく期日までに行わなければなりません。間に合わなければ、政治的な遅れにつながって天皇の政治介入ととられかねないことから、国事行為は時や場所を選ばずに行われています。

国民の義務の変化

日本国憲法での国民の義務は「教育を受けさせる義務」「勤労の義務」「納税の義務」の3つです。一方、大日本帝国憲法では、「兵役の義務」「納税の義務」「教育の義務」が三大義務とよばれていました。このうち「兵役の義務」と「納税の義務」は大日本帝国憲法に記された義務だったのに対し、「教育の義務」は憲法に定めがありませんでした。これは、天皇からの命令（勅令）として定められたものでしたが、義務の1つと考えられています。

大日本帝国憲法 のとき		日本国憲法 になって
兵役の義務 納税の義務 （教育の義務）		教育を受けさせる義務 勤労の義務 納税の義務

日本の平和主義

日本国憲法では、「前文」で恒久的な平和や国際協調による平和主義をかかげ、「第9条」でその具体を示しています。世界を見渡しても、戦力不保持、戦争放棄まで定めている国はほとんどありません。第二次世界大戦の敗戦国であるイタリアやドイツでも、侵略戦争をしないことが触れられている程度です。日本国憲法は、世界でもまれな平和主義をかかげる憲法といえます。

しかし、戦力不保持を定める日本に「自衛隊」や「アメリカ軍」がいることについて、矛盾しているという意見もあります。国は、外国から国を守る自衛権は、日本国憲法でも権利として認められるという立場ですが、それを明確にするために、憲法改正をしようという議論もあります。

第何条？と聞かれる数字は1・9・14・25・96

日本国憲法を学ぶと、多くの条文が出てきますが、実際に条文の数字を答えさせる問題はある程度決まっています。「第1条」「第9条」「第14条」「第25条」「第96条」の5つです。第96条は憲法改正に関する条文でよく聞かれます。このほか、「第1条の前に書かれている…」とくる、「前文」も出題されるので、答えられるようにしておきましょう。

■次の先生と生徒の会話を読んで、あとの問いに答えなさい。

生徒：日本国憲法では、国の政治のあり方を最終的に決めるのは（　Ａ　）ですね。

先生：その通りだよ。とても大切な考え方で、日本国憲法の①三大原則の1つだよ。

生徒：このような考えは、②大日本帝国憲法にもありましたか。

先生：大日本帝国憲法では、主権者は③天皇と定められていました。

生徒：このほかに、日本国憲法にはどんな原則があるのですか。

先生：④基本的人権の尊重という考え方があります。これは、自由権や平等権など国民が持つ
　　　権利を、国は何よりも尊重しなければならないということです。

生徒：3つ目の原則は何ですか。

先生：平和主義の原則で、戦争の放棄を憲法の前文や、⑤第9条で規定しています。

問1　会話文中の（　Ａ　）にあてはまる語句を答えなさい。

問2　下線部①について、日本国憲法には、三大原則のほかに、国民の三大義務があります。
　　三大義務として正しくないものを1つ選びなさい。

　　ア　納税の義務　　　イ　子どもに教育を受けさせる義務
　　ウ　勤労の義務　　　エ　選挙に行く義務

問3　下線部②について、明治政府は、大日本帝国憲法制定の翌年に二院制の第1回帝国議
　　会を開きました。このときの二院制の組み合わせとして正しいものを1つ選びなさい。

　　ア　衆議院と元老院　　　イ　参議院と元老院
　　ウ　衆議院と貴族院　　　エ　参議院と貴族院

問4　下線部③について、天皇は、日本国憲法の下では、国のどの機関の助言と承認により国
　　事行為を行いますか。正しいものを1つ選びなさい。

　　ア　国会　　イ　内閣　　ウ　裁判所　　エ　都道府県知事

問5　下線部④について述べた次の憲法の条文の（　Ｂ　）にあてはまる語句として正しいも
　　のを1つ選びなさい。

> この憲法が国民に保障する基本的人権は、「侵すことのできない（　Ｂ　）の権利」（憲
> 法第11条）と規定されている。

　　ア　永久　　イ　人類　　ウ　絶対　　エ　永遠

問6　下線部⑤について、次の(1)、(2)の問いに答えなさい。

　(1)　次の憲法第9条の条文の（　Ｃ　）、（　Ｄ　）にあてはまる語句の組み合わせとし
　　　て正しいものを1つ選びなさい。

> 「陸海空軍その他の（　Ｃ　）は、これを保持しない。国の（　Ｄ　）は、これを認めない。」

　　ア　Ｃ－防衛力　Ｄ－海外派遣　　イ　Ｃ－戦力　Ｄ－海外派遣
　　ウ　Ｃ－防衛力　Ｄ－交戦権　　　エ　Ｃ－戦力　Ｄ－交戦権

　(2)　日本は核兵器について「非核三原則」という考え方を持っています。この原則を説
　　　明した次の文の（　Ｅ　）にあてはまる語句として正しいものを1つ選びなさい。

> 非核三原則とは、「核兵器を持たず、作らず、（　Ｅ　）」という原則である。

　　ア　使用せず　　イ　保持せず　　ウ　追求せず　　エ　持ち込ませず

2 人権……いくつあるんだっけ？
─基本的人権─

「○○権」って結構聞くけどいくつあるんですか？　あと、「何権ですか？」と聞かれても、さっぱりわかりません……。

例えばこんな場面で　次のA～Gは基本的人権に関するものです。

> 基本的人権ってこんなにあるんだっけ？

A	国民は、どのような宗教を信じても、国の権力によって制限されることはない。
B	国民は、その能力に応じて等しく教育を受ける権利がある。
C	国民は、生まれや性別、社会的身分などによって差別されることはない。
D	国民は、賃金の引き上げなどを求めて、ストライキをすることができる。
E	国民は、国や地方自治体から受けた損害に対して賠償を求めることができる。
F	国民は、公害などで健康をそこなわないようにする権利がある。
G	国民は、国会議員や地方議会議員を選挙によって選ぶことができる。

> どれも見たことがある内容だ！でも何権かと言われると…苦手なんだよな。

問1　A～Gの文は、基本的人権の何権と関係が深いですか。次のア～オから選び、記号で答えなさい。なお、あてはまるものがない場合には、×と答えなさい。
　　ア　自由権　イ　平等権　ウ　社会権　エ　参政権　オ　請求権
問2　現在、日本国憲法に規定されていないけれど、裁判の結果や法律によって認められるようになった権利があります。一般的にこのような権利を何といいますか。

📖 つまずき解消ポイント

憲法の条文に出てくる用語をなんとなく覚えていることがつまずきの原因。基本的人権はいずれも国民の自由や権利を守るためのものなので、具体的な事例とともにつかんでおくことが大切です。

☑ **基本的人権は5つある**

　基本的人権は、教科書等では細分化されていますが、まずは次の考え方を知っておきましょう。①～④は、まさに文字通りの権利といえます。

①**自由権**…国から制約を受けない権利。自由に活動する権利。
②**平等権**…差別を受けない権利。みんなが同じ扱いを受ける権利。
③**参政権**…政治に参加する権利。┐この2つは「基本的人権を守るための権利」とされることもある。
④**請求権**…国に救済を求める権利。┘
⑤**社会権**…人間らしく生きるための権利。

　基本的人権は、日本国憲法で「人が生まれながらにして持っている権利」や「侵すことのできない永久の権利」として保障されています。ただ、格差の広がりとともに、人間らしく生きる権利を国に求めるようになっていきました。⑤の社会権は、世界でも第一次世界大戦後に保障されるようになったことから、「20世紀的人権」ともよばれています。この社会権が勝負となります。

☑ 基本的人権は「社会権」をつかめるかが勝負

「社会権」だけは、漢字から内容を想像するのが難しいです。だからこそ、社会権を正確にとらえる必要があります。社会権は「人間らしい生活を送るための権利」とされ、大きく3つあります。

生存権

憲法に「すべて国民は、健康で文化的な最低限度の生活を営む権利を有する（第25条）」とあります。生存権にもとづいて行われているのが、社会保障制度。健康でない、文化的でない、最低限度の生活でない場合には、国が助けてくれるということです。

教育を受ける権利

憲法に「すべて国民は、法律の定めるところにより、その能力に応じて、ひとしく教育を受ける権利を有する（第26条）」とあります。人間らしく生きるためには、豊かな知識や教養が必要という考えにもとづいています。

まちがいやすいものに「学問の自由」があります。社会権は「教育そのものを受けられるかどうか」であり、「どの学問を学ぶか」は学問の自由で、自由権です。

勤労の権利

憲法に「すべて国民は、勤労の権利を有し、義務を負う（第27条）」とあります。働く意思と能力を持つ者に国が働く権利を保障して、人間らしく生きるための権利です。また、憲法で定められた「団結権」「団体交渉権」「団体行動権」の労働三権も社会権です。

まちがいやすいものに「男女雇用機会均等法」など性別が絡むものがあります。社会権は「勤労そのものの権利」であるのに対し、「男女間の差別をなくす」という場合は平等権となります。

☑ 日本国憲法施行後に認められた「新しい人権」

社会の変化から登場し、裁判の結果や法律で定められるようになった人権もあります。

知る権利 …国や地方公共団体に、政治に関わる情報の公開を求める権利。

環境権 …国民が公害などからみずからの生活を守る権利。そこから発展して、日照や景観を守る権利なども含まれるようになっている。

プライバシーの権利 …他人に知られたくない個人の情報を勝手に公開されない権利。

答え

問1　Aは信教の自由なので「ア」、Bは教育とあるので「ウ」、Cは差別されないとあるので「イ」、Dは勤労に関する権利なので「ウ」、Eは賠償とあるので「オ」、Fは環境に関する権利なので新しい人権で「×」、Gは選挙とあるので「エ」となります。

問2　日本国憲法に規定されていないというところから「新しい人権」です。

🖖 チェック問題

◆日本では、国が中心となってすべての国民に一定の生活水準を保障する制度があります。

問1　この制度を何といいますか。またそのしくみは、憲法第何条にもとづいて定められていますか。

問2　この制度にもとづいて行われる次のA・Bを何というか、あとのア～エから選びなさい。

　　A　生活が苦しい人に対して、生活費や医療費を国が支給するもの。

　　B　国民から保険料を集め、病気のときなどに国が保険金を支給するもの。

　ア　社会保険　イ　社会福祉　ウ　公的扶助　エ　公衆衛生

日本の社会保障制度

憲法第25条の生存権にもとづいて作られた制度です。まずはそれぞれの目的を明確にしましょう。まちがいやすいのは社会福祉と公的扶助です。ちがいをいえるようにしておきましょう。

社会保険…国民から保険料を集め、病気のときや老後などに国から保険金を支給する制度。

　　　　　医療保険・年金保険・雇用保険・介護保険など

　　　　ポイント① 　納めた保険料は、すぐに必要な場所で使われる。積み立てではない。

　　　　ポイント② 　「生命保険」は似たしくみだが、国ではなく企業が行うサービス。

社会福祉…働くことが困難な人びとを援助する制度。

　　　　ポイント① 　身体障がい者や高齢者、保護者のいない児童などの自立を援助する。

　　　　ポイント② 　手当を支給するほか、施設作りや資金援助、職業訓練も行われる。

公的扶助…生活が苦しい人びとに生活費などを支給する制度。

　　　　ポイント① 　けがや病気で働けなくなるなどの傷病者向けがもっとも多い。

　　　　ポイント② 　「生活保護」ともよばれる。生活保護法にもとづいている。

公衆衛生…病気の予防や上下水道の改善を進める制度。

　　　　ポイント① 　感染症予防や予防接種、食品衛生、上下水道の整備などがある。

　　　　ポイント② 　仕事の大部分は各地の保健所が中心となって行う。

社会保障関係費の増加

日本では少子高齢化が進み、保険料を支払う世代の減少とともに、保険金を受け取る世代の増加という問題を抱えています。年々社会保障関係費が増加しており、年金支給年齢の引き上げや減額、保険料の引き上げ、介護保険料の徴収や消費税増税が行われていますが、制度全体の見直しが求められています。

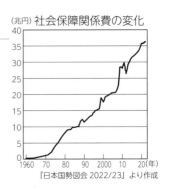

(兆円) 社会保障関係費の変化

『日本国勢図会 2022/23』より作成

公共の福祉とは？

基本的人権は、「国民の不断の努力によって、これを保持しなければならない（第12条）」「公共の福祉に反しない限り、…最大の尊重を必要とする（第13条）」とあります。

公共の福祉は、社会全体の利益という意味ですが、「個人の権利 vs 社会全体の利益」という対立が起こったとき、場合によっては個人の権利が制限されることもあります。例えば洪水対策で河川を整備する際、個人の住居を移動する必要が生じたとします。整備しないと近隣住民に多大な損害が出る可能性が残る、そんな場合には、補償のうえで住居を移動してもらうことができます。

基本的人権が「厳守」ではなく「尊重」となっているのはそのためです。しかし、公共の福祉も「個人の権利が集まったもの」と考えられます。社会全体が個人の権利より上だということではなく、あくまで、個人の権利も、公共の福祉も大事で、そのバランスが求められています。

■次の文章を読み、あとの問いに答えなさい。

　①基本的人権は侵すことのできない永久の権利であり、そして、その尊重は、日本国憲法の３つの基本原則の１つである。憲法の中で、さまざまな人権について具体的に定められているが、各自が好き勝手なことを行ってもよいということではなく、国民は、常に社会の②大多数の人びとの利益のために自由や権利を利用する責任がある。人権については、社会の変化にともない、その時代にあった③新しい人権の主張も広がってきている。

問1　下線部①について、次の(1)～(3)の問いに答えなさい。

(1)　次のア～カの基本的人権の内容について、平等権はA、自由権はB、社会権はCに分類し、それぞれ記号で答えなさい。

　ア　教育を受けることができる。

　イ　人種や信条、性別、社会的身分または門地などにより差別されない。

　ウ　正当な理由なしに捕えられたり生命を奪われたりしない。

　エ　私有財産を勝手に奪われない。

　オ　健康で文化的な最低限度の生活をすることができる。

　カ　どの宗教を信仰してもよい。

(2)　参政権に関する説明として正しいものを、次のア～エから１つ選び、記号で答えなさい。

　ア　憲法改正は、各議院の総議員の３分の２以上の賛成で国会が発議し、国民投票において過半数の賛成を必要とする。

　イ　最高裁判所裁判官の国民審査は、参議院議員選挙のときに行われる。

　ウ　衆議院議員、参議院議員の被選挙権はどちらも満25歳以上である。

　エ　近年の国会議員を選ぶ選挙では、投票率が上がり続けている。

(3)　社会権にもとづいて作られた社会保障制度にあてはまらないものを、次のア～オから１つ選び、記号で答えなさい。

　ア　公衆衛生　　イ　社会福祉　　ウ　公共事業　　エ　社会保険　　オ　公的扶助

問2　下線部②について、このことを何といいますか、５文字で書きなさい。

問3　下線部③について、社会の変化にともない、新しい人権が主張されるようになりました。新しい人権として誤っているものを、次のア～エから１つ選び、記号で答えなさい。

　ア　国や公務員から受けた損害に賠償や補償を求める権利

　イ　人間らしい生活ができる環境を求める権利

　ウ　国や地方公共団体に情報の公開を求める権利

　エ　自分の生き方について自由に決定する権利

3 1つに権力を集めない……のは何のため？
―三権分立―

こんなつまずきありませんか？

問題になると、3つの機関の矢印の内容を書いたり選んだりできなくなる……。内閣と国会って何がちがうの？ この関係がうまくつかめない。

例えばこんな場面で 右の図は、三権分立のしくみを表しています。

この図ね。知ってるよ。ただ、いつもこんがらがってしまって…。

問1　次のア～エは、それぞれの機関が、ほかの機関に対して持つはたらきを説明しています。ア～エのはたらきは、右の図A～Fのどこにあてはまりますか。

ア　衆議院の解散を決める。
イ　法律が憲法に違反していないかを調べる。
ウ　裁判官としてふさわしくない人をやめさせる。
エ　裁判官を任命する。

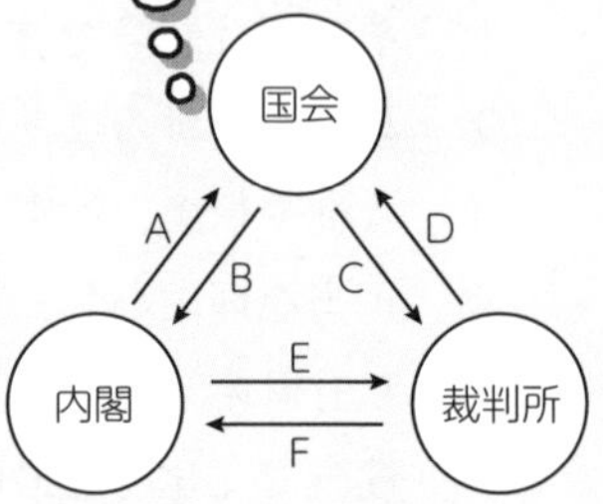

国会
A
B
C
D
内閣
E
F
裁判所

問2　三権分立は、1つの機関に権力が集中しないようにするためのものです。では、なぜ1つの機関に権力を集中させないようにしているのですか、かんたんに説明しなさい。

三権分立でしょ。それは1つの機関に権力が集まらないため！……って、設問に書いてある！どういうこと!?

つまずき解消ポイント

それぞれの機関の仕事をなんとなく覚えていることがつまずきの原因です。三権分立については、つりあいをとることが目的なので、双方向でのはたらきをとらえておくことが大切です。

各機関のつりあい方をおさえよう！

いずれも相手の行き過ぎをおさえる手段をもち、つりあい（均衡）を保っています。

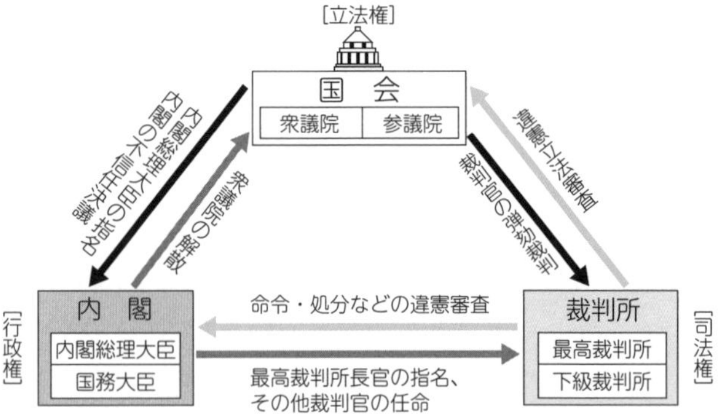

[立法権]
国　会
衆議院
参議院
内閣総理大臣の指名
内閣の不信任決議
衆議院の解散
違憲立法審査
裁判官の弾劾裁判
[行政権]
内　閣
内閣総理大臣
国務大臣
命令・処分などの違憲審査
最高裁判所長官の指名、
その他裁判官の任命
裁判所
最高裁判所
下級裁判所
[司法権]

国会⇔内閣

国会（衆議院）は内閣不信任の決議権を持つことで内閣の行き過ぎをおさえ、内閣は衆議院の解散権を持つことで国会の行き過ぎをおさえています。

国会⇔裁判所

裁判所は国会の作った法律が違憲かどうかを審査する権限を持つことで国会の行き過ぎをおさえ、国会は裁判官の罷免権（やめさせる権限）をもつことで裁判所の行き過ぎをおさえています。

内閣⇔裁判所

内閣は裁判官の指名・任命権を持つことで裁判所の行き過ぎをおさえ、裁判所は内閣の命令や処分が違憲かどうかを審査する権限を持つことで内閣の行き過ぎをおさえています。

☑ 三権分立は国民を守るためにある！

　三権分立は、各機関が行き過ぎをおさえ合い、1つの機関に権力が集中しないようにするしくみです。しかし、それは何のためでしょう？ よく問われる内容ですが、わかっていない人も多いです。これは「国民の自由と権利を守るため」です。

　例えば、1つの機関が、「法律を作り、それにもとづいて政治や裁判を行える」とします。そうすると、自分に都合のいい法律を作ったり、都合の悪い人物を排除する法律を作って裁判したりすることができます。こうなると、一握りの人物が国を思うままにできるようになり、結果、国民の自由や権利が侵害されることになるのです。

☑ 国民も三権を監視する役割を担っている！

　日本国憲法の原則に「国民主権」があるため、国民の意見を三権に反映させるしくみがあります。

選挙 〔国民→国会〕

　日本は間接民主制をとっているので、代表者を選ぶ選挙は国民が意見を表明する大切な場です。選挙結果によっては、政権交代にもつながり、国政に大きな影響を与えます。

世論 〔国民→内閣〕

　政治や社会の問題について国民が持つ多くの意見を世論といいます。世論調査は国民の意見として影響力となりえますが、実際はテレビや新聞などのマスメディアによるところが大きく、ニュースの取り上げ方で都合のよいほうへ導かれるため、細心の注意を払う必要があります。

国民審査 〔国民→裁判所〕

　最高裁判所の裁判官がふさわしいかどうかを国民が直接投票できる制度です。国民の意見を反映させる大きな機会ですが、実際はこれまで国民審査でやめさせられた裁判官はいません。ただ、そもそも最高裁判所の裁判官を知らないから判断できないという声もあります。

答え

問1　アは内閣が国会に対して行う「A」、イは裁判所が国会に対して行う「D」、ウは国会が裁判所に対して行う「C」、エは内閣が裁判所に対して行う「E」です。

問2　「国民の自由と権利を守るため。」です。

☞ チェック問題

◆三権の中でも国会と内閣は密接な結びつきがあります。

問1　国会は内閣総理大臣を指名することができます。しかし、それ以外に、衆議院にだけ認められた内閣に対する重大な権限があります。この権限が何か答えなさい。

問2　問1に対して、内閣は衆議院に対してある決定をすることができます。それは何ですか。

問3　日本国憲法第66条には「内閣は、行政権の行使について、国会に対し連帯して責任を負う」とあります。このしくみを一般的に何といいますか。

✎ **得意にするための1歩**

答えは問1が内閣不信任の決議、問2が衆議院の解散、問3が議院内閣制です。このように三権の中でも、国会と内閣の密接なつながりについて問われることが多いです。ここでは、国会と内閣がどのような相互の関係をもっているのか確認しておきましょう。

議院内閣制とは？

3つの機関の中でも、国会と内閣の結びつきはとても強いです。国会は、内閣の長である内閣総理大臣を指名するし、国務大臣の過半数は国会議員から選ばれています。また、衆議院は内閣の総辞職を決めることもできます。これだけだと、国会が内閣を都合よく操れるように感じるかもしれません。それを止めるためにあるのが、内閣による「衆議院の解散」です。内閣は不信任決議を出されなくてもいつでも衆議院を解散することができます。この解散権があるから立法権と行政権がつりあいを保っているといえます。これが、「内閣は、行政権の行使について、国会に対し連帯して責任を負う」という憲法第66条にある議院内閣制につながっています。

しかし、実際は衆議院で過半数の議席をもつ与党から内閣総理大臣が選ばれているので、緊張や対立は生まれにくい構造になっています。与党内の対立から、内閣不信任決議が可決されたり、衆議院が解散されたりすることは、まれなことともいえます。

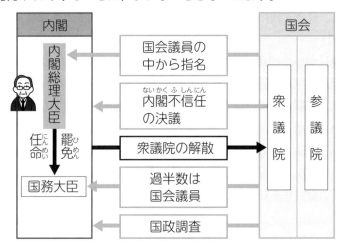

違憲審査で覚えよう

三権分立で比較的わかりにくいという声があがるのが司法権をもつ裁判所の役割です。ただ実際は三権分立における裁判所の役割は非常にシンプルです。それは「憲法に違反していないかどうかを審査する」という1点。これを「違憲審査」といいます。

国会は法律を作り、内閣は政治を行います。その中で、もしかしたら憲法に違反していることがあるかもしれません。それをチェックしているのです。国会に対しては立法についての審査なので「違憲立法審査」というだけのことで、やっていることは国会に対しても内閣に対しても「違憲審査」といえます。

では裁判所がいきなりある法律やある政令を審査して「違憲」と判断するかというと、実はそれはちがいます。日本では、誰かが実際に裁判を起こして、その審議の場の中で初めて違憲審査は行われています。裁判所が頼まれてもいないのに、勝手に審査してチェックしているわけではありません。まずは裁判による解決を第一とし、その過程で違憲審査を行っているのです。

■ 次の「三権分立」の図を見て、あとの問いに答えなさい。

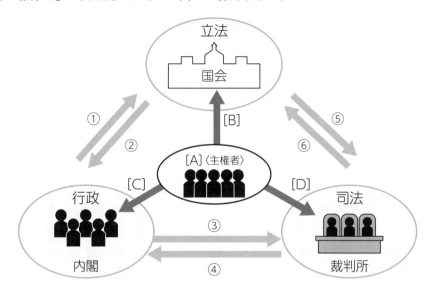

問1　この図の中央［A］に入る言葉を答えなさい。

問2　この図の［B］～［D］に入る言葉の正しい組み合わせを次のア～エから1つ選び、記号で答えなさい。

　　ア　B：選挙　C：世論　D：国民審査　　イ　B：世論　C：選挙　D：国民投票

　　ウ　B：選挙　C：世論　D：国民投票　　エ　B：世論　C：選挙　D：国民審査

問3　次の文は「国会・内閣・裁判所」について述べたものです。次のア～エから誤っている文を1つ選び、記号で答えなさい。

　　ア　国会は「国権の最高機関」とされ、衆議院と参議院から構成されている。

　　イ　国会は「国の唯一の立法機関」とされ、法律の制定を審議する。

　　ウ　内閣は「行政機関」として、外務省・財務省などがそれぞれの仕事をしている。

　　エ　裁判所は「司法機関」として、最高・高等・地域・簡易裁判所などから構成されている。

問4　行政府（内閣）の長は何とよばれますか。正式名称を漢字で答えなさい。

問5　上の図中の①～⑥や、三権分立の説明について、誤っているものを次のア～エから1つ選び、記号で答えなさい。

　　ア　①は衆議院の解散決議を、②は内閣不信任の決議を指している。

　　イ　③は最高裁判所長官の指名などを、④は政令・行政処分の審査を指している。

　　ウ　⑤は違憲立法審査権を、⑥は弾劾裁判を指している。

　　エ　「三権分立」の考え方は、フランスのモンテスキューにより唱えられた。

4 数字は覚えなければだめ？
―国会のはたらき―

国会の仕事…内閣の仕事…数字…紛らわしくて覚えられない……。衆議院の優越はわかる。でも何で「国民の意見を反映しやすい」といえるの？

例えばこんな場面で　国会について、次の問いに答えなさい。

国会は…政治をやってるところ!?
行政？ちがった気がするけど……。

問1　最高機関である国会は、法律を作るという重大な仕事を任されています。このことを何といいますか。漢字2字で答えなさい。

問2　国会ではさまざまな仕事が行われています。次の①〜⑥の中から、国会の仕事をすべて選び、番号で答えなさい。

出た！数字！正直苦手……
でも覚えなきゃ…。

①　予算の議決　　②　法律の公布　　③　国政調査
④　憲法改正の発議　⑤　条約の締結　　⑥　犯罪を裁く

問3　次の文中の[　]にあてはまる数字を答えなさい。

衆議院は、定数[　　]名で任期は[　　]年、被選挙権は[　　]歳以上です。一方参議院は、定数[　　]名で任期は[　　]年、被選挙権は[　　]歳以上です。いずれも[　　]歳以上に選挙権があります。国会は毎年[　　]月に開かれ、会期は[　　]日間となっています。

📖 つまずき解消ポイント

国会の仕事だけ覚えようとしていることがつまずきの原因。他の機関との比較の中で仕事の内容をおさえることが大切です。また、数字は出るものが決まっているので、正確に覚えましょう。

☑ なぜ国会が最高機関？

最高機関

日本国憲法第41条に「国会は国権の最高機関であって、国の唯一の立法機関である。」とあります。なぜ国会が最高機関なのか、これは「主権を持つ国民が直接選んだ、国民の代表者が集まる機関だから」というのが正解です。

内閣に属する内閣総理大臣や、国務大臣の過半数は国会議員ですが、国民から直接選ばれていません。また、裁判官は司法試験に合格し、経験を積むことでなることができます。こちらも国民から直接選ばれていません。国会だけが、国民から直接選ばれた人たちで成り立っています。

☑ 国会の仕事とは？

国会の仕事はさまざまありますが、まず重要なのが「法律の制定」と「予算の議決」。その他、裁判官をやめさせる弾劾裁判、国の政治を調査する国政調査、衆議院にだけ与えられた内閣不信任決議などがあります。他の機関との比較で正確に覚えておく必要がある仕事は次の通りです。

国会の仕事
「予算の議決」…………「予算（案）の作成」は内閣の仕事
「内閣総理大臣の指名」…「内閣総理大臣の任命」は天皇の仕事
「条約の承認」…………「条約の締結」は内閣の仕事
「憲法改正の発議」………「憲法改正の公布」は天皇の仕事

☑ **絶対におさえたい「衆議院と参議院の基本」**

　入試において、右の表の数字は基本中の基本。まずいえるようにしましょう。とくに選挙のある年には出題が多くなるので、覚えましょう。

衆議院		参議院
465人 （小選挙区 289人） （比例代表 176人）	議員定数	248人 （選挙区 148人） （比例代表 100人）
18 歳以上	選挙権	18 歳以上
25 歳以上	被選挙権	30 歳以上
任期 4 年。ただし、解散がある。	任 期	任期 6 年。ただし、3 年ごとに半数を改選。

☑ **法律ができるまでの流れって？**

　法律案は、内閣か国会議員だけが提出でき、ここから国会の審議がはじまります。法律案は衆議院・参議院のどちらへ先に提出してもよいです。

【委員会】 国会議員は自分の専門や関心の高い委員会に属しています。法務や外務、予算など、衆参両院に20近い委員会があり、それぞれ10 〜 45名程度が所属しています。原則、この少ない人数の委員会で詳しく審議してから本会議で審議されます。

【公聴会】 国会議員といっても、その道の専門家ばかりではないため、必要に応じて利害関係のある人や学者などをよんで意見を聞く制度です。

【本会議】 国会議員全員で構成する会議で、法律案について討議を経たのちに採決が行われ、基本的に出席議員の過半数で議決されます。採決は、衆議院では起立採決や記名採決など、参議院では押しボタンでの採決が一般的です。

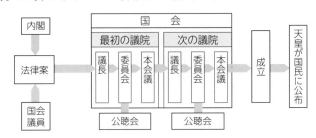

⇒法律案が両院で可決されれば成立し、天皇による公布となる。それ以外のパターンは次の通り。
　① 「最初の議院で否決」…いずれの議院であっても即廃案となる。
　② 「参議院で可決→衆議院で否決」…衆議院が否決した場合は廃案となる。
　③ 「衆議院で可決→参議院で否決」→「両院協議会で調整」→「まとまらず再び衆議院へ」
　　→「衆議院の出席議員の3分の2以上で再可決（できなければ廃案）」…法律として成立。

┌ 答え ┐

問1　法律を作ることを「立法」といいます。

問2　国会の仕事は「①・③・④」です。②は天皇、⑤は内閣、⑥は裁判所の仕事です。

問3　最初から「465」「4」「25」「248」「6」「30」「18」「1」「150」となります。

👆 **チェック問題**

◆国会のはたらきについて、次の問いに答えなさい。

問1　国会の仕事として、ふさわしいものを次からすべて選び、番号で答えなさい。
　　① 予算案の作成　　② 条約の承認　　③ 違憲立法の審査　　④ 内閣総理大臣の指名

問2　法律案や予算の議決では、衆議院の議決が優先されるしくみがあります。このしくみを何といいますか。

問3　なぜ問2のように衆議院の議決が優先されるのか、この理由を15字程度で説明しなさい。

答えは問1が②・④、問2が衆議院の優越、問3は国民の意見を反映しやすいからです。
このように「衆議院の優越」について問われることも多いです。最高機関である国会の中でも、衆議院になぜ優越が認められているのか、ここで確認しておきましょう。

衆議院の優越とは？

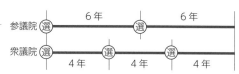

なぜ衆議院に優越を認めているのでしょうか。それは一般的には「国民の意見を反映しやすいから」とされます。では、なぜ国民の意見を反映しやすいのでしょうか？

一言でいうと、「衆議院のほうが、選挙が多いから」です。上の図を見ると、12年間国会議員でいるためには、参議院議員は選挙が2回なのに対して、衆議院議員は3回必要です。それだけ国民の判断をあおぐ機会があるということです。さらに衆議院には解散があるので、選挙の回数は実際はもっと多くなります。だから常に国民の目線で活動しないと、国会議員を続けることができないわけです。つまり、それだけ衆議院のほうが国民の意見を反映しやすいということになります。

衆議院の優越

- 法律案の議決…衆参で異なった議決のとき、衆議院での再可決が認められている。
- 予算の先議…予算は衆議院で先に審議される。
- 予算の議決、条約の承認、内閣総理大臣の指名…衆参で意見が不一致で、両院協議会でも意見が一致しないとき、決められた期間内に決議しないときには衆議院の議決が国会の議決となる。
- 内閣不信任の決議…衆議院のみ、内閣不信任の決議をすることができる。

覚えておきたい、差がつく数字

細かい数字をあげればきりがありませんが、国会に関係する次の数値は知っておきたい。

- **4分の1** ・臨時国会は、内閣が必要と認めたとき、またはどちらかの議院の総議員の4分の1以上の要求があったときに開かねばならない。
- **3分の1** ・本会議は、総議員の3分の1以上の出席が必要。この数を「定足数」という。
- **過半数** ・憲法改正における国民投票は、有効投票の過半数の賛成が必要である。
- **3分の2** ・憲法改正の発議は、各議院の総議員の3分の2以上の賛成が必要である。
  ・衆議院で可決、参議院で否決された法律案は、再び衆議院で出席議員の3分の2以上の多数で再可決すれば法律となる。
- **10日** ・衆議院で内閣不信任が決議されたとき、10日以内に衆議院が解散されない限り、内閣は総辞職しなければならない。
- **30日** ・衆議院の総選挙の日から30日以内に特別国会を召集しなければならない。
  ・衆議院で可決した予算を参議院が受け取ったのち、30日以内に議決しないときは衆議院の議決が国会の議決となる。
- **40日** ・衆議院の解散の日から40日以内に総選挙を実施しなければならない。
- **60日** ・衆議院で可決した法律案を参議院が受け取ったのち、60日以内に議決しないときは、参議院がその法律案を否決したものとみなすことができる。
- **150日** ・通常国会の会期は150日。

答えは別冊11ページ

1 次のⅠ～Ⅲの文章を読んで、あとの問いに答えなさい。

> Ⅰ 　a国会は、国民が選挙したb国会議員で構成される。
>
> Ⅱ 　国会の仕事には、法律の制定のほかに、予算の審議・議決、内閣総理大臣の指名、憲法改正の発議などがある。
>
> Ⅲ 　衆議院は、参議院よりも強い権限をもつ。

問1 　下線部aについて、国会は2つの議院で成り立っています。この制度を何というか。

問2 　下線部bについて述べた次のア～エから正しいものを1つ選び、記号で答えなさい。

　ア　国会議員の選挙には、衆議院・参議院ともに20歳から立候補できる。

　イ　すべての国会議員の任期は6年である。

　ウ　国務大臣の過半数は国会議員である。

　エ　国会議員の解職請求には、有権者の3分の1以上の署名が必要である。

問3 　上記Ⅲについて、衆議院の優越が認められている内容として、次のア～エから誤っているものを1つ選び、記号で答えなさい。

　ア　予算を先に話し合う権利　　　イ　内閣不信任の決議

　ウ　憲法改正の発議　　　　　　　エ　内閣総理大臣の指名

問4 　次のア～エの各文について、正しければ○、誤っていれば×で答えなさい。

　ア　通常国会の会期は200日である。

　イ　衆議院の総選挙の日から10日以内に特別国会を召集しなければならない。

　ウ　国会議員を選ぶ選挙権は、満18歳以上の日本国民がもっている。

　エ　衆議院の本会議を開くには、総議員の3分の2以上の出席が必要である。

2 国会に関する日本国憲法の条文について、次の問いに答えなさい。

問1 　日本国憲法の次の条文は、憲法改正の手続きについて述べたものです。この文中の空欄（　A　）～（　C　）にあてはまる言葉の組み合わせとして正しいものを、下のア～クから1つ選び、記号で答えなさい。

> 第96条　この憲法の改正は、各議院の（　A　）の（　B　）の賛成で、国会が、これを発議し、国民に提案してその承認を経なければならない。この承認には、特別の（　C　）又は…（中略）…において、その過半数の賛成を必要とする。

　ア　A：出席議員　　　B：3分の2以上　　　C：国民投票

　イ　A：出席議員　　　B：3分の2以上　　　C：国民審査

　ウ　A：出席議員　　　B：過半数　　　　　C：国民投票

　エ　A：出席議員　　　B：過半数　　　　　C：国民審査

　オ　A：総議員　　　　B：3分の2以上　　　C：国民投票

　カ　A：総議員　　　　B：3分の2以上　　　C：国民審査

　キ　A：総議員　　　　B：過半数　　　　　C：国民投票

　ク　A：総議員　　　　B：過半数　　　　　C：国民審査

問2 　日本国憲法の次の条文中の空欄（　D　）・（　E　）にあてはまる言葉を答えなさい。

> 第41条　国会は、国権の（　D　）機関であって、国の唯一の（　E　）機関である。

内閣は国会と何がちがうの？
―内閣のはたらき―

内閣は国会と何がちがうの？大臣も国会議員が多いし、ちがいがわからない……。省庁もたくさんあって、仕事とうまく結びつかない。

例えばこんな場面で 内閣について、次の問いに答えなさい。

> 内閣総理大臣って国会議員でしょ。国会でえらい人なんじゃないの？

問1　内閣の成立についての次の文章を読み、□□□にあてはまる言葉を答えなさい。

内閣総理大臣は、国会の指名にもとづき、□□□の中から選ばれ、その後□□□に任命される。また国務大臣は、□□□が任命するが、その□□□は国会議員の中から選ぶことになっている。内閣総理大臣と国務大臣は、いずれも□□□でなければならないと憲法で定められている。

問2　内閣はさまざまな仕事を行っています。次の①～⑥の中から内閣の仕事をすべて選び、番号で答えなさい。

① 予算の議決　　② 法律の公布　　③ 国事行為への助言・承認
④ 政令の制定　　⑤ 条約の承認　　⑥ 違憲立法審査

> えっと…国会で予算・法律を扱うんだけど…似た仕事があってわからないなぁ。

問3　議会に対して連帯して責任を負う議院内閣制はどこの国で発達したしくみですか。

📖 つまずき解消ポイント

内閣の仕事だけ覚えようとしていることがつまずきの原因。他の機関、とくに国会との比較の中で仕事の内容をおさえておくことが大切です。

☑ 内閣のしくみって？

国会で決まった法律や予算にもとづいて、実際に政治を行う権力が行政権です。内閣は、内閣総理大臣と国務大臣によって構成されます。

内閣総理大臣は、国会議員の中から国会で指名され、天皇によって任命されます。内閣総理大臣は国務大臣を任命して内閣を組織しますが、その過半数は国会議員でなければなりません。内閣は、国会との結びつきが強く、国会に対して連帯して責任を負うとされます。議院内閣制といい、イギリスで発達したしくみです。

☑ 内閣の仕事って？

内閣の仕事はさまざまありますが、「法律の執行」「法律案・予算案の作成」「天皇の国事行為への助言と承認」がおもなものです。内閣の仕事は、内閣総理大臣と全国務大臣が出席する閣議によって決められます。閣議の決定は全会一致が原則です。

内閣総理大臣は行政の責任者として行政全体を指揮・監督します。国務大臣は各行政機関の長として仕事を行います。他の機関との比較で正確に覚えておく必要がある仕事は次の通りです。

内閣の仕事
「予算（案）の作成」‥‥‥‥「予算の議決」は国会の仕事
「最高裁判所長官の指名」‥‥「最高裁判所長官の任命」は天皇の仕事
「条約の締結」‥‥‥‥‥‥‥「条約の承認」は国会の仕事

☑ **内閣の仕事は対象ごとにも確認しておく！**

国会 予算案や法律案の作成、提出を行う。また国会の召集や衆議院の解散を決める。

裁判所 最高裁判所長官の指名とその他の裁判官の任命を行う。

国民 予算や法律にもとづいて実際に政治を行う。また、必要な場合には憲法や法律の範囲内で政令を定める。

天皇 天皇の国事行為に対して、助言と承認を行う。

外国 条約を結ぶなど、外交関係を処理する。

☑ **成立しやすい内閣の法律案**

　法律案は、「国会議員」と「内閣」のみ提出することができます。どちらの法律案が通りやすいかわかりますか？ これは、圧倒的に内閣が提出したものです。それはなぜでしょうか。

　これは、そもそも内閣総理大臣が国会の多数決によって選ばれていることが関係しています。過半数の支持を得て成立している内閣は、提出した法律案も過半数を得やすいのです。当然、国会で多数を占める与党に不都合な法律案は、内閣はそもそも出さないといえます。

☑ **文民って何？**

　内閣総理大臣と国務大臣は「文民」でなければなりません。この文民はかんたんにいうと「軍人でない人」のこと。日本では「自衛隊の職にある人以外」を指します。戦前までは軍人が内閣総理大臣や国務大臣になることもあり、その反省から日本国憲法では文民と定められました。

　また、「文民統制（シビリアンコントロール）」という言葉があります。これは、軍隊（日本では自衛隊）の最高指揮権を文民が持つというもので、多くの国で採用されています。日本の自衛隊の最高指揮権は防衛大臣ではなく、内閣総理大臣が持ちます。内閣総理大臣は、必ず国民から選ばれた国会議員ということも重要なポイントで、国民主権がここにも関わっています。

答え

問1　最初から、「国会議員」「天皇」「内閣総理大臣」「過半数」「文民」となります。

問2　内閣の仕事は「③・④」です。①と⑤は国会、②は天皇、⑥は裁判所の仕事です。

問3　議会から行政の長である首相を選ぶ議院内閣制は、「イギリス」で発達したものです。

✋ チェック問題

◆内閣のはたらきについて、次の問いに答えなさい。

問1　内閣の仕事として、正しいものを次からすべて選びなさい。
　ア　予算の議決　イ　条約の締結　ウ　違憲立法の審査　エ　政令の制定

問2　内閣総理大臣や国務大臣の資格について、正しいものを次からすべて選びなさい。
　ア　内閣総理大臣は国会議員であること。　イ　内閣総理大臣は文民であること。
　ウ　国務大臣は国会議員であること。　エ　国務大臣は文民であること。

問3　内閣にある省のうち、次の①〜④の仕事をするのはどこか、あとから選びなさい。
　①　国の外交に関する仕事を行う。　②　国民の健康や社会保障、雇用などの仕事を行う。
　③　教育・文化などに関する仕事を行う。　④　地方公共団体や消防、選挙などの仕事を行う。
　ア　法務省　イ　厚生労働省　ウ　文部科学省　エ　外務省　オ　総務省

答えは問1が**イ・エ**、問2が**ア・イ・エ**、問3の①が**エ**、②が**イ**、③が**ウ**、④が**オ**です。
このように、内閣に関連して省庁の問題が問われることも多いです。各省がどのような仕事をし、どのような庁と関係があるのかを確認しておきましょう。

内閣の下にある行政機関

内閣の仕事の多くは、行政機関を指揮・監督して行っています。太字部分が入試で差がつくところ。とくに総務省は、その名称から仕事を想像しづらいので、正確に覚えておきましょう。

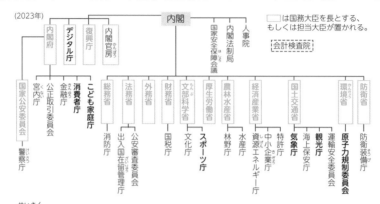

内閣府 内閣が政策を行うときの調整機関。長は内閣総理大臣が務める。外局に消費者庁がある。

総務省 地方自治や放送、消防、選挙に関する仕事を行う。外局に消防庁がある。

法務省 法制度の維持・管理のほか、出入国管理などの仕事を行う。

外務省 対外関係の維持・発展に関する仕事を行う。パスポートを発行する機関。

財務省 予算や決算などの国の財政や造幣などの仕事を行う。

文部科学省 教育やスポーツ、文化財の保護などの仕事を行う。外局にスポーツ庁がある。

厚生労働省 社会保障や雇用・労働環境の整備などの仕事を行う。

農林水産省 食料の安定供給や農林水産業の発展に関する仕事を行う。

経済産業省 貿易や商工業に関する仕事を行う。

国土交通省 道路や鉄道、空港の整備や管理の仕事を行う。外局に気象庁・観光庁がある。

環境省 自然環境や公害防止などに関する仕事を行う。外局に原子力規制委員会がある。

防衛省 国の安全を目的に自衛隊の管理・運営などの仕事を行う。

国家公安委員会 内閣府の外局として、警察庁の管理を行う。

※外局とは、内閣府や省の下に、ある程度独立した機関として設置されるもの。

差がつく行政機関

社会の変化などにともなって新たに設置された機関はおさえておきましょう。

こども家庭庁 2023年設置。少子化対策から子どものための環境整備などに関する仕事を行う。

デジタル庁 2021年設置。デジタル化を推進し、行政の効率化などに関する仕事を行う。

スポーツ庁 2015年設置。スポーツの振興やスポーツの総合的な推進に関する仕事を行う。

復興庁 2012年設置。東日本大震災からの復興に関する仕事を行う。

消費者庁 2009年設置。消費者に関する行政や品質表示などに関する仕事を行う。

観光庁 2008年設置。観光立国の実現に向けて、国際観光などに関する仕事を行う。

■ 内閣について、次の問いに答えなさい。

問1　次の日本国憲法の条文の空欄　A　・　B　に入る正しい語句を、それぞれ漢字2字で答えなさい。

> 第6条　天皇は、国会の　A　に基いて、内閣総理大臣を　B　する。
> 第68条　内閣総理大臣は、国務大臣を　B　する。

問2　内閣は国会の信任によって成立しており、また「国会に対し連帯して責任を負ふ（日本国憲法第66条第3項）とされています。国会と内閣の関係についての、こうした制度を何といいますか。漢字5字で答えなさい。

問3　次の文章は、衆議院が内閣不信任案を可決したあとの動きについて述べたものです。この文中の空欄　C　・　D　にあてはまる言葉の組み合わせとして正しいものを、下のア〜エから一つ選び、記号で答えなさい。

> 　衆議院が内閣不信任案を可決した場合、　C　日以内に衆議院が解散されない限り、内閣は総辞職をしなければならない。衆議院が解散された場合、選挙が行われ、その選挙の日から30日以内に　D　が開かれる。そこで新たに内閣総理大臣が指名される。

ア　C：10　　D：臨時国会　　イ　C：10　　D：特別国会
ウ　C：40　　D：臨時国会　　エ　C：40　　D：特別国会

問4　内閣総理大臣とすべての国務大臣が出席するものとされる内閣の会議を漢字で答えなさい。

問5　内閣の下に置かれる役所の名前のうち、現在の日本にはないものを次のア〜オからすべて選び、記号で答えなさい。
　　ア　国土交通省　　イ　文部省　　ウ　外務省　　エ　郵政省　　オ　経済産業省

問6　内閣にある省のうち、次の①〜⑤の仕事をするのはどこか答えなさい。
　　①　予算や決算などの国の財政や造幣などの仕事を行う。
　　②　社会保障や雇用・労働環境の整備などの仕事を行う。
　　③　地方自治や放送、消防、選挙に関する仕事を行う。
　　④　国の安全を目的に自衛隊の管理・運営などの仕事を行う。
　　⑤　自然環境や公害防止などに関する仕事を行う。

問7　2023年4月に設置された、子どもに関する課題の解決に向けた仕事を行う役所を正式名称で答えなさい。

6 「番人」ってすごいあだ名だ……
―裁判所のはたらき―

こんなつまずきありませんか？

最高裁判所が憲法について判断するなら、ほかの裁判所は何をする？
国民が裁判に参加するより、専門家がやったほうがいいのでは……。

例えばこんな場面で 裁判所に関する次の問いに答えなさい。

> 裁判所は裁判をするところ。
> 裁判以外は…何かしているの？

問1　次の日本国憲法第76条の空欄にあてはまる言葉を答えなさい。
　　　「すべて裁判官は、その□□に従い□□してその職権を行い、この憲法及び□□にのみ拘束される。」
問2　裁判所は、国会が作った法律や内閣が作った政令が憲法に違反していないかどうかを判断することができます。このことを何といいますか。
問3　法律や政令が違憲かどうかを最終的に判断する最高裁判所は、とくに何と呼ばれていますか。
問4　司法制度改革の一環で、2009年から国民が裁判に参加する制度ができました。この制度を何といいますか。また、どこで行われる裁判に参加しますか。

> お、知ってる。くじ引きで選ばれるやつ。
> でも裁判所が決まっているの？

📖 つまずき解消ポイント

国会や内閣と同じように、たくさんのはたらきがあると考えていることがつまずきの原因です。
裁判所が行っていることは非常にシンプルなので、正しくとらえることが大切です。

✅ 裁判所のはたらきはシンプル！

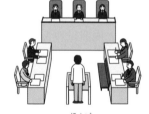

　裁判所の仕事の一つは「国会が制定した法律にもとづいて争いを裁くこと」です。裁判所が常に公平な裁判を行うためには、他の機関だけでなく、他の裁判官からも独立していなければなりません。
　日本国憲法第76条には「すべて裁判官は、その良心に従い独立してその職権を行い、この憲法及び法律にのみ拘束される」とあり、裁判官の独立を保障しています。そのため裁判官は、①心身の故障とされた場合、②弾劾裁判でやめさせられる場合、③最高裁判所の裁判官が国民審査で辞めさせられる場合を除き、やめさせられることはありません。もちろん心身の故障についても、かなり厳しい条件がつけられています。
　もう一つ、裁判所の仕事に「違憲審査」があります。これは国会が作った法律や内閣が出した政令、命令などが憲法違反かどうかを判断することで、すべての裁判所が行います。ただ三審制のある日本では、これを最終的に判断するのは最高裁判所のため、「憲法の番人」とよばれます。

✅ 「憲法の番人」の番をするのは国民！

　国の最高法規である日本国憲法で、国民の権利は「公共の福祉に反しない限り、立法その他の国政の上で、最大の尊重を必要とする（第13条）」と定められています。裁判所は、国会や内閣を見張ることで、国民の権利を守っているのです。ただ、裁判官は主権をもつ国民が直接選んでいるわけではないため、国民審査という制度によって、国民が最高裁判所を見張っているのです。

☑️ 憲法で定められた裁判所は最高裁判所だけ！

憲法では、最高裁判所の設置を唯一定めています。その他の裁判所は、下級裁判所となります。

最高裁判所	憲法で定められた終審裁判所。憲法の番人。	東京に1か所
高等裁判所	下級裁判所における最上位の裁判所。	全国に8か所（各地方に1か所）
地方裁判所	多くの刑事事件・民事事件の第一審を扱う。	全国に50か所（北海道に4か所・各都府県に1か所）
家庭裁判所	家庭内の争いや少年事件を扱う。	
簡易裁判所	交通違反など軽微な事件を扱う。	全国に438か所

高等裁判所は各地方に1つずつあり、札幌・仙台・東京・名古屋・大阪・広島・高松・福岡の8都市です。基本的にはその地方で一番人口の多い都市で、四国地方だけ二番目の高松です。

☑️ 裁判員制度には国民が参加する！

裁判員制度は、裁判に国民の感覚を反映させ、よりわかりやすくするために、くじで選ばれた20歳以上の国民を対象（現在は18歳以上）に、2009年にはじまった制度です。

▶ 裁判員は何をする？

裁判員は、殺人などの重大な刑事事件の第一審（地方裁判所）に参加します。裁判官3名と裁判員6名が担当し、裁判員は裁判官とともに有罪・無罪を判断し、有罪の場合には刑罰も決めます。話し合いで決まらないときは、裁判官1人以上を含む多数決で決めます。裁判員には守秘義務があり、評議内容や被害者・他の裁判員の情報などを周囲に話すことは許されません。

▶ 何が変わった？

まず国民の感覚が反映されるようになったことです。同様の事件でも判決の幅が広がり、裁判員の感覚が反映されています。次に、裁判の内容がわかりやすくなったことです。専門的な法律の知識がない裁判員でも理解できるようにするために、裁判官が工夫しているということです。

▶ 問題点はないの？

辞退率の上昇があげられます。裁判員は、選ばれると原則参加が義務づけられていますが、現状はおよそ3分の2が辞退しています。理由は心理的な負担のほか、家庭の事情などがあげられます。また、第二審となる高等裁判所の裁判で、第一審の裁判員裁判と異なる判決を出すこともあり、国民の感覚をどこまで取り入れるかという模索は続いています。

> **答え**
>
> 問1　最初から「良心」「独立」「法律」となります。
>
> 問2　「違憲審査権（違憲立法審査権）」や「法令審査権」といいます。
>
> 問3　「憲法の番人」といいます。憲法上は「終審裁判所」という位置づけです。
>
> 問4　「裁判員制度」であり、「地方裁判所」で行われる第一審に参加しています。

🖐️ チェック問題

◆国民の感覚を裁判の判決に反映させるため、日本では裁判員制度が設けられています。

問1　この裁判では、裁判官、裁判員それぞれ何名が参加しますか。

問2　裁判員は地方裁判所の裁判に参加しますが、この裁判所は全国に何か所ありますか。

問3　裁判員が参加するのは、犯罪の疑いのある人を裁く刑事裁判です。日本にはこれとは別に個人や企業間の争いを裁く裁判があります。これを何裁判といいますか。

答えは問1が裁判官3名、裁判員6名、問2が50か所、問3が民事裁判です。問3のように、裁判の種類について問われることもあるので、そのちがいについて確認しておきましょう。

刑事裁判と民事裁判

刑事裁判		民事裁判
検察官 ➡ 被告人（ひこく） ※被害者に代わって検察官が訴える。訴えられるのは「個人」である。 ※国家機関は被告人を捜査し、有罪を証明する。証明できなければ無罪。	訴える側 ➡ 訴えられる側	原告 ➡ 被告 ※企業間などの争いもあるため「人」という表現を使わない。 ※国家機関はどちらがより正しいかを判断する。
犯罪や刑罰に関する刑事事件	裁判の内容	財産権（お金）などに関する民事事件
刑法などによって、「有罪」「無罪」の判決を下す。	判決	互いの主張を聞き、その事実にもとづき民法や商法などによって判決を下す。
※第三審は必ず最高裁判所となる。	三審制	

進められる司法制度改革

　国民の感覚を反映させるためにはじまった裁判員制度ですが、それ以外にも司法制度の改革が進められています。

取り調べの可視化（かし）

　2019年から、裁判員裁判対象事件について、取り調べの全面可視化が義務づけられています。可視化とは、取り調べの際に、そのようすを録音・録画することです。これは、かつて取り調べの際に、無実であるにもかかわらず自白等を強要され、冤罪（えんざい）に結びついていたことが要因です。一度自白したとなると、その後撤回（てっかい）するのは難しく、不利になってしまいます。このようなことを防ぐために可視化が進められています。

司法取引

　これは知っている他人の犯罪を明らかにしたり、捜査に協力したりすることによって、自分の罪を減免（げんめん）してもらう制度です。組織的な犯行であるにもかかわらず自供せず情報を得られなかったり、自供を得るために無理な取り調べを行ったりすることが増えてきたことから、取り入れられたものです。協力者として、組織的な犯罪が明らかになることに期待がかかる一方で、罪を軽くするために関係のない第三者を巻き（ま）込む心配がされています。

■ 次の文章を読み、あとの問いに答えなさい。

日本国憲法は第32条で「何人も、裁判所において裁判を受ける権利を奪われない」と定め、国民に裁判を受ける権利を保障している。裁判には人と人との争いを解決する@民事裁判、罪を犯したかどうかを判断する⑥刑事裁判、行政行為の適法性を争う©行政裁判がある。これらの裁判を担当する裁判官は「その　 A 　に従い独立してその職権を行い、この憲法及び法律にのみ拘束される（憲法第76条）」。そのうち、最高裁判所の長たる裁判官は「　 B 　の指名に基いて」天皇が任命（憲法第6条）し、それ以外の裁判官は「最高裁判所の指名した者の名簿によって、　 B 　でこれを任命する（憲法第80条）」とされている。

問1　刑事裁判で「公益の代表者」として裁判に関わる人を何というか、漢字３字で答えなさい。

問2　次の①～③の事例は文中の波線部@～©のどの裁判で扱われるか、あとのア～カから正しい組み合わせを選び、記号で答えなさい。
　①　佐藤さんは知人に貸したお金を返してもらいたい。
　②　田中さんは課せられた税金が納得できないので、払いたくない。
　③　渡辺さんは自転車で走行中、急に飛び出してきたお年寄りを避けきれずに衝突し、けがをさせてしまった。

	ア	イ	ウ	エ	オ	カ
①	@	@	⑥	⑥	©	©
②	⑥	©	@	©	@	⑥
③	©	⑥	©	@	⑥	@

問3　文中の空欄　 A 　と　 B 　に適する語を答えなさい。

問4　次のア～ウの文のうち、正しいものを１つ選び記号で答えなさい。すべて誤っている場合はエと答えなさい。
　ア　日本の明治憲法下で、裁判員制度が導入されていたことがある。
　イ　日本の裁判員制度は、裁判員のみの話し合いで有罪か無罪かを決定する。
　ウ　日本の裁判員制度は、重大な刑事裁判の一審のみで行われる。

問5　裁判官をやめさせるかどうかの裁判を行う弾劾裁判所が設置される国の機関は何か、答えなさい。

問6　国民が直接投票することによって、最高裁判所の裁判官をやめさせることができる制度を何というか、答えなさい。

7 国の政治と何がちがうの？
―地方自治―

住民の権利（けんり）を守るために、地方でも三権分立は行われているの……？
知事も総理大臣も同じようなことをしてるんじゃないの……。

例えばこんな場面で 地方自治について、次の問いに答えなさい。

> 地域のことは地域で考える。当たり前だけど、国とどう分担してるの？

問1 地域住民（ちいき）の意思が政治に反映（はんえい）されやすいことから、
「地方自治は□□□□の学校」といわれます。□□□□にあてはまる言葉を答えなさい。

問2 地方自治をすすめる地方公共団体の仕事として正しくないものを次から1つ選び、記号で答えなさい。
ア 上下水道の整備　イ 警察・消防（けいさつ）　ウ ごみ処理（しょり）　エ 地方裁判所での裁判（さいばん）

問3 国と地方の政治についての文として正しくないものを次から1つ選び、記号で答えなさい。

> 全部地方でやってそうだけど…。

ア 国の政治は二院制だが、地方の政治は一院制で行われている。
イ 国の首相（しゅしょう）は国民が直接選べないが、地方の首長は住民に直接選ばれている。
ウ 国会議員は30歳（さい）以上でなければなれないが、地方議会議員は25歳以上で立候補（りっこうほ）できる。
エ 国の政治と同様に、地方議会は首長の不信任を出せ、首長は議会を解散することができる。

📖 つまずき解消ポイント

地方自治にのみ目が向いていることがつまずきの原因です。せっかく国の政治を学んでいるのだから、国の政治と同じところ、ちがうところを比べながら覚えておくことが大切です。国単位であれば「国民」、地方単位であれば「住民」と区別して使うので注意しましょう。

☑ なぜ地方自治が必要なの？

　日本は1つの国ですが、地域によって気候や産業、文化などが異な（こと）るため、地域の課題（こうれい）もちがいます。高齢者福祉（ふくし）や教育、災害などを考えるとわかりやすいですね。だから地域の政治はその地域の住民が決定し、住民が実行していくことが大切なのです。

　地方自治に関する法律（ほうりつ）が地方自治法。地方公共団体（地方自治体）は「都道府県」と「市町村」の2つあります。地方自治は住民が直接参加し、政治について学べることから「民主主義の学校」とよばれています。

☑ 地方公共団体はどんな仕事をしている？

　地方公共団体は、地方議会で決めた予算に従って（したが）、住民の生活に密接（みっせつ）に関わる仕事を行っています。2つ以上の市町村にまたがる場合や警察は都道府県単位になっています。

- 学校・図書館・道路・上下水道・公園・橋・河川（かせん）などの整備と管理
- 警察・消防といった住民の安全を守る仕事（警察は都道府県単位での設置）
- ごみ処理などの保健衛生の仕事
- 戸籍（こせき）の管理や選挙の仕事

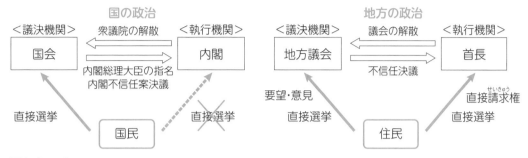

☑ 国の政治とは何がちがうの？

　国も地方も国民・住民にとって大切な仕事をしていることに変わりありません。「議決機関（議会で予算や決まりを決めるところ）」は国は国会、地方は地方議会、「執行機関（議会で決まった予算や決まりをもとに仕事を行うところ）」は国は内閣、地方は首長を長とする役所です。首長とは地方公共団体の長のことをいい、都道府県は「都道府県知事」、市町村は「市町村長」です。

国の政治

<議決機関>　衆議院の解散　<執行機関>
国会 ⇄ 内閣
内閣総理大臣の指名
内閣不信任案決議

直接選挙　国民　直接選挙

地方の政治

<議決機関>　議会の解散　<執行機関>
地方議会 ⇄ 首長
不信任決議

要望・意見　　　　　　直接請求権
直接選挙　住民　直接選挙

▶ **同じところ**

● 国・地方とも、「議決機関」と「執行機関」に分かれて仕事をしている。
● 議決機関と執行機関は、互いに不信任決議権と議会の解散権を持っていて権力が分立している。

▶ **ちがうところ**

● 国の政治では国民は執行機関の長である内閣総理大臣を直接選べないが、地方の政治では住民が執行機関の長である都道府県知事や市町村長を直接選ぶことができる。
● 地方には直接請求権があり、住民が署名を集めて地方の政治に直接参加することができる。
● 司法権を持つ裁判所は国の機関であり、地方では三権分立になっていない。

☑ 首長と地方議会は何をしているの？

　首長は、執行機関の責任者として予算や条例案を作って、地方議会に提出したり、国などとの交渉にあたったりする仕事を行っています。地方議会議員は、議決機関として、予算の審議や決算の承認、条例の制定などの仕事を行っています。いずれも任期は4年です。しかし、被選挙権は、都道府県知事は30歳以上、市町村長・地方議会議員は25歳以上です。

> **答え**
>
> 問1　地方自治は「民主主義」の学校とよばれています。
> 問2　地方裁判所は国の機関であるので「エ」が誤りとなります。
> 問3　衆議院議員は25歳以上で立候補できるので、「ウ」が誤りです。

🖐 チェック問題

◆地方の政治について、次の問いに答えなさい。

問1　地方公共団体の仕事として正しくないものを次から選び、記号で答えなさい。
　　ア　警察　　イ　公園の整備　　ウ　郵便　　エ　戸籍の管理
問2　被選挙権が衆議院議員と同じものを次からすべて選びなさい。
　　ア　東京都知事　　イ　横浜市長　　ウ　愛知県議会議員　　エ　大阪市議会議員
問3　地方の政治では直接請求権が認められています。市町村長をやめさせたいときには、有権者の＿＿＿分の1の署名を集め、その後住民投票で過半数の賛成があれば失職となる。＿＿＿に入る数字を答えなさい。

やめさせるときは3分の1、そうでないときは50分の1

地方自治では、直接民主制のやり方を取り入れ、地域住民の意見を反映できるようにしています。この直接請求権があることが、国の政治と大きく異なる部分だといえます。

請求	必要な署名	請求先	請求後の流れ
条例の制定・改廃	50分の1	首長	議会で審議し、結果を公表
監査	50分の1	監査委員	監査を行い、結果を公表
首長・議員の解職請求 （リコール）	3分の1	選挙管理委員会	住民投票を行い、過半数の賛成で解職
議会の解散	3分の1	選挙管理委員会	住民投票を行い、過半数の賛成で解散

従うべき住民投票、従わなくていい住民投票

住民投票には2つのパターンがあって、結果に従わなければならないものと従わなくてもよいものがあります。

結果に従うべき住民投票

これは直接請求権にもとづく住民投票があげられます。解職請求（リコール）や議会の解散請求がされれば、60日以内に住民投票が行われますが、この結果には必ず従わなければなりません。これは地方自治法に規定されています。

また、ある地方公共団体にのみ適用される特別法を国会が制定しようとしたときには住民投票を行い、賛成を得なければなりません。これは日本国憲法に規定されていますが、このような特別法は1952年を最後に作られていません。

結果に従わなくてよい住民投票

これは地方公共団体が条例を制定して行う住民投票です。「原子力発電所を建設してよいか」「米軍基地移設に賛成か反対か」といった、地域住民の賛否を問うために行われる住民投票です。これは国の政策とずれている場合など、投票の結果を必ずしも実行できないことがあるので、「結果を尊重する」程度の条例とすることが多いです。いわば住民アンケートのような住民投票です。この場合は対象者を自由に決めることができ、外国人や18歳未満に投票権を与えることもできます。

■ 中央集権と地方分権を行ったり来たりの日本の歴史

現在は日本国憲法において地方自治が保障されており、いわば国が地方にも権限を認めている状態といえます。このような地方にある程度の権限を持たせる状態のことを「地方分権」といいます。この反対が「中央集権」です。歴史を振り返ると、戦前は天皇を中心とする中央集権、その前の江戸時代は各大名に藩の政治をまかせる地方分権、その前は豊臣秀吉が全国統一して中央集権の要素が強くなった……このように中央が力を持つか、地方に力を分けているかという視点で日本の歴史を見ると、またちがった歴史が見えてくるかもしれません。

■ 次のXとYの文章を読み、あとの問いに答えなさい。

X

地方自治法は、「①地方公共団体の組織及び運営に関する事項は、地方自治の本旨に基いて、法律でこれを定める。」と定められた憲法第92条にもとづいて制定されました。

地方自治とは、その地域の住民が自ら政治を行っていくことであり、地方自治を行う組織を地方公共団体といいます。この地方公共団体は、都道府県と市区町村から成り立っています。そのおもな機関として②地方議会と首長（都道府県知事や市町村長）が置かれています。

問1　下線部①について、地方公共団体が制定する、その地域のみに適用される独自の決まりを何というか、漢字2文字で答えなさい。

問2　下線部②について述べた文として誤っているものを次のア～エから一つ選び、記号で答えなさい。
　ア　首長の被選挙権はすべて35歳以上である。
　イ　地方議会は国の国会と異なり一院制である。
　ウ　住民には首長の解職を求める解職請求が認められている。
　エ　地方議会議員や首長の任期はすべて4年である。

Y

「地方自治は【　　　】の学校である。」という言葉がありますが、地方の政治は、住民が【　　　】を学び、政治に参加する機会となっています。具体的には、住んでいる都道府県や市町村で、直接請求権という権利が認められており、住民は、署名を集めてふさわしくないと思う③首長や議員の解職を直接請求することができます。また、④住民投票によって、地域住民の意思を問うこともあります。

問3　下線部③について、有権者が45000人いた場合、この請求には何人以上の有権者の署名が必要ですか。「何人以上」という形で答えなさい。

問4　下線部④について、次のA・Bの住民投票がかつて行われた都市の名前をあとのア～カからそれぞれ一つずつ選び、記号で答えなさい。
　A　吉野川河口堰の建設　　　B　米軍ヘリポート基地の建設
　ア　沖縄県名護市　　イ　徳島県徳島市　　ウ　新潟県刈羽村
　エ　岐阜県御嵩町　　オ　岡山県備前市　　カ　長野県平谷村

問5　【　　　】に入る語句を漢字4字で答えなさい。

8 税金って何に使われているの？
―国と地方の財政―

間接税は、払う人と納める人がちがう…ってどういうこと？ 消費税は誰もが同じ税率……だから「不公平」なの？

例えばこんな場面で 国の財政について、次の問いに答えなさい。

歳入と歳出。
これは年によってちがうのでは？
社会の変化とかが関係するのかな？

問1　予算案は、内閣が作成しますが、このとき中心となるのは何省ですか。
問2　国の歳入のうち、もっとも多いものを次のア～エから選びなさい。
　　　また、国の歳出のうち、もっとも多いものをカ～ケから選びなさい。
　　　ア　消費税　　イ　所得税　　ウ　法人税　　エ　公債金
　　　カ　国債費　　キ　社会保障費　　ク　地方交付税交付金　　ケ　公共事業費
問3　税金には直接税と間接税があります。一般的に公平な税金はどちらといわれていますか。

税金に公平とか不公平とかあるの？
公平じゃなきゃだめだよね。

📖 つまずき解消ポイント

たくさん出てくる細かな用語が整理されていないことがつまずきの原因です。まずは「国に入ってくるお金（歳入・税金）」と「国が使うお金（歳出）」について大まかに知ることが大切です。

☑ 国の予算ができる流れは？

　国の予算は、内閣が作成して国会で議決されますが、もう少し細かなところまで知りましょう。
　内閣の中でも予算の原案を作るのが財務省です。そして、閣議決定を経て予算案として国会に送られます。予算案は1月に召集される通常国会で、衆議院が先に審議します。予算の先議権です。そして衆議院で議決された予算は参議院に送られて審議・議決され、成立します。予算は4/1～3/31の期間のもの。4/1に間に合うように通常国会で審議が進められます。

☑ 税金の種類ってどう覚えればいい？

　税金は国に納める国税と地方に納める地方税に分かれます。また、税は負担する人と納める人が同じ直接税と、ちがう間接税に分かれます。こう書くと難しく感じますが、かんたんにいうと、間接税は購入する際の「価格」にすでに含まれている税金です。
　間接税は、収入にかかわらず同じ商品を買えば同じ税金を払うことになるため、所得の少ない人ほど負担が重く、不公平になりやすい税金です。だから生活必需品の消費税を低くおさえる軽減税率などが考えられたわけです。一方直接税の所得税などでは、収入が多くなるほど税率が高くなる累進課税のしくみをとっており、より公平な税金といえます。

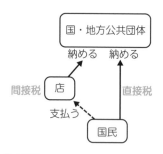

	国税	地方税
直接税	所得税 法人税	住民税
間接税	消費税 関税・酒税	地方消費税 たばこ税

☑ 国の歳入と歳出

歳入と歳出は同じ金額です。日本は大体100兆円を超える予算規模になっています。

▶ 国に入ってくるお金・歳入

割合がもっとも大きい「公債金」。これは一言でいうと国（政府）の借金です。税収入だけでは不足する場合に、国債を発行して借金をするしくみで、買うのはおもに日本銀行や民間銀行です。民間銀行のお金は国民の預金も多いため、こちらは国民からお金を借りているともいえます。この公債金は、国民ではなく、あくまで国（政府）の借金です。

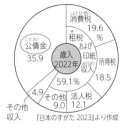

「日本のすがた 2023」より作成

▶ 国が使うお金・歳出（多くは『〇〇費』となる！）

注目したいのは2つ。まずは「国債費」です。借りた公債金に利子をつけて返済しているお金です。グラフを見ると、公債金より割合が低いことから、借金をして借金の返済をしていることがわかります。

次に、もっとも割合が大きい「社会保障費」。これは生存権にもとづき、国が国民の生活の保障に使うお金です。日本は高齢化が進み医療費などが増加しているのに加え、少子化で歳入の伸びも期待できないことから、消費税の増税や介護保険制度の導入など、さらなる財源の確保が進んでいます。要するに国民の負担が増えており、大きな課題となっています。「社会保障関係費」ともいいいます。

「日本のすがた 2023」より作成

☑ 地方の歳入と歳出

▶ 地方の歳入

地方は自主財源では足りず、国からの交付金や地方債に頼らざるを得ません。使い道が自由な地方交付税、使い道が決められた国庫支出金、地方公共団体が借金する地方債。半分近くが他からの財源です。

「日本のすがた 2023」より作成

▶ 地方の歳出（多くは『〇〇費』となる！）

もっとも割合の大きな民生費は、地方公共団体が福祉のために使うお金です。地方でも高齢化の影響が出ているということです。

答え

問1　予算案の作成で中心的な役割を担うのは「財務省」です。

問2　歳入で多いのは公債金の「エ」、歳出で多いのは社会保障費の「キ」です。

問3　間接税は収入に関わらず一律で同じ税率となるため、収入に応じて税率が変わる「直接税」のほうが公平といえます。

👆 チェック問題

◆国や地方公共団体の財政について、次の問いに答えなさい。

問1　国の予算は、どの機関が作成して、どの機関が議決しますか、それぞれ答えなさい。

問2　国や地方の歳入にある公債金・地方債とは何のことですか。かんたんに説明しなさい。

問3　国や地方では、近年国民や住民の福祉にかけるお金が増加しています。国の歳出の社会保障費のうち、とくに多く使われているものを次の中から2つ選びなさい。

　　ア　介護給付費　　イ　少子化対策費　　ウ　年金給付費　　エ　医療給付費　　オ　雇用労災対策費

社会保障費の内訳

社会保障費のうち、割合が大きいのは、年金給付費、医療給付費です。

		生活扶助等社会福祉費	介護給付費	
年金給付費 35.2%	医療給付費 33.3	11.5	9.9	その他 10.1

36兆2735億円

『日本国勢図会 2022/23』より作成

　年金については、少子化にともない人手不足が生じている日本において、今後ますます高齢者
や女性の雇用を広げていく必要があると考えられています。年金を受け取る年齢を遅らせて金
額を上げたり、パートタイムなどの短時間労働者にも社会保障の適用範囲を広げたりする改革は
そのためです。

　医療も、高齢者の増加とともに年々費用が増え、今後も増えることが予想されています。75
歳以上を後期高齢者として別の制度として財政支援し、窓口負担のほか、保険料の負担を求める
などの後期高齢者医療制度が作られたのも、安定した財源確保のためです。

国債残高の増加

　前のページの国の歳出の国債費と歳入の公債金を見てください。返す割合よりも新たに借りる
割合のほうが高くなっています。ここからいえるのは、国（政府）の借金が毎年増え続けている
ということです。下のグラフは、日本の国債残高を示したものです。赤字国債とは、財政が赤字

のときに発行される国債のことで
す。

　国債残高はあくまで国（政府）の
借金であって、日本国民のものでは
ありません。むしろお金を貸してい
るのは日本国民でもあるので、国民
の資産ととらえることもできます。

　しかし、借りたお金は利息をつけ
て返さねばなりません。返すのはも
ちろん国（政府）ですが、国民が納

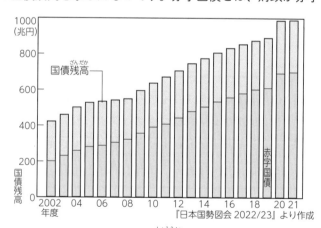

『日本国勢図会 2022/23』より作成

めた税金から返済をしていくことになります。今している借金が、将来の世代から借りていると
いわれるのはそのためです。

　少子高齢化が進み、ますます働く世代の負担が増えていることから、現在歳入の３〜４割に及
ぶ借金（国債発行）に頼らなくても済むよう改革が求められてきましたが、新型コロナウイルス
対策で歳出が拡大したこともあり、今後も国債残高は増えることが予想されています。

■ 2022年度における日本の一般会計予算案に関する次の資料を見て、あとの問いに答えなさい。

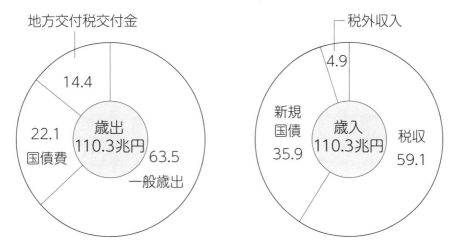

問1　歳入の多くは税収が占めています。次のア〜エの項目を税収の高い方から順に並べかえたとき、3番目になるものを記号で答えなさい。
　　ア　消費税　　イ　所得税　　ウ　法人税　　エ　相続税

問2　一般歳出を構成する項目として最も金額の大きいものを答えなさい。

問3　国債は財政収入の不足を補うために国が発行する債券ですが、この国債の売買によって国内の通貨量を調節することができます。このような金融政策を行っている機関名を漢字4字で答えなさい。

問4　地方交付税交付金について説明した文として正しいものを次のア〜エから1つ選び、記号で答えなさい。
　　ア　すべての地方公共団体が交付の対象で、交付されていない地方公共団体はない。
　　イ　国が地方公共団体に対して支出する補助金で、使い道は指定されている。
　　ウ　国から地方公共団体に交付され、使い道は自由であるが返済しなければならない。
　　エ　地方公共団体の財政収入の格差を埋めるために、国から地方公共団体へ交付されている。

問5　消費税について説明した文として正しいものを次のア〜エから1つ選び、記号で答えなさい。
　　ア　昭和の始まりとともに導入され、初めは3％であった。
　　イ　平成の始まりとともに導入され、初めは5％であった。
　　ウ　この税金は、所得が多くなるにつれて税率が高くなる。
　　エ　この税金は、納税者と実際に負担する者が異なる間接税にあたる。

9 全部覚えなきゃだめなの？
―日本の選挙―

こんなつまずきありませんか？

参議院の比例代表は148？100？ そして半数を改選って…細かな数字は必要？ 選挙区とか比例とか…全部同じ選挙なら覚えやすいのに……。

例えばこんな場面で 日本の国政選挙について、次の問いに答えなさい。

問1 右の表の1～4に正しい数字を入れなさい。
問2 日本の選挙は何という法律で定められていますか。
問3 選挙には4つの原則があるといわれます。この原則にあてはまらないものを選びなさい。
　　ア 平等選挙　　イ 秘密選挙
　　ウ 間接選挙　　エ 普通選挙

どれもありそうだ…ちがうのはあるの？

問4 近年、議員定数が変更になったり、2つの県を合わせたりするなど、選挙改革が進められています。このような改革が進められる理由となる問題を5字で答えなさい。

衆議院		参議院
1 人	議員定数	2 人
4 年	任期	3 年
25歳以上	被選挙権	4 歳以上

出るのはわかっているけど…なかなか覚えられなくて。

📖 つまずき解消ポイント

数字で混乱するなら、両院を一緒に覚えようとしていることがつまずきの原因です。どちらか基準とする議院を決めて、まずは一つの議院を正確に覚えることが大切です。ただ選挙のなかった年は、入試で細かなことまで問われないことが多いので気にしすぎなくてOK。逆に選挙があった年であれば、結果まで含めて問われるので、時事として対策をする必要があります。

☑️ **選挙の原則って…？**

　選挙には4つの原則があります。わざわざ原則というのは、以前はちがったということ。日本国憲法以前とくらべて考えると、特徴をつかみやすいものもあります。

投票箱

普通選挙…財産や性別などに関係なく、一定の年齢になれば選挙権が与えられるということ。逆に納税額や性別で制限される選挙を**制限選挙**という。日本国憲法には「成年者による普通選挙を保障する」とある。

秘密選挙…誰に投票したのか他人に知られないということ。「投票の秘密」ともいい、日本国憲法で保障されている。明治時代、最初は責任を明確にするために投票用紙に住所、氏名を書き、押印していたが、明治時代の後半以降は秘密選挙となった。

平等選挙…平等に一人が一票の選挙権を持つということ。憲法で「法の下の平等」として規定されている。しかし近年は選挙区によって一票の価値が異なる「一票の格差」が問題となっている。訴訟も起きており、違憲・違憲状態の判決も出ている。

直接選挙…有権者が、直接議員を選ぶということ。

　このほか、自由な意思によって投票を行うことを保障した「自由選挙」を含む場合もあります。

☑ 衆議院と参議院の選挙制度

なぜ複雑な選挙制度をとっているのでしょうか。これは**より多くの国民の意見を取り入れるた**めです。もし1つの選挙方法なら、同じような意見の人が集まってしまいます。ものごとは早く決まるかもしれませんが、少数意見が届かなくなってしまう可能性があります。

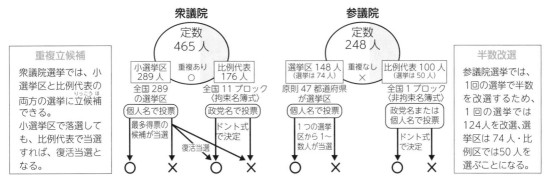

☑ 政党名で当選者を決める比例代表制って…？

比例代表では、各政党が獲得した得票数をもとに**ドント式**で議席が決まります。衆議院選挙では「政党名の総数」で、参議院選挙では「政党名＋候補者名の総数」で議席を決めます。

定数4	A党	B党	C党
得票数	600票	450票	240票
÷1	①600	②450	④240
÷2	③300	225	120
÷3	200	150	80
当選者	2名	1名	1名

①ドント式は得票数を1，2，3…の整数で割り、その数値の大きい

順に議席数を決めます。定数4の右の表ではA党2名、B党1名、C党1名となります。

②ドント式で獲得議席数を決めたあと、誰が当選かを決定するのが「名簿」です。

▶ 衆議院の拘束名簿式

政党ごとに順位のついた名簿を先に提出しておき、議席数が決定したあとで、名簿の上位から順番に当選します。ただし小選挙区で当選した場合は、そちらの当選を優先させます。

▶ 参議院の非拘束名簿式

順位なしの名簿を作成しておき、選挙の結果、個人の得票数が多い順に順位をつけ、その上位から当選します。今は特定枠が設けられ、参議院選挙でも政党が事前に順位を決められます。

> **答え**
> 問1 1は「465」、2は「248」、3は「6」、4は「30」となります。
> 問2 選挙制度について定めているのは「公職選挙法」です。
> 問3 日本は直接選挙を行うことが定められているので「ウ」が誤りです。
> 問4 いわゆる「一票の格差」です。

✋ チェック問題

◆日本の選挙について、次の問いに答えなさい。

問1 平等選挙に反するとされる、おもに都市部で一票の価値が低くなる問題を何といいますか。

問2 日本の国政選挙では、候補者を選ぶ選挙区選挙と政党を選ぶ○○代表選挙を組み合わせて行われています。○○に入る言葉を漢字2字で答えなさい。

問3 日本で最初に女性の国会議員が誕生したのは何年ですか。

答えは問1が一票の格差、問2が比例、問3が1946年です。問3のように、選挙については現代の選挙だけではなく、選挙権の拡大についても問われることがあります。ここでは、明治以降の選挙権の拡大について確認しておきましょう。

選挙権の拡大

1890年に最初の衆議院議員選挙が実施されてから、人びとの意識の高まりとともに、選挙権が拡大してきました。大日本帝国憲法のもとでの被選挙権は、性別や納税額は選挙権と同じで、年齢だけ「30歳以上」でした。

選挙法の成立	年齢	性別	納税額	人口比
1889年（1890年）	25歳以上	男子	直接国税15円以上	1.1%
1900年（1902年）	25歳以上	男子	直接国税10円以上	2.2%
1919年（1920年）	25歳以上	男子	直接国税 3 円以上	5.5%
1925年（1928年）	25歳以上	男子	制限なし	20.0%
1945年（1946年）	20歳以上	男女	制限なし	48.7%
2015年（2016年）	18歳以上	男女	制限なし	83.6%

※（ ）内は選挙法成立後に選挙が実施された年

> 自由民権運動の結果だ！

> 大正デモクラシーの結果だ！

> GHQによる改革の結果だ！

●普通選挙法の制定（1925年）

1925年に普通選挙法が成立しています。実際は女性の参政権が認められていなかったので、普通選挙とはいいがたいですが、男子に限って制限のない選挙が実施されるようになり、有権者の数は増えたことがわかります。ただ、気をつけておきたい点が2つあります。

1つ目は直前に治安維持法が出されていること。発言力が高まるということは、国にとって不都合な考え方も出てくるかもしれません。そこで事前に、取り締まる法律を作っていたのです。

2つ目は現在もある立候補者に対する供託金制度の導入です。売名が目的であったり、真剣ではなかったりする立候補を減らすためにできた制度で、立候補の際にお金を預け、一定の票の獲得がなければ没収されるというものです。1925年の選挙法改正で取り入れられ、このときは2000円の供託金を納める必要がありました。当時の大卒の初任給が50円であり、投票する権利は与えても、国会議員に立候補するハードルは高くしていたのです。

●婦人参政権の導入（1945年）

1945年にGHQによって選挙法が改正され、翌年の1946年の4月に衆議院選挙が行われています。ここでは39人の女性議員が誕生しました。これは日本国憲法公布の前であることから、日本国憲法の審議に女性議員が参加していたということがわかります。

●北海道・沖縄の人びとの選挙権

北海道は江戸時代に蝦夷地とよばれ、沖縄は明治時代の初めまで琉球王国があり、他の地域とは異なる形で選挙権が拡大していくことになります。北海道に選挙権が拡大したのは1902年のことで（北海道全域は1903年）、沖縄県は1912年3月でした（沖縄県全域は1920年）。大正時代に入るのが1912年7月なので、沖縄は明治時代の最後にようやく選挙権を獲得したことがわかります。もちろん、当時の選挙法が施行されたため、女性に選挙権はありませんでした。

■ 次の文章を読み、あとの問いに答えなさい。

> 日本の①国会は、衆議院と参議院からなっていますが、それぞれの②議員を選ぶ選挙の方法は異なっています。衆議院について見ると、衆議院議員の総選挙は、小選挙区制と比例代表制を組み合わせたしくみをとっています。小選挙区制というのは、一つの選挙区から、最も多い票を得た一人だけが当選する、というしくみです。比例代表制というのは、選挙区の有権者は原則として候補者個人ではなく③政党に投票し、各政党は得票率に従って議席を比例配分される、というやり方です。参議院の選挙のしくみは、またこれとちがいます。

問1　下線部①について、参議院について述べた説明文として正しいものを、次のア～エから一つ選び、記号で答えなさい。

　ア　参議院議員は、衆議院議員よりも人数が少なく、任期は3年である。

　イ　参議院議員の選挙は、都道府県単位で行われ、人口に比例して各都道府県に4名以上の定員が割り振られている。

　ウ　参議院は、衆議院とちがって任期途中での解散がない。

　エ　参議院は衆議院が可決した法案に対して、拒否権をもっている。

問2　下線部②について、国会議員や地方議員を選ぶときのルールを定めた、日本の法律の名前を漢字5字で答えなさい。

問3　下線部③について、日本の政党のあり方について述べた説明文として正しいものを、次のア～エから一つ選び、記号で答えなさい。

　ア　日本では、法律によって新たな政党の結成は禁じられている。

　イ　立候補者個人ではなく、政党によって選ぶ選挙を比例政党選挙という。

　ウ　衆議院で多数を占める政党を与党といい、この与党から内閣総理大臣が出ている。

　エ　国会議員や地方議員は、必ずいずれかの政党に所属している。

問4　戦前の大日本帝国憲法下での選挙制度は現在の選挙制度とちがい、制限がありました。戦前の選挙制度について誤っているものを次のア～エから一つ選び、記号で答えなさい。

　ア　1890年の選挙では、一定の税金を納める25歳以上の男子に選挙権が認められた。

　イ　貴族院議員を国民が選ぶ選挙は行われなかった。

　ウ　沖縄の人々に選挙権が認められたのは、20世紀になってからだった。

　エ　女性の選挙権は、1925年に普通選挙制度が定められたことで、認められた。

問5　選挙区ごとの議員一人あたりの有権者数に大きな格差があるという、「一票の格差」の問題に関して、誤っているものを次のア～ウから一つ選び、記号で答えなさい。

　ア　同じ定数1の小選挙区で、有権者が20万人のA選挙区、10万人のB選挙区があったとき、一票の格差は2倍である。

　イ　日本国憲法第25条の生存権に反するとして、日本各地で多くの訴訟が行われている。

　ウ　大都市の選挙区と過疎地を多く抱える選挙区では、一般的に大都市の選挙区のほうが一票の重みが軽くなるといえる。

10 世界の平和と安全、守れているの？
―国際連盟と国際連合―

国際連合ってたくさんの機関があって覚えられない……。国際連合があるのに、どうして戦争を防げないの？

例えばこんな場面で 国際連合の6つの主要な機関について、次の問いに答えなさい。

問1　国際連合はさまざまな仕事をしていますが、次の①～③の仕事をしているのはどの機関ですか。あとのア～オから選び、記号で答えなさい。
　　① 国家間の法的な争いを裁く機関　　② 全加盟国が参加する国際連合の最高機関
　　③ 国際連合の各機関のための業務を調整、処理する機関
　　　ア 事務局　　イ 総会　　ウ 国際司法裁判所　　エ 経済社会理事会　　オ 信託統治理事会

問2　国際連合の安全保障理事会には5つの常任理事国がありますが、この国を次からすべて選びなさい。
　　ア アメリカ　　イ イギリス　　ウ イタリア　　エ カナダ　　オ 中国
　　カ ドイツ　　キ ブラジル　　ク フランス　　ケ メキシコ　　コ ロシア

問3　国際連合は第二次世界大戦後に、それまであったある機関の反省をふまえて設立されました。国際連合の前にあった、世界の平和と安全を守るための機関の名を答えなさい。

6つの主要機関か…何だったっけ？

覚え方、教わったぞ…でも似たのがある。どれだろう？

📖 つまずき解消ポイント

多くの機関をまとめて覚えようとしていることがつまずきの原因です。まずは6つの主要機関を確実に覚えることが大切です。そのうえで、国際連合の特徴や課題点をつかんでいきましょう。

☑ 国際連合の目的って？

　国際連合憲章第1条に「国際（世界）の平和及び安全を維持する」とあります。「維持」とあるのは、第二次世界大戦で勝利した連合国が、自分たちが作った平和を「維持」するために作った組織だからです。日本やドイツ、イタリアが加盟できなかった理由がここからわかります。

☑ 6つの主要機関って？

　主要機関は、その仕事内容とともに確実に覚えましょう。まずは全加盟国が参加する総会、調整役の事務局、争いを裁く裁判所のほか、3つの理事会がある、と全体をつかみましょう。

> **総会**…すべての加盟国の代表が集まる最高機関。一国一票の投票権をもち、通常は過半数で決定される。毎年9月に開かれる通常総会のほか、特別総会や緊急特別総会もある。
> **事務局**…数多くある機関のための業務を行う。最高責任者は事務総長。
> **国際司法裁判所**…15人の裁判官が国家間の法的な争いを裁く。オランダのハーグにある。
> **安全保障理事会**…世界の安全と平和の維持に主要な責任をもつ。拒否権をもつアメリカ・フランス・ロシア・中国・イギリスの5か国の常任理事国と、10か国の非常任理事国からなる。
> **経済社会理事会**…多くの専門機関をもち、世界の問題に対して国際協力を進めている。
> **信託統治理事会**…1994年に活動を中止。民族の自治や独立を支援する。

☑ 国際連盟の反省って？

　国際連盟では、第二次世界大戦を防ぐことができませんでした。2つの組織を比べながら、反省とは何かを確認しましょう。いずれも世界平和の実現を目指した組織です。

	国際連盟	国際連合
発足した年	1920年 第一次世界大戦後	1945年10月 第二次世界大戦後
本部	スイスのジュネーブ	アメリカのニューヨーク
反省① 大国の参加	大国で不参加…アメリカ 途中から参加…ソ連（のちに除名）・ドイツ 途中で脱退…日本・ドイツ・イタリア	アメリカ・ソ連が最初から参加 ※大国一致の原則
反省② 制裁	経済制裁のみ	経済制裁のほか、武力制裁も可能に
反省③ 議決方法	全会一致で決定	多数決で決定

反省①　当時の大国が参加していなかったことは大きい。そのため国際連合は、最初から大国が参加できるしくみとしました。とくに大国同士の意見の対立が第二次世界大戦の火種にもなったので、国際連合では安全保障理事会の常任理事国に拒否権が与えられ、大国同士で意見が対立したときには、そもそも決定しないという原則を作りました。

反省②　違反した国に対して、貿易をしないなどの経済制裁しか行えませんでした。国内でまかなえるだけの資源を持つ国や、侵略によって資源を奪う国に対しては、有効な対策をとることができませんでした。そこで国際連合は、経済制裁のほか、国連軍による武力制裁を行えるようにして、紛争に対抗できるようにしました。

反省③　国際連盟の総会や理事会では、原則全会一致でものごとを決めようとしました。そのため、一か国でも反対すると何も決まりませんでした。そこで国際連合は、原則多数決とし、重要事項であっても3分の2の賛成という「決められる体制」を作りました。

☑ 国際連合の分担金って？

　国際連合の運営は、各国の分担金で行われています。分担金は、経済規模に応じて決められるもので、長らく日本はアメリカに次ぐ2位でした。しかし経済発展によって中国が大きく増加し、現在はアメリカ・中国・日本の順番になっています。

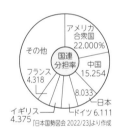

国連分担率
アメリカ合衆国 22.000%
中国 15.254
日本 8.033
ドイツ 6.111
イギリス 4.375
フランス 4.318
その他
『日本国勢図会2022/23』より作成

答え

問1　①は国際司法裁判所で「ウ」、②は総会で「イ」、③は事務局で「ア」です。

問2　アメリカ・フランス・ロシア・中国・イギリスなので、「ア・イ・オ・ク・コ」です。

問3　国際連合以前にあったのは「国際連盟」です。

👆 **チェック問題**

◆国際連合は主要な6つの機関のほか、多くの専門機関や補助機関から成り立っています。

問1　国際連合の中で、最高機関とされる機関は何ですか。

問2　国際連合の補助機関で、発展途上国の児童への援助を目的とする機関は次のうちどれですか。
　　ア　UNEP　　イ　UNICEF　　ウ　UNESCO　　エ　UNHCR

問3　国際連合の専門機関で、感染症が広がるのを防ぐなど人びとの健康増進を目的とする機関はどこですか。アルファベット3文字で答えなさい。

✎ **得意にするための1歩**

答えは問1が総会、問2がイ、問3がWHO です。このように、国際連合は主要機関だけでなく、その補助機関や専門機関についても問われることがあります。とくに苦手と感じる人が多い、アルファベットの機関について、ここで確認しておきましょう。

国際連合の補助機関・専門機関

　細かな位置づけなどは必要なく、どの機関がどんな仕事をしているのかを確認します。最初にUNがつくと「国連〜」、Wであれば「世界〜」、Iであれば「国際〜」となります。まずはこのページで紹介（しょうかい）している機関をおさえておきましょう。

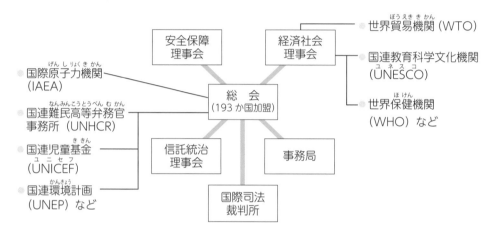

● 似ている機関

UNESCO（ユネスコ：国連教育科学文化機関）

教育・科学・文化を通して平和を守る事業を行います。ユネスコ憲章の前文は覚えましょう。

> 戦争は人の心の中に生まれるものであるから、人の心の中に平和のとりでを築かなければならない。

※ユネスコの3大事業に、「世界遺産（いさん）」「世界無形文化遺産」「世界の記憶（きおく）」があります。

UNICEF（ユニセフ：国連児童基金）

もとは戦後の子どもの生活支援や貧困（ひんこん）解決をめざした組織でしたが、現在は発展途上国をはじめとする児童に対する援助を行っています。活動の指針（ししん）に「子どもの権利条約」があります。

WTO（世界貿易機関）

自由貿易を推進（すいしん）することが目的。貿易に関する国同士の対立をなくすことをめざしています。

WHO（世界保健機関）

国を越えた感染症の広がりをおさえ、人びとの健康増進をめざすことを目的とする機関です。

● その他入試に出る機関

IAEA（国際原子力機関）

原子力の平和利用を進める機関。核兵器（かく）への軍事転用がないかなども調査しています。

UNHCR（国連難民高等弁務官事務所）

災害や戦争などにより国境を越えて避難（ひ）する人を難民といい、こうした問題を扱（あつか）う機関です。

UNEP（国連環境計画）

1972年の国連人間環境会議での決議にもとづき、地球環境問題の解決をめざす機関です。

■ 次の文章を読み、あとの問いに答えなさい。

> 第一次世界大戦後、集団安全保障のしくみは国際連盟によって実現された。この国際連盟はアメリカ大統領（　あ　）によって提唱された歴史上初の平和の維持をめざす国際機構であった。しかしながら、a 二度目の世界大戦を防ぐことができなかった。
>
> 　二度に渡る大戦を経験した世界はこうした悲劇をくり返すまいと、51か国が国際連合憲章に署名し、1945年（　い　）月に国際連合が設立された。国際連合の目的は、国際平和の維持や緊張の緩和であり、こうした目的を実現するために b 6つの主要機関と補助機関が設置された。
>
> 　国連憲章は、武力紛争が発生した場合には（　う　）軍がその解決にあたることを規定した。また、国連憲章上の規定はないが、安全保障理事会の決議にもとづき、紛争拡大の防止、停戦監視などを行う国連平和維持活動（PKO）が世界各地で展開されている。

問1　空欄（　あ　）〜（　う　）に適する語句を次のア〜カから一つずつ選びなさい。

ア　5　　　イ　10　　　ウ　ウィルソン　　　エ　ルーズベルト

オ　国連　　カ　多国籍

問2　下線部aに関して、国際連盟の特徴を述べた文章の正誤をア〜クから一つ選びなさい。

A　大国のアメリカは当初より不参加であった。

B　総会や理事会は全会一致方式がとられていたため、実質的な審議が困難であった。

C　集団安全保障が採用され、武力制裁・経済制裁ともに認められていた。

ア　A　正　　B　正　　C　正　　　　イ　A　正　　B　正　　C　誤

ウ　A　正　　B　誤　　C　正　　　　エ　A　正　　B　誤　　C　誤

オ　A　誤　　B　正　　C　正　　　　カ　A　誤　　B　正　　C　誤

キ　A　誤　　B　誤　　C　正　　　　ク　A　誤　　B　誤　　C　誤

問3　下線部bに関して、以下の問いに答えなさい。

(1)　2017年1月から国連の事務総長に就いているポルトガル出身の人物の名を答えなさい。

(2)　安全保障理事会には5か国の常任理事国と10か国の非常任理事国とが出席するが、常任理事国ではない国を次のア〜クからすべて選びなさい。

ア　日本　　　　イ　アメリカ　　ウ　カナダ　　エ　ドイツ

オ　フランス　　カ　中国　　　　キ　ロシア　　ク　イタリア

(3)　6つの主要機関と補助機関に関する文章で正しいものを次のア〜エから一つ選びなさい。

ア　総会が開かれる国際連合の本部はスイスのジュネーブにある。

イ　総会は毎年、1月に開催され会期は150日間である。

ウ　国際連合は各国の分担金でまかなわれており、日本は2番目に多く支払っている。

エ　信託統治理事会は本来の業務が終了したため、現在は活動を中止している。

こんなつまずきありませんか？

どこで環境問題が起こっているのか、世界地図から選べない。環境問題の原因とか、影響とかも説明できない……。

例えばこんな場面で 次の環境問題に関して、あとの問いに答えなさい。

A　酸性雨　　　B　砂漠化　　　C　オゾン層の破壊　　　D　熱帯雨林の減少

4つの環境問題、知ってる。でも原因となると…自信がないなぁ…。

問1　上のA〜Dの環境問題の原因は何ですか。ふさわしいものを次から選びなさい。
　　ア　家畜の放牧のしすぎや干ばつ　　　イ　自動車や工場から出る硫黄酸化物
　　ウ　冷却剤などに含まれるフロンガス　　エ　輸出向けの森林の大量伐採
問2　次の地域でとくに問題となっているのは、A〜Dのどれですか。記号で答えなさい。
　　①　ヨーロッパや北アメリカの東側
　　②　東南アジアや南アメリカの赤道付近

地域か…地図があるとイメージがわくんだけど…。

問3　2015年にパリで会議が開かれ、「パリ協定」が採択されましたが、これはどのような環境問題に対応するためのものですか。漢字5文字で答えなさい。

📖 つまずき解消ポイント

環境問題について、必要事項を整理して覚えられていないことがつまずきの原因です。また、**世界地図を見慣れていないこと**も原因になる可能性があります。原因・影響・場所について、他の環境問題と何が異なっているのかをふまえて覚えておくことが大切です。

☑️ **どこでどんな環境問題が起きている？**

　環境問題は、人間の活動によって起こる問題です。だから、どんな場所で、どうしてそこで起こっているのか、背景にある人間の活動に注目してとらえておきましょう。

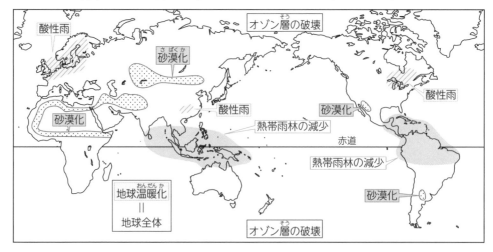

☑ おもな環境問題を確認しよう！

● **酸性雨**

原因	影響
自動車や工場から出る硫黄酸化物や窒素酸化物が原因。大気中で化学反応を起こし、強い酸性の雨となる。	森林を枯らし、湖の生物を死滅させる。大理石などの文化財を溶かすことも報告されている。

→とくに工業が発達しているヨーロッパや北アメリカの東海岸、中国の沿岸部での被害が大きくなっています。工業をさかんにしようとしている国にも徐々に広がっている問題です。

● **砂漠化**

原因	影響
家畜を放牧しすぎて草を食べつくすことや、雨が降らない干ばつなどが原因。	植物を育てる土地の生産力が低下して、植物が育たなくなり、砂漠が広がっていく。

→アフリカのサハラ砂漠周辺やユーラシア大陸の内陸部、オーストラリア全域などの乾燥地帯を中心に、世界各地に広がりつつある問題です。

● **オゾン層の破壊**

原因	影響
エアコンや冷蔵庫に使われていたフロンガスが原因。宇宙空間からの紫外線を防いでいるオゾン層を破壊する。	地上に降り注ぐ紫外線が強くなり、皮膚がんや目の病気を発症させることが増える。

→南極のオゾンホールは聞いたことがあると思いますが、それ以外の地域でも年や時期によってオゾン層が薄くなることがわかっています。世界全体の問題です。

● **熱帯雨林の減少**

原因	影響
森林を焼いて農地にする焼畑農業や、途上国が先進国向けに輸出するために森林を伐採しているのが原因。	動植物の絶滅や洪水などの災害につながる、二酸化炭素の吸収が減ると温暖化にもつながる。

→赤道付近にある熱帯雨林（ジャングル）で、とくに東南アジアや南アメリカのアマゾン川流域での減少が進んでいます。日本も木材を輸入してきているので、無関係ではありません。

● **地球温暖化**

原因	影響
化石燃料を燃やして出る、二酸化炭素などの温室効果ガスが原因。宇宙へ熱が放出されにくくなることで進む。	南極の氷がとけ海面が上昇し、低地や島などが沈む。異常気象や生態系が崩れる要因となる。

→全世界で協力しなければならない問題ですが、温室効果ガスの排出と経済発展には密接なつながりがあります。パリ協定は、世界の多くの国が参加する温室効果ガス削減の協定です。

答え

問1　Aは「イ」、Bは「ア」、Cは「ウ」、Dは「エ」です。

問2　①は工業が発展している地域なので「A」、②は赤道付近なので「D」となります。

問3　パリ協定は「地球温暖化」への対策で定められた協定です。

☝ **チェック問題**

◆地球の環境問題について、次の問いに答えなさい。

問1　右のイラストは何という環境破壊の影響を受けたものですか。

問2　1972年に国連が中心となって初めて開いた環境に関する会議を何といいますか。

答えは問1が酸性雨、問2は国連人間環境会議です。環境問題は国境を越えて広がるため、これまで多くの会議が開かれてきました。おもな会議をここで確認しておきましょう。

環境に関するおもな会議

1972年	国連人間環境会議	スウェーデン・ストックホルム	「かけがえのない地球」をスローガンに「人間環境宣言」を採択、環境問題を国際的に取り組むことを宣言した。
1992年	国連環境開発会議（地球サミット）	ブラジル・リオデジャネイロ	「持続可能な開発」をテーマに、各国の首脳が参加したことから地球サミットともよばれる。
1997年	温暖化防止京都会議	日本・京都	先進国の温室効果ガスの削減を定めた「京都議定書」を採択。
2012年	国連持続可能な開発会議（リオ＋20）	ブラジル・リオデジャネイロ	地球サミットから20年という節目に開かれた。SDGsの議論が本格的に始まった。
2015年	国連気候変動枠組条約第21回締約国会議	フランス・パリ	京都議定書以降の新たな枠組みとして「パリ協定」を採択。先進国のみならず、発展途上国も参加する温室効果ガス削減目標が定められた。

持続可能な開発とは？

将来世代のことをふまえた開発のことで、環境と開発を両立させようとする考えです。英語ではSustainable Development（サステナブル ディベロップメント）といいます。入試でも問われるSDGsのSDはこの「持続可能な開発」を示しています。ちなみにGsは「目標（Goals）」のことで、SDGsは将来世代のための具体的な目標を定めています。

「京都議定書」から「パリ協定」へ

どちらも地球温暖化防止のため、温室効果ガスの削減目標を定めた約束です。京都議定書が「先進国のみ」なのに対し、パリ協定は「先進国や新興国、発展途上国すべての国」が取り組みます。地球全体で、世界の平均気温の上昇を18世紀の産業革命前から2度未満におさえることが決められています。日本は、2030年までに2013年比で46.0%の排出削減を目標としています。

自然保護に関する条約

ラムサール条約…1971年採択。水鳥の生息地となる湿地を守るための条約。日本では釧路湿原や琵琶湖などが登録されている。

世界遺産条約…1972年採択。人類にとって貴重な文化や遺産を守るための条約。環境に関する自然遺産は、「知床」「白神山地」「小笠原諸島」「屋久島」「奄美大島、徳之島、沖縄島北部及び西表島」の5件が登録されている。

ワシントン条約…1973年採択。絶滅のおそれのある野生動植物を守るための条約。象牙やパンダ、フクロウなどの動植物や製品の国際取引に関して規制している。

広がる海洋汚染

近年、海をただようプラスチックごみが問題となっています。プラスチックごみが紫外線や波により5mm以下になったマイクロプラスチックの問題です。回収が難しいのと、魚の体内に蓄積するため、その魚を食べる人への影響が心配されています。レジ袋の有料化やストローの使用を減らす動きがあるのはこのためです。

■ 以下の問いに答えなさい。

問1　地球温暖化の影響で起きると考えられることについて述べた次の文A・Bの正誤の組み合わせとして正しいものを下のア〜エから1つ選び、記号で答えなさい。

A　南極の氷がとけて、地球全体の海水面が上昇する可能性がある。

B　海水の温度が上昇し、現在より勢力の強い台風が多く発生する可能性がある。

ア　A：正　B：正　　イ　A：正　B：誤

ウ　A：誤　B：正　　エ　A：誤　B：誤

問2　地球温暖化の抑制と温室効果ガスの削減に関する国際的な取り決めについて、次の文A・Bの組み合わせとして正しいものを下のア〜エから1つ選び、記号で答えなさい。

A　1997年に採択されたもので、温室効果ガスを多く排出している先進国に、削減の目標を定めた。

B　2015年に採択されたもので、先進国と発展途上国双方が温室効果ガス削減に向けて協調して努力することを定めた。

ア　A：京都議定書　　B：ラムサール条約　　イ　A：パリ協定　　B：京都議定書

ウ　A：ラムサール条約　B：パリ協定　　　　エ　A：京都議定書　B：パリ協定

問3　日本で排出されている温室効果ガスを示す右のグラフの（Y）にあてはまる語を答えなさい。

問4　近年では温室効果ガスを排出しないクリーンエネルギーを用いた発電が注目されています。クリーンエネルギーとしてふさわしくないものを次のア〜エから1つ選び、記号で答えなさい。

ア　風力発電　　イ　石炭火力発電　　ウ　地熱発電　　エ　太陽光発電

問5　世界の環境問題に関して、次の地図中のA〜Dの地域で起こっているおもな環境問題として正しいものを、下のア〜カからそれぞれ1つずつ選び、記号で答えなさい。

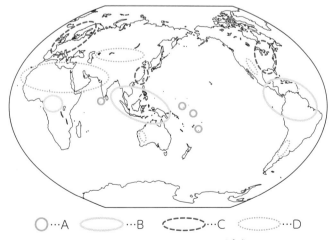

○…A　　◯…B　　╌╌…C　　⋯⋯…D

ア　オゾン層の破壊　　イ　海水面の上昇　　ウ　黄砂

エ　砂漠化　　　　　オ　酸性雨　　　　　カ　熱帯林の減少

12 世界の結びつきは強まっている？
―グローバル化が進む世界―

グローバル化？グローバリゼーション？それって何のこと？ 先進国と発展途上国の格差はよく聞くけれど、その背景がわからない……。

例えばこんな場面で 国際社会が抱える問題について、次の問いに答えなさい。

問1　世界はグローバル化が進んでいるといわれますが、このグローバル化とはどのような意味ですか。次から選びなさい。
　ア　地域ごとに経済協力を進め、まとまりで他の国ぐにに対抗しようとすること。
　イ　地球規模でさまざまな商品や情報などが結びついているということ。
　ウ　G7とよばれる経済大国が、世界経済を導き、世界の発展に貢献すること。

> グローバル化、よく聞く。知ってる。でもア〜ウはどれもそれっぽいなぁ…。

問2　北半球に多い先進国と、南半球に多い発展途上国との経済格差を何問題といいますか。
問3　日本をはじめとする先進国は、発展途上国に対して、資金の援助や技術協力などを行っています。これを何といいますか。アルファベット3字で答えなさい。

> 出ましたアルファベット。とにかく自信がない…。

📖 つまずき解消ポイント

世界の国ぐにのつながりや経済格差について具体的なイメージがないことがつまずきの原因です。まずは先進国と発展途上国の関係をとらえ、どんな問題が生じているのかを知ることが大切です。

☑ グローバル化って何だろう？

グローバル化（グローバリゼーション）とは「国境を越えて地球規模に、経済的、政治的、文化的に結びつくこと」です。今世界は、資源や農産物、工業製品など貿易による結びつきが地球規模で広がり、国を越えた人の移動や情報のやりとりが進むなど多くのつながりがあります。

☑ グローバル化による問題はある？

グローバル化が進んでいるため、外国からの輸入が止まると、国内の産業が打撃を受けることもあります。以前、タイで洪水が起こって自動車部品が作れなくなったときに、日本のみならず、東南アジアや北アメリカの自動車工場で生産を調整せざるをえなかったことがあります。

グローバル化は、貿易額の拡大をもたらし、自国だけでなく世界全体の経済が拡大していくという利点があります。その一方で、発展した国はますます発展して経済格差が広がることや、経済が進んだ国の雇用が安い労働力によって奪われるといった問題点も指摘されています。

このような中、アメリカ・イギリス・フランス・カナダ・日本・ドイツ・イタリアの主要7ヵ国の首脳が毎年行うサミットは、世界経済について話し合う場として、石油危機以降開かれています。しかし、一部の経済大国だけで開かれていることに、批判もあります。

☑ 先進国と発展途上国の経済格差って？

　一般的に、工業や経済が発展している国を「先進国」、農林水産業の比重が高く経済発展が途上にある国を「発展途上国（開発途上国）」といいます。

北半球

資源
原料

工業
製品

南半球

[南北問題]

　比較的北半球に先進国が多く、南半球に発展途上国が多いことから、先進国と発展途上国間の経済格差の問題を南北問題といいます。安い原料や資源を輸出する発展途上国に対し、加工して価値が高まった製品を輸出する先進国という関係は、ますます格差を広げる要因になっています。

　そこで、発展途上国の経済発展のため、発展途上国から資源や原料などを安く買うのではなく、公正・適正な価格で買い取ろうという動きがあります。これをフェアトレードといいます。

[南南問題]

　経済格差は先進国と発展途上国間だけではなく、発展途上国同士でも広がっています。とくに石油や鉱物などの資源を持っている国と持たない国の間での格差が大きくなっています。このことを南南問題といいます。ブラジル、ロシア、インド、中国、南アフリカの5か国は豊かな国土、資源、労働力などを背景に2000年代以降経済発展をとげていて、頭文字をとってBRICSとよばれます。このように発展途上国の中でも、経済発展が著しい国を新興国とよびます。

☑ 日本の援助「ODAとNGO」

　先進国が発展途上国に対して資金援助や技術協力を行うことをODA（政府開発援助）といいます。日本も、病院や学校、道路建設などへの資金援助、農業支援などの技術協力を行っています。

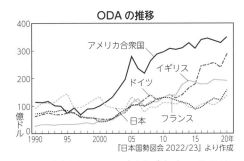

ODA の推移

400

300

アメリカ合衆国

200

イギリス

ドイツ

100

億
ド
ル

日本

フランス

1990　　95　　2000　　05　　10　　15　　20年

『日本国勢図会 2022/23』より作成

　国が行うODAに対して、NGO（非政府組織）が行う発展途上国への支援があります。ODAは国から国への支援なので、支援が本当に必要な人に届かないという批判もあります。一方、NGOは国ではなく民間組織のため、より自由に、地域に根ざした支援を行えます。このことから国連などでは、NGOと連携することも多いです。いずれも発展途上国支援のODAとNGO、続けて「おだんご」と読むのは昔からある覚え方です。

答え

問1　グローバル化の意味は、国境を越えて地球規模で結びつくことをいうので「イ」です。

問2　北半球の先進国と南半球の発展途上国の格差を「南北問題」といいます。

問3　先進国が国単位で行っている援助は政府開発援助、アルファベットでは「ODA」です。

👆 チェック問題

◆世界の国ぐにの結びつきについて、次の問いに答えなさい。

問1　地球規模で国ぐにが結びつくグローバル化の影響としてふさわしくないものを選びなさい。

　　ア　世界各国の貿易規模が拡大する。　　イ　各国の相互関係が強化されていく。

　　ウ　先進国と発展途上国の差が縮まる。　　エ　安い労働力を求め雇用の空洞化が起こる。

問2　発展途上国の中でとくに経済的な発展をとげているBRICSのような国のことを何といいますか。

問3　ヨーロッパで進む、政治的・経済的に複数の国が結びついている組織を何といいますか。

答えは問1が**ウ**、問2が**新興国**、問3が**EU**です。問3のように、地域ごとに政治的・経済的に結びついた組織も多くあります。ここで、世界の地域統合について確認しておきましょう。

世界各地に見られる地域統合

　グローバル化が進む中、各地で、経済的な結びつきが強まっています。おもな地域統合をあげると、北アメリカの USMCA（北米自由貿易協定）、ヨーロッパの EU（ヨーロッパ連合）、アフリカの AU（アフリカ連合）、東南アジアの ASEAN（東南アジア諸国連合）があります。

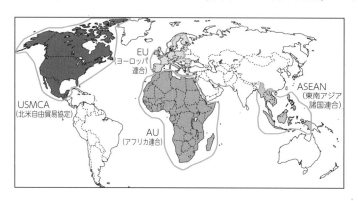

　地理的に近く、政治や文化が似ている国ぐにが、経済的なつながりを作るだけでなく、地域の問題を解決する場として、このような地域統合を発足させています。EU のユーロのように共通の通貨を作ったり、地域内の関税をなくしたりするなど、加盟国間でプラスになるよう活動を進めています。

国どうしの経済的な結びつきを強めるしくみ

FTAとEPA

　世界の貿易ルールを定めているのは WTO（世界貿易機関）ですが、とくに利益が絡む貿易での多国間の調整は大変難しいです。そこで二国間で貿易について取り決めを行う流れが生まれました。FTA や EPA は国どうしの経済的な結びつきを強める取り決めです。
　FTA（自由貿易協定）は、協定を結んだ国の間で関税の撤廃や削減を定めるものです。そして、それをさらに広げたのが EPA（経済連携協定）で、関税の取り決めに加え、人的交流や工場の進出、知的財産の保護などのルールまで定めるなど、広い経済関係を結ぶ取り決めです。

多国間の協定へ

　二国間での取り決めはグローバル化が進む現代では、あまり効率がよいとはいえません。そのため、FTA や EPA でも複数の国を含む地域での経済の結びつきが求められるようになりました。
　日本が関係する経済の連携としてまずおさえておきたいのは、2018年に発効した TPP11 です。アメリカは離脱したものの、太平洋を囲む11の国ぐにが関税の撤廃などを約束しています。そして、2020年に合意された RCEP（地域的な包括的経済連携）協定です。これは ASEAN10か国に日本、中国、韓国、オーストラリア、ニュージーランドを加えた地域的な協定です。世界のGDPの3割を占める地域での協定で、日本は貿易額上位の中国、韓国と結ぶ初めての協定です。さまざまな関税撤廃が決まっており、工業製品の輸出に期待が高まっています。

■ サミットについて、次の問いに答えなさい。

問1　1975年に第1回のサミットが開催されたが、世界的不況を協議する目的がありました。サミット開催の原因として最も適当なものを次のア～エから1つ選び、記号で答えなさい。

ア　世界恐慌　　イ　石油危機　　ウ　湾岸戦争　　エ　リーマンショック

問2　サミットに参加している国をG7といい、カナダのほかに6か国で構成されています。この6か国を説明した次のア～カの文を読み、その国名を答えなさい。

《説明文》

ア　さまざまな人種が共存している経済大国で、近年は発展著しい中国との貿易競争が加速している。

イ　最初に産業革命を達成した国で、国民投票の結果、EUからの離脱が決定し、拡大を続けてきたEUで初めての離脱国となった。

ウ　EU最大の経済規模をほこる工業国である。また多くの難民を受け入れてきた国であったが、難民と国民との間で亀裂も生じている。

エ　EUの中では農業がさかんなことで知られる国で、2017年の大統領選挙で史上最年少の大統領が誕生した。首都は「芸術の都」とよばれている。

オ　先進国の中で最も少子高齢化が問題となっている。高齢化率が高く、そして合計特殊出生率が低いことから、社会保障の世代間格差が問題視されている。

カ　EU原加盟国で、経済大国であるが、南北での経済格差が問題となっている。パンを主食とするほか、パスタやピザが有名である。

問3　近年、新興国も含めたG20が注目されていますが、この中には国名の頭文字をとったBRICSとよばれる国ぐにが含まれています。この5か国を答えなさい。

問4　戦後の世界経済についての以下の説明文を読み、正誤をあとのア～クから1つ選び記号で答えなさい。

A　近年のグローバル化の進展により1か国だけの危機が周辺国へ広がっていく現象がたびたび見られる。

B　地域経済統合がさかんに行われており、ASEAN、USMCA、WTOなどは典型例で活発に貿易等が行われている。

C　ヨーロッパ連合では、ユーロの使用が加盟国に義務づけられており、これに異を唱えたイギリスはEUを離脱した。

ア	A	正	B	正	C	正		イ	A	正	B	正	C	誤
ウ	A	正	B	誤	C	正		エ	A	正	B	誤	C	誤
オ	A	誤	B	正	C	正		カ	A	誤	B	正	C	誤
キ	A	誤	B	誤	C	正		ク	A	誤	B	誤	C	誤

1 資料の読み取りが苦手……

- 資料の読み取りに時間がかかってしまう……。
- 解答を出しても、その解答に自信が持てない。
- 解答を見ても、どうしてそうなるかわからない。

例えばこんな場面で

下の表は、耕地面積の内訳と耕地率（2021年）を県ごとに示したもので、表中のA〜Cは、愛知県・富山県・山梨県のいずれかです。県名とA〜Cとの正しい組み合わせを、下から選び、記号で答えなさい。

県	耕地面積の内訳				耕地率
	田	普通畑	樹園地	牧草地	
A	95.3%	3.0%	1.2%	0.4%	13.7%
B	56.6%	35.7%	7.1%	0.5%	14.2%
C	33.1%	20.5%	42.7%	3.7%	5.2%

えっと…
何からはじめれば
いいんだろう？

	ア	イ	ウ	エ	オ	カ
愛知県	A	A	B	B	C	C
富山県	B	C	A	C	A	B
山梨県	C	B	C	A	B	A

何となく答えは出た
けど、本当にこれで
いいか自信がない…
見直してもう一回全
部考え直そう…。

📖 つまずき解消ポイント

☑ **なんとなく解きはじめている**のが原因です。最低限、見るべき部分を確認してから読み取ることが大切です。

☑ **頭だけで考えようとしている**のが原因で、多くはこのパターンです。印をつけ、出てくる情報は資料に書きこむなど、目に見える形にしながら解くことが大切です。

資料の読み取りの基本中の基本

次の3つを確認してから解きはじめましょう。線や印をつけながら確認するのがおすすめです。

> ①タイトルを確認…まず何についての資料かを確認します。設問文中にあることも多いです。
> ②いつの資料か…時代や時期によっては背景をふまえる必要があります。
> ③単位は何か…統計資料の場合は、必ず確認。数量か割合かは必ず見ましょう。

次に、設問に合わせて焦点をしぼっていきます。どこを見ればよいかわからない場合は……

● **ほかの数値とくらべて、「数値の大きいところ、小さいところ」に注目**

→ほかの地域よりさかん、理由があって減っているなど、特徴であることが多いです。

● **「変化の大きなところ」・「変化のないところ」に注目**

→変化が大きいところは、歴史的な背景や地理的背景があることが多いです。他のところで変化があるのに何も変化がない場合は、逆に特徴的といえます。

書きこみながら解く

解く準備として、この表のタイトルを設問で確認します。そして「2021年」の統計であること、単位が「％」なので、割合だということを確認します。Ａ〜Ｃが「愛知県・富山県・山梨県」の３つの県だということを確認し、線を引きます。

> 下の表は、耕地面積の内訳と耕地率（2021年）を県ごとに示したもので、表中のＡ〜Ｃは、愛知県・富山県・山梨県のいずれかです。県名とＡ〜Ｃとの正しい組み合わせを、下から選び、記号で答えなさい。

①表を見て、「田」「普通畑」「樹園地」に高い数値があるのでそれぞれに印をつけます。

②この３県を考えたとき、果物栽培は明らかに山梨県がさかんなので、**Ｃが山梨県**となります。耕地率の低さにも目が向けば完璧です。根拠は複数あったほうがよいです。

→できればこの時点で表のＣに「山梨」と書き、選択肢のア・ウの「Ｃ」に印をつけたい。

③残る富山県と愛知県では、北陸の富山県の方が稲作中心であることから、**Ａが富山県**となります。

→表のＡに「富山」と書き、選択肢はアとウの２択なので、ウの「Ａ」に印をつけます。

④残ったＢは普通畑の割合が高く、近郊農業がさかんな「愛知県」の特徴と合致します。

→表のＢに「愛知」と書き、表を完成させます。

必ずこの順序である必要はありませんが、「解答までの筋道（プロセス）」を自分で作ることが大切です。わからないときには解説を見たり質問したりして、筋道を確認しましょう。その際、資料に自分がどこまで考えたのかわかる書きこみがあると、つまずきにも気づきやすくなります。

県	耕地面積の内訳				耕地率
	田	普通畑	樹園地	牧草地	
富 Ａ 山	95.3%	3.0%	1.2%	0.4%	13.7%
愛 Ｂ 知	56.6%	35.7%	7.1%	0.5%	14.2%
山 Ｃ 梨	33.1%	20.5%	42.7%	3.7%	5.2%

> 田の割合が高いということは稲作中心ということ。北陸の富山県があてはまる。

> 愛知県、近郊農業がさかんだから、他より畑が多いのか。

> 樹園地の割合が高いなら山梨県だ。耕地率が低いのも山がちな地形だから納得。

	ア	イ	ウ	エ	オ	カ
愛知県	A	A	B	B	C	C
富山県	B	C	A	C	A	B
山梨県	C	B	C	A	B	A

👆 資料を読み取るときのコツ

1. 読み取る準備として、「タイトル」「年度」「単位」を確認する。

2. 資料の気になるところ、解答の根拠としたところなどに印や線を引く。

3. わかったことは資料に書きこむ。とくに表などでＡ〜Ｃなど不明のところは書きこむ。

4. わかるところから考える。選択肢である場合、４択を３択、３択を２択にするだけで、考えやすくなっていくので、慌てずに進められる。いらなくなった選択肢は消す。

5. 時間があれば、解答後も矛盾がないか資料を読みこむ。できれば根拠を複数にする。

→今回の解き方では、山梨Ｃ、富山Ａの段階で「ウ」とわかりましたが、残った愛知が本当にＢでよいかを確認するということです。また、山梨県は樹園地に加え、耕地率にも目を向けて選びたいですね。

> 資料の読み取りは筋道が何より大切。わからなければ解説で確認したり、質問したりしよう。

2 短い記述なのに書けない、○にならない……

・短い記述でも、とにかくうまく書けない。減点されることも多い……。
・書いても解答がずれてしまい、点数がつかない。

例えばこんな場面で

(1) 新札が発行される時、お札には色々な工夫（くふう）がさまざまな部分にされている。この工夫にはどのような目的があるか、説明しなさい。

(2) 八百屋で買い物する場合と、スーパーマーケットで野菜や果物を買い物する場合とでは、スーパーマーケットのほうがゴミの出る量が多くなっている。それはなぜか。八百屋とスーパーマーケットの売り方のちがいをふまえて、40字以内で説明しなさい。

(3) 水田を作るときには、土地を平らに整えることが必要である。水田はなぜ水平に整える必要があるか、説明しなさい。

聞かれているのは…
工夫？目的？説明？

記述、めんどくさいし、どうせ点数とれないから、とりあえずとばして先にいこう！

記述は書くけど…いつもなぜか減点される…なぜだろう？

📖 つまずき解消ポイント

☑ **減点が多いのは、記述を書くうえでのルールを知らないこと**が原因です。記述するにあたり、前提となる約束ごとを確認（かくにん）しましょう。

☑ **解答がずれてしまうのは、そもそも設問を読めていないこと**が原因です。考えはじめたり、書きはじめたりする前に、設問を読みこむことが大切です。

記述を書くうえで気をつけること

● 「です」「ます」ではなく、**基本は「である」を使う。**

● **句読点を正しく使う。**
   → 最後の句点（。）を忘（わす）れない。読点（、）がない文は読みにくいので、適度に入れます。

● **設問の条件に合わせて解答する。条件を満たしていなければ減点、もしくは×となる。**
   ・字数指定がない場合は、書く量を解答欄（らん）の大きさで大まかに判断します。
   ・字数指定がある場合は、最初のマスから書きはじめ、基本的に句読点でも1マス使います。行の最初のマスに句読点がくることもあります。また、字数制限の8割（わり）以上の字数をめざしましょう。字数制限をこえると「採点されない」と考えたほうがよいです。
   ・指定語句は変えずにそのまま使います。使わない場合は「採点されない」と考えましょう。

● **各学校の入試問題の表紙は必ず確認する。**
   ・表紙に注意書きがある学校は、必ず記述の約束ごとがないかチェックします。「句読点は字数に含（ふく）まない」「数字は2桁（けた）まで1マスに入れる」など学校のルールもあります。

記述は「問題を読むこと」に力を入れる

問題を解くときは、「読む→考える→書く」という手順ですが、記述では「考える」「書く」に目が向いてしまう人が多いです。「知識がないから考えられない」「書けない＝記述力がない」という言葉が出てくるのも、そのためです。ただし、実際に採点をしていると、実はそもそもの問題を読めていない解答も多いです。読むときのポイントをまとめたので確認しましょう。

❶ 問われている中心を見つける

「何が問われているか」ということです。例えば(1)を見て、何が問われているかわかりますか？「工夫」「部分」「目的」「説明」などの言葉がありますが、この問題では「目的」が聞かれています。もう少し長く書くと「工夫をする目的」。この問われている中心は、「どのような」などの疑問形につながっていることが多い。「どのような権利か」「どのような変化か」などです。まずはこの中心をすぐに把握できるようになりましょう。ちなみに、この見つけた中心を使って、「〜という目的がある。」などと書くと、ずれが一気に少なくなり、減点もされにくくなります。

❷ 条件を必ずおさえる

条件を読み落として減点となる解答も非常に多いです。考えたいのは、なぜ学校が条件を出すのか？です。これは、条件がないといろいろ書けてしまい、逆に書きにくくなるからです。つまり、方向性を示すヒントとも考えられます。ヒントを読み落とすのは、もったいないですね。

(2)で問われている中心は「なぜ」とあるので「理由」です。条件は「売り方のちがいをふまえて」「40字以内」の2つ。設問を読むときには、この条件もすぐに把握できるようになりたいですね。(1)・(3)には条件はありません。その場合にも「条件はない」とすぐに言えるようにしよう。

❸ 問題には素直に答える

(3)の問題を見てください。まず問われている中心は「理由」で、条件は「ない」です。この解答でよく見られるのが、「水平でないと水がいきわたらないから」というもの。×にはできないですが、これもずれと気づきたい。問われているのは「水平にする理由」で「水平にしないとどうなるか」ではありません。だから素直に「水平だと水がいきわたるから」と書きたい。この一行記述のレベルでずれる人は、長い記述になると、より大きなずれになることが多いです。(2)で「八百屋の方がゴミの出る量が少ない理由」を答えてしまうのも同様のずれです。

修正方法はいたってかんたん。書いた後に問題を読んでずれがないかを確認することです。

❹ 書いたら必ず読み返す

読み返したらすぐに気づくレベルの誤字脱字がそのまま残っている記述も多い。できれば、書き終えたらすぐに次の確認をしよう。表記のミスを見つければ、それだけで数点アップです（減点がなくなる！）。確認するのは「問題に答えているか」「問題の条件を守っているか（字数・指定語句など）」「誤字脱字はないか」「日本語として変ではないか」「句点はついているか」などです。

🖐 **記述を書くときのコツ　まずは「問題を読むこと」に力を入れる！**

1. 問われている中心を見つける。　→見つけたら積極的に記述に使う！
2. 条件を必ずおさえる。　→ない場合には「ない」と言えるように！
3. 問題には素直に答える。　→記述は書いた後にずれを確認！
4. 書いたら必ず読み返す。　→ミスを見つければそれだけで簡単に得点アップ！

3 資料を使った記述、長い記述が嫌い……

・資料のある記述ではどうやって書けばいいかわからない。
・長めの記述というだけで書けなくなってしまう……。

例えばこんな場面で

(1) 右の図は、富岡製糸場の入場者の推移を示している。富岡製糸場に関係するできごとを示した表を参考にしながら、富岡製糸場の入場者数の変化と入場者数が変化した背景を説明しなさい。

> うわ、2つも資料がある。資料を使った方がいいって言われるけど、どう書けばいいか、いまいちわからない…。

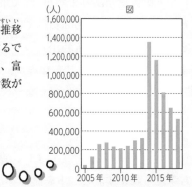

図

表

2007年1月	世界遺産暫定リスト記載
2012年1月	ユネスコへ推薦書提出
2013年9月	イコモス現地調査
2014年6月	世界文化遺産登録

注）ユネスコ：国際連合教育科学文化機関
　　イコモス：世界遺産条約に基づき、世界遺産登録
　　への可否を事前に審査する機関

(2) 図1は、旭川市内のコンビニエンスストアを描いたものである。この店は図2の埼玉県内の店と比べて、入口にある工夫がしてある。これはどのような工夫か、答えなさい。また、そのような工夫が見られる理由を、北海道の気候の特色をふまえて説明しなさい。

> 図がちがうのはわかるけど、どう書けばいい？長くなりそうだから、とりあえずとばそう…。

図1　旭川市内の店

図2　埼玉県内の店

📖 つまずき解消ポイント

☑ **書く以外に、資料を読み取ろうと気負いすぎている**のが原因です。資料は学校からのヒントで、むしろ書きやすく、部分点を取りやすくしていることを知るのが大切です。

☑ **長い記述を一気に書こうとしている**ことが原因です。要素をつなげて、複数の短文で書くイメージを持つことが大切です。

資料がある場合は、資料を見たことが伝わるように書く！

　資料は、学校からのヒント。もし資料がなければ、想像で書かなければならず、超難問となってしまいます。いろいろな方向で書かれると、学校の採点も大変です。だから資料をつけているのです。

　資料があると「次の資料を参考にして～」という条件がつくことが多いです。その際は、採点する人に資料を見たことがわかるように書きます。次のページに、伝える方法をあげるので参考にしてください。

❶ 読み取った客観的内容を入れる

言葉は難しく感じるかもしれませんが、客観的内容とは100人が見て100人がそうだと言える内容のことです。例えば、⑴であれば「2006 ～ 2007年、2014年に観光客が増加」「2007年1月に世界遺産暫定リスト記載」「2014年6月に世界文化遺産登録」ということ。⑵であれば、「図1は入口が二重になっている」ということ。言われて資料を見ると「確かに！」となるはず。

この利点は、これだけで部分点がねらえることです。知識がなくても、その場で見たことを書くだけで点数につながるわけです。大抵はこのあと⑵のように、自分の「考え・知識（主観的内容）」を書きます。⑵の場合は、「北海道の冬は寒い」という知識を加えて完成です。

❷ 資料中の言葉をそのまま使う

例えば、⑴で「入場者」を「観光客」、「記載」を「載る」と勝手に変えないということです。指定語句ではないので、即座に減点されるものではありませんが、設問や資料をていねいに見ていないことが伝わってきます。言葉をそのまま使えばいいだけなので、逆に楽になるはずです。

❸ 「資料Aから～」など言葉を加える

最後に少しずるい方法ですが、資料を使ったと記述に盛りこむ方法があります。⑴なら、「図を見ると～がわかる」と書く方法です。多少あいまいな表現でも、使ったことを伝えられます。

長い記述は短い文をつなぐイメージで

添削をしていて、100字を超える記述を一文で書いている解答に出合うことは少なくありません。読みづらくなるのはもちろん、途中で切れていることもあり、とてももったいないです。

❶ 一文に入れる要素は1～2個、一文は長くても二行くらいまで

長いと主語と述語がずれたり、指示語がわからなかったり、話が転換していたり、相手に伝わらない記述になりがちです。長い記述は、短文をつなぐイメージで書きましょう。

⑴の記述だと、「図を見ると2006 ～ 2007年に入場者数が増加している。これは表から2007年1月に世界遺産暫定リストに記載されたためと考えられる。また、2014年にも入場者数が大幅に増加している。これは表から2014年6月に世界文化遺産に登録されたためと考えられる。」
⇒もちろん一文でも書けますが、一文の要素を少なくして、短文をつなぐほうが論理的に伝えることができます。また、他にも利点があります。それは、入試の採点は句点（。）までを見ることがあるため、点数を得やすくなるということです。「あと1文字で書き終えたのに…」という場合、一文で書いていたら見てもらえない可能性があると考えておきたいですね。

❷ 書いたら必ず読み返す

短い記述と同様に、必ず読み返しましょう。さらに、長い記述では、文章の展開にも目を向けることも大切です。確認したいのは、「問いとずれはないか」「文章に矛盾はないか」などです。

👆 **資料を使ったことを伝わるように記述するコツ**

1. 読み取った客観的内容を入れる。　　2. 資料中の言葉をそのまま使う。

3. 「資料Aから～」など言葉を加える。

👆 **長い記述を書くときのコツ**

1. 一文に入れる要素は1～2個、一文は長くても二行くらいまでにして短い文をつなぐ。

2. 書いたら必ず読み返す。

4 選択肢で書きまちがえる、読みまちがえる……

- 選んだ選択肢の記号とはちがう記号を書いてしまう。
- 誤っているものを選ぶのに、正しいものを選んでしまう。

下線部はAで、記号はア〜エだよな…
よくアルファベットとカタカナ、書きまちがえるんだよな…。

例えばこんな場面で

問1　下線部Aに関して、国際連合の主な機関について述べた文として誤っているものを、
　　　次のア〜エからひとつ選んで記号で答えなさい。
　　ア　総会において、重要問題では出席して投票した加盟国の3分の2以上の賛成を必要とする。
　　イ　安全保障理事会において、重要問題では常任理事国の1か国の反対があれば決定されない。
　　ウ　国際司法裁判所は、一方の当事国の訴えにより裁判が行われる。
　　エ　信託統治理事会は、最後の信託統治地域が独立したため、その活動を停止している。
問2　下線部Bに関して、日本国憲法における内閣総理大臣について述べた文として正しいものを、
　　　次のア〜エからひとつ選んで記号で答えなさい。
　　ア　国会議員でなくても内閣総理大臣になることができる。
　　イ　内閣総理大臣は国会により指名され、天皇によって任命される。
　　ウ　内閣総理大臣の任期は6年である。
　　エ　国会が各大臣を認めてから、内閣総理大臣が各大臣を任命する。

お、問1は「誤っているもの」だったけど、今度は「正しいもの」だ。
何か、正しいとか誤っているとか、まちがえちゃうんだよな…。

📖 つまずき解消ポイント

☑ **書きまちがいは、頭の中のイメージで答えを書いていること**が原因です。選択肢に
　印をつけてから解答欄に書きこみ、直後に見比べて確認することが大切です。

☑ **読みまちがいは、読むだけで条件を確認していること**が原因です。書きこみをして、
　すぐに把握できるような目に見える工夫をすることが大切です。

解答を書きまちがえないために……

　よくあるまちがいに、A〜Dで答えるのにア〜エで答えてしまう、ウと思っているのにイと書い
てしまうというパターンがあります。まったく身に覚えがない人は気にする必要はありませんが、
一度でもまちがえたことがある人は、以下の対策を知っておきましょう。

❶ 必ず問題用紙の記号に印をつけてから、解答欄に書く

　まちがえる人の多くは、答えを出したあと、頭で「ア」と考えながら解答欄に書きこみます。
模試当日や入試当日は、緊張で頭が真っ白になることもあります。こんな状況で頭の中だけで
書くのはミスを増やす要因となります。そこで、普段から問題用紙の記号に印をつけてから解答
欄に書くようにします。考えた答えを書くのではなく、選んだ記号を書き写すイメージです。

❷ 書いた直後に選択肢と解答欄を照らし合わせて確認する

　❶でも直らない人は、解答欄に書いたあとで選択肢と照合しましょう。ただし、全部でやると
時間がかかるので、アルファベットの場合のみ行うなど、自分がまちがえるパターンで行います。

正誤問題の正しい・誤っているをまちがえないために……

　一番は、何度も確認しなくてよいように、目に見えるかたちにしておいて、すぐ把握できるようにすることです。「正しい、誤っているに線を引けばよい」という人がいますが、正しくても誤りでも同じ線を引いていると「単なる作業」になり、ミスは減りにくくなります。ポイントは「正しい」と「誤っている」で行動を変えることです。いくつか例をあげます。

❶ 条件に合わせて線を変えて引く

　「誤っている」場合にだけ線を引きます（片方だけ書きこむ）。あるいは、正しい場合には「実線」、誤っている場合には「波線」を引きます（書きこみを変える）。

→いずれも「正しい」「誤っている」で行動を変えるので、意識も変わります。慣れると、引いた線によって「正しいもの」を選ぶのか「誤っているもの」を選ぶのか、すぐに判断できます。

❷ 設問の中や選択肢付近に〇×の書きこみをする

　選択肢の横に大きく〇×をつけます。あるいは、設問の「正しいもの」や「誤っているもの」という部分に大きく〇×をつけます。

　問1　下線部Aに関して、国際連合の主な機関について述べた文として誤っているものを、
　　　　次のア〜エからひとつ選んで記号で答えなさい。
　　ア　総会において、重要問題では出席して投票した加盟国の3分の2以上の賛成を必要とする。〇
　　イ　安全保障理事会において、重要問題では常任理事国の1か国の反対があれば決定されない。〇
　　ウ　国際司法裁判所は、一方の当事国の訴えにより裁判が行われる。×
　　エ　信託統治理事会は、最後の信託統治地域が独立したため、その活動を停止している。〇
　問2　下線部Bに関して、日本国憲法における内閣総理大臣について述べた文として正しいものを、
　　　　次のア〜エからひとつ選んで記号で答えなさい。
　　ア　国会議員でなくても内閣総理大臣になることができる。×
　　イ　内閣総理大臣は国会により指名され、天皇によって任命される。〇
　　ウ　内閣総理大臣の任期は6年である。×
　　エ　国会が各大臣を認めてから、内閣総理大臣が各大臣を任命する。×

→よくまちがえてしまう人は❷のほうがおすすめです。意識しなくても〇や×が常に目に入るので、どちらを選ぶのかを把握しやすいです。

→文章選択肢の場合、最後に正しい場合は〇、誤っている場合は×と書きこむのもよいです。また、誤っている箇所に下線を引いて×とつけておくと、自身が選んだ根拠がわかりやすくなり、見直し時間の短縮にもなります。

👆 解答を書きまちがえないためのコツ

　1. 必ず問題用紙の記号に印をつけてから、解答欄に書き写す。

　2. 書いた直後に設問と解答欄を照らし合わせて確認する。

👆 正誤問題の正しい・誤っているをまちがえないためのコツ

　1. 条件に合わせて線を変えて引く。

　2. 設問の中や選択肢付近に〇×の書きこみをする。

　　※文章選択肢の場合は、誤っている箇所に下線を引いて×を書いておくとよい。

資料を使った文章選択肢が苦手……

- 時間をかけてもなかなか正解にたどりつかない。飛ばしてしまうことも多い。
- 解答を出しても、その解答に自信が持てない……。

例えばこんな場面で

次の図は、日本の木材の供給量について、国産材と輸入材を分けて示したものです。図から読み取れることがらについて述べた文として、内容が誤っているものをあとのア～エの中から一つ選び、記号で答えなさい。

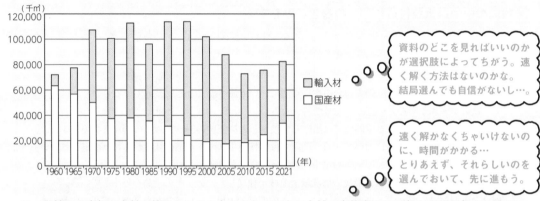

資料のどこを見ればいいのかが選択肢によってちがう。速く解く方法はないのかな。結局選んでも自信がないし…。

速く解かなくちゃいけないのに、時間がかかる…
とりあえず、それらしいのを選んでおいて、先に進もう。

ア　海外から安価な木材が輸入されるようになり、日本の木材の自給率は1960年から2021年まで低下し続けている。

イ　1960年代は、輸入材より国産材の供給量が多かったが、1980年代では輸入材が国産材を上回っている。

ウ　2000年や2005年では、国産材の供給量の3倍以上の輸入材を海外から輸入している。

エ　木材全体の供給量は2000年から徐々に減少していたが、2010年以降は再び増加傾向を示している。

📖 つまずき解消ポイント

☑ **時間をかけずに解こうとしていること**が原因です。このタイプの問題は誰が解いても時間がかかるので、慌てずに取り組むことが大切です。

☑ **選択肢の内容を、資料のどこで確認すればいいかを明確にしないまま解いていること**が原因です。資料に書きこみながら、一つ一つ照らし合わせて解くことが大切です。

資料の読み取りはそもそも時間がかかるもの！

このタイプの問題は、複数の資料があったり、あえて多くの情報をのせた資料を使ったり、計算が必要だったりするなど、じっくり取り組む問題になっていることが多いです。先生でも時間がかかるので、それを速く解くのはそもそも無理な話です。資料読み取り問題は、最初から数分かける想定で取り組み、その分それ以外の問題に時間をかけすぎないようにしよう。残り時間と残りの問題数によっては、飛ばして後回しにすることも考えます。

書きこみながら問題を解く

まずはタイトル、年度、単位などを確認してから、文章選択肢に進みます。正誤にも注意します。

次の図は、日本の木材の供給量について、国産材と輸入材を分けて示したものです。図から読み取れることがらについて述べた文として、内容が誤っているものをあとのア〜エの中から一つ選び、記号で答えなさい。

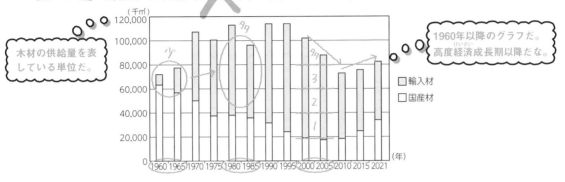

木材の供給量を表している単位だ。

1960年以降のグラフだ。高度経済成長期以降だな。

▶ 選択肢と資料を照らし合わせ、書きこみながら解く

ア　海外から安価な木材が輸入されるようになり、日本の木材の自給率は1960年から2021年まで低下し続けている。

→「安価」とありますが、値段の情報はないので、この時点でアが誤りだと推測できます。自給率は、例えば2000年と2005年を見ると、国産材の量は同じくらいですが、全体の量は減っています。ここから自給率が上昇していることがわかるので、アが誤りです。自給率についてグラフには直接の情報がないので、後回しにしても OK です。

イ　1960年代は、輸入材より国産材の供給量が多かったが、1980年代では輸入材が国産材を上回っている。

→1960年代とあるので、グラフの「1960」「1965」に印をつけ、この時期の輸入材が少ないことを確認します。次に1980年代とあるので、グラフの「1980」「1985」に印をつけ、輸入材が多いことを確認します。以上から、正しい選択肢とわかります。

ウ　2000年や2005年では、国産材の供給量の3倍以上の輸入材を海外から輸入している。

→2000年や2005年とあるので、グラフの「2000」「2005」に印をつけます。国産材の3倍以上とあるので、国産材の供給量を確認し、それを3倍してみます。輸入材が3倍以上になっているのが確認でき、正しい選択肢とわかります。

エ　木材全体の供給量は2000年から徐々に減少していたが、2010年以降は再び増加傾向を示している。

→木材全体の供給量が2000年ごろから減少とあるので、グラフの一番上に減少の矢印を、2010年以降は増加傾向とあるので、増加の矢印を書きこみます。正しい選択肢とわかります。

✋ 資料を読み取る文章選択肢のコツ

1. 資料を読み取る文章選択肢問題には時間をかける。その分他の問題に時間をかけすぎない。

2. 選択肢と資料を照らし合わせ、書きこみながら問題を解く。

6 歴史の並べかえができない……

・用語の並べかえで、一つ年号がわからないと、できなくなってしまう。
・歴史の文章並べかえについて、時間がかかりすぎる……。

例えばこんな場面で

次の①・②について、時代順に並べかえなさい。

① ア 法隆寺　　イ 平等院鳳凰堂　　ウ 大阪城　　エ 東大寺南大門
② ア 承久の乱　　イ 応仁の乱　　ウ 御成敗式目　　エ 金閣

> 出た、並べかえ。年号がわからないのがあれば、結局できないんだよな…。

> 金閣とか年号習ってないよ。また覚えなきゃ…。

📖 つまずき解消ポイント

☑ **年号のみに頼っている**のが原因です。年号ではない解き方も知っておきましょう。

歴史用語の並べかえの解き方

　年号を知っていると、確かに速く解けます。しかし、入試では年号がわかるものばかりが出るわけではありません。年号にだけ頼るのは危険なので、それ以外の解き方も知っておきましょう。

❶ 因果関係・前後関係に目を向ける

　元寇があったから鎌倉幕府が滅ぶ、版籍奉還があったから廃藩置県を行うことができた、など、できごとの関係性に目を向けて並べかえます。

❷ 何時代にあったのかを書き出して解く

　年号を知らなくても、時代がわかれば解ける問題も多いです。例えば上の問題の①は、アが飛鳥時代、イが平安時代、ウが安土桃山時代、エが鎌倉時代となります。

❸ 関連事項を書き出して並べかえる

　人物など別のものに置きかえて考える方法です。例えば上の問題の②に関連する人物をあげると、アは北条義時（鎌倉：2代執権）、イは足利義政（室町：8代将軍）、ウは北条泰時（鎌倉：3代執権）、エは足利義満（室町：3代将軍）です。この人物を並べかえると「ア→ウ→エ→イ」となります。無意識にやっている人が多いですが、これを意識的に行えるようにしたい。

❹ 年号で並べかえる

　中学入試では年号で解くことを想定していない問題も多いので、年号ですべて解こうとするとどんどん苦しくなります（金閣の年号は必要ない！）。年号は、まずは小学校の教科書レベルで十分ですが、明治時代以降は毎年のようにできごとがあるので、整理しておく必要があります。

> ✋ 歴史用語の並べかえ問題のコツ
> 1. 因果関係・前後関係に目を向ける。　2. 何時代にあったのかを書き出して解く。
> 3. 関連事項を書き出して並べかえる。　4. 年号で並べかえる。

例えばこんな場面で

次の1～5の各文は、日本の歴史で各時代の宗教や人々の信仰についての特色を述べたものです。これを読んで以下の問いに答えなさい。

1　この時代 戦乱や伝染病や災害が続いたため、（　Ａ　）天皇は仏教の力で国家を守ろうとして、国ごとに国分寺・国分尼寺を建て、都に大仏をしました。当時の僧侶は、お経の解読と研究を主な仕事としていました。

2　この時代になると、民衆の苦しみを救うため熱心に活動する宗派が生まれる一方、新たな支配者となった武士に受け入れられる宗派も現れました。なかでも栄西が中国からもたらした（　Ｂ　）宗は、武家政権から保護を受けて大いに栄えました。

3　この時代、推古天皇の（　Ｃ　）となった聖徳太子（＝厩戸皇子）は、豪族の争いをしずめ、仏教をあつく信仰することをすすめました。自らも法隆寺を建立し、お経の解読にも力を入れる熱心ぶりでした。

4　この時代には大陸との交流もさかんに行われ、中国や朝鮮から多くの人々が、進んだ技術を持って移住してきました。このような人々を（　Ｄ　）人といいます。同じころに仏教も伝来し、しだいに豪族たちが寺院を建てるようになりました。

5　この時代、ポルトガルやスペインから印刷技術や鉄砲、医学、美術など各種の分野と同時に、キリスト教がもたらされました。九州を中心に信者がしだいに増えてくると、各地で仏教信者との対立がしばしば起こりました。そのころ、織田信長はキリスト教を保護しつつ、寺院勢力を徹底的に弾圧しています。

問　1～5の文章を時代の古い順に並べかえなさい。

次の1～5の各文は、日本の歴史で各時代の宗教や人々の信仰についての特色を述べたものです。これを読んで以下の問いに答えなさい。

奈　1　この時代 戦乱や伝染病や災害が続いたため、（　Ａ　）天皇は仏教の力で国家を守ろうとして、国ごとに国分寺・国分尼寺を建て、都に大仏をしました。当時の僧侶は、お経の解読と研究を主な仕事としていました。

鎌　2　この時代になると、民衆の苦しみを救うため熱心に活動する宗派が生まれる一方、新たな支配者となった武士に受け入れられる宗派も現れました。なかでも栄西が中国からもたらした（　Ｂ　）宗は、武家政権から保護を受けて大いに栄えました。

飛　3　この時代、推古天皇の（　Ｃ　）となった聖徳太子（＝厩戸皇子）は、豪族の争いをしずめ、仏教をあつく信仰することをすすめました。自らも法隆寺を建立し、お経の解読にも力を入れる熱心ぶりでした。

古　4　この時代には大陸との交流もさかんに行われ、中国や朝鮮から多くの人々が、進んだ技術を持って移住してきました。このような人々を（　Ｄ　）人といいます。同じころに仏教も伝来し、しだいに豪族たちが寺院を建てるようになりました。

安　5　この時代、ポルトガルやスペインから印刷技術や鉄砲、医学、美術など各種の分野と同時に、キリスト教がもたらされました。九州を中心に信者がしだいに増えてくると、各地で仏教信者との対立がしばしば起こりました。そのころ、織田信長はキリスト教を保護しつつ、寺院勢力を徹底的に弾圧しています。

問　1～5の文章を時代の古い順に並べかえなさい。　43125

> 時代が書かれてない文章の問題。解きにくいんだよな。やっぱり並べかえがあるし…

📖 つまずき解消ポイント

☑ **各文章が何時代か書きこまずに解いていること、文章から何時代かを読み取れていないこと**が原因です。文章の時代がわかったら、その都度書きこんでいくことが大切です。

歴史の文章並べかえ問題は必ず時代を書きこんでから

　歴史に限らず、大設問でＡ～Ｅといった文章が出されたら、必ずその文が何を示しているのか書きこもう。歴史であれば時代、地理であれば都道府県や都市、世界の国などです。

❶ 時代がわかり次第、必ず時代を書きこむ

　並べかえの有無にかかわらず、文章のそばに時代を書きこむことで、問題が解きやすくなります。必ずしも「鎌倉時代」と正確に書かなくてOK。「かま」や「鎌」など、自分がわかれば十分なので、ここに時間をかけないようにしよう。根拠となる箇所に下線を引くとなおよいです。

　また、時代が選択肢のときに「ア」などと記号を書きこむ人がいます。これだけでは時代がわからず、結局選択肢を見ることになるので、最初から時代と記号を書いて手間を減らしましょう。

❷ 文章の並べかえは、書き出した時代で並べかえる

　並べかえができない人の多くは、文章のところにいきなり順番の数字を書きこんだり、設問のところに頭で考えながらＢＤＡＣ…などと順番を書き出したりしがちです。大切な書きこみですが、これは時代が書きこまれていてこそのやりかた。頭の中でやろうとするのではなく、目に見える形に書き出しておいて、それで並べかえをしたほうがミスは減ります。

🕐 歴史の文章の並べかえ問題のコツ

1. 時代がわかり次第、必ず時代を書きこむ。
2. 文章の並べかえは、書き出した時代で並べかえる。

7 漢字でまちがえる……

・漢字のミスが減りません……。
・テストの×を見ると、前にまちがえた漢字で同じミスをしている。

例えばこんな場面で　次の漢字を書きなさい。

(1)　そくせいさいばい　・　よくせいさいばい
(2)　せかいいさん　・　けんとうし
(3)　おおすみはんとう　・　おおくましげのぶ
(4)　くらしきし　・　くらやしき
(5)　こじき　・　にほんしょき
(6)　しめい　・　にんめい
(7)　わじゅう　・　ゆにゅう　・　ふくざわゆきち
(8)　かんいじゅうにかい　・　げんこう

> うわ、よく出るやつばっかり。
> こんなの何度も書いてるからできるはず…。

> 「おおくま」と「おおすみ」って同じ「大隅」じゃないの？　並(なら)んでるということは、ちがう字なのかな？

> 「げんこう」、これ前の模試で出て書けなかったやつだ！…って、どんな字だっけ？
> やっぱりまた書けないや…。

📖 つまずき解消ポイント

☑️ **正確に漢字を覚えていない、書けない漢字を把握(はあく)できていないこと**が原因です。まちがえやすい漢字を知って書き分けられるようにしておくこと、自分が一度まちがえた漢字を常に見られるようにしておくことが大切です。

漢字を正しく書けるようにするために

　答えは、(1)促成栽培・抑制栽培、(2)世界遺産・遣唐使、(3)大隅半島・大隈重信、(4)倉敷市・蔵屋敷、(5)古事記・日本書紀、(6)指名・任命、(7)輪中・輸入・福沢諭吉、(8)冠位十二階・元寇です。

❶ まちがえやすい漢字を知る

　まちがえる漢字は人によってちがいますが、多くの受験生がまちがえやすい漢字はあります。当然、入試問題を作る先生はこれを知っているので、差をつけるために出題することが考えられます。右のページに、まちがえやすい漢字の一部をのせたので、確認(かくにん)しておきましょう。

❷ 自分がまちがえる漢字は一覧(いちらん)にしておく

　何度も同じまちがえをするのは、「またまちがえた、次は頑張(がんば)る」で終えているからです。それでは、またすぐに忘(わす)れてしまいます。白い紙でよいので、まちがえた漢字一覧（正しい用語）を作っておきましょう。模試の前には過去のまちがえた漢字を確認できますし、入試前には最終チェックシートにもなり、家族に出題してもらえば自分だけの問題集にもなります。模試などで書けるようになったら消していき、最新の一覧にしておくことをおすすめします。これは家族に作ってもらうと他人事になるので、自分で作成して、自分で更新(こうしん)していくのがよいでしょう。

👆 漢字を正しく書けるようにするためのコツ

1. まちがえやすい漢字を知る。　　2. 自分がまちがえる漢字は一覧にしておく。

【まちがえやすい漢字】 ※下線がとくにまちがえやすい字。書いたあと確認しよう。答えは別冊15ページ。

地理
1. えとろふとう
2. せんかくしょとう
3. さつまはんとう
4. おおすみはんとう
5. くまがわ
6. ちくごがわ
7. ひださんみゃく
8. すわこ
9. はちろうがた
10. そくせいさいばい
11. よくせいさいばい
12. きんこうのうぎょう
13. まきあみ
14. わじゅう
15. かしま
16. とまこまいし
17. くらしきし
18. ほりこみこう
19. かしまりんかいこうぎょうちいき
20. ぼうえきまさつ
21. ゆにゅう
22. せかいいさん

公民
1. こくじこうい
2. しめい・にんめい
3. かんせつみんしゅせい
4. ぎいんないかくせい
5. だんがいさいばん
6. こうせいろうどうしょう
7. こうそ
8. じょうれい
9. かいごほけん
10. こくさいふんそう
11. きょひけん
12. せかいほけんきかん

歴史
1. やまたいこく
2. ひみこ
3. たてあなじゅうきょ
4. ちょうてい
5. そがし
6. けんずいし
7. だざいふ
8. こんでんえいねんしざいほう
9. すがわらのみちざね
10. あべのなかまろ
11. こじき・にほんしょき
12. ふじわらのみちなが
13. ふじわらのよりみち
14. びょうどういんほうおうどう
15. だんのうら
16. さむらいどころ
17. ほうこう
18. げんこう
19. ごだいごてんのう
20. いっこういっき
21. たいこうけんち
22. くらやしき
23. とくがわつなよし
24. てらこや
25. らんがく
26. わたなべかざん
27. とくがわよしのぶ
28. ぼしんせんそう
29. ちそかいせい
30. しょくさんこうぎょう
31. ふくざわゆきち
32. おおくましげのぶ
33. きたさとしばざぶろう
34. にとべいなぞう
35. いぬかいつよし
36. とうじょうひでき

8 ケアレスミスがなくならない……

- 何度も同じミスを指摘されているけれど、直りません。
- 毎回何らかの形でできたはずの問題を落としている。
- また時間内に解ききることができなかった……。

📖 つまずき解消ポイント

☑ **試験中に何をするかの戦略がないことと、自分がよくやるミスを明確にしていない**ことが原因です。試験前、解いている最中、見直すとき、それぞれでできることを明確にしておくことが大切です。

ミスをなくすために

　最初に伝えたいのは「ケアレスミス」と言っている間は、ミスはなくならないということです。できたはずだったと思いたい気持ちはわかりますが、できる人はミスを事前に防いでいて、そもそもミスをしません。ケアレスミスではなく、「これも自分の実力」と受け止めるところからはじめましょう。

　ミスをなくすためにまず必要なのは、「自分のやりがちなミスを知ること」です。そして、「こういうミスをするから、こうやって防ぐ」という具体的な行動を考えて、実行していくことです。いくら試験中に自分のミスを意識していても、それだけではなくなることはありません。

　さらに、入試当日はどうしても緊張するもの。普段やらないミスも出ます。だから、精神面の意識ではなく、ミスを減らす具体的行動を知っておくことは武器になります。知っていて使わないのと、知らずに使えないのは大きくちがうので、後ろの具体的行動に目を通しておきましょう。

▶ 試験直前にできること

　入試では問題配付から試験開始まで短くても数分あります。ここで実施したいことをあげます。

❶傾向を思い出す	受験する学校の傾向を思い出して、過去問で培った時間配分や解く順番などを意識します。とくに開始直後に何をするかを明確にして、「はじめ！」という声と同時に、すぐ動ける体勢をとっておくことが大切です。学校によって傾向は異なるので、学校に合わせることを忘れずに。
❷自分のミスを思い出す	自分のやりがちなミスを思い出して、それを防ぐ具体的行動を思い出しておきます。分野や解答形式などのやりがちなミスや、「この学校は時間が足りなくなるから○○する」など、学校に合わせたものも思い出すことが大切です。
❸表紙に注目	表紙に注意書きがある場合は、過去問から変更がないかていねいに読んでおきます。多くはありませんが、記述のルールなどが実際に変更になることもあります。「どうせ同じ」と思いこまないように注意しましょう。

　ここであげることは、普段から家でも塾でも実行しておきましょう。入試本番の緊張のなかでも、いつも通りの行動が明確になっていれば、それを実行することで落ち着きにつながります。

❶開始直後	開始直後は問題、解答用紙を見て、過去問から変更はないかを確認します。変更があっても慌てない、あせらない。まわりの受験生もみんな同じことを考えています。
❷解く順番	解く順番を決めていれば、その通りに解きます。 最初から解かないといけない決まりはありません。最初の問題から解く人が多いですが、早く解答用紙が埋まると安心にもつながるので、好きな分野、短時間でできる分野など、過去問を通して考えた自分に最適な順番で解きましょう。ただし傾向が変わることもあるので、違和感があれば自分のやり方にこだわらず、臨機応変に変えることも大切です。傾向の変化は、きっと隣の受験生も感じています。
❸時間配分	「残り時間」と「残りの問題数」は常に把握しよう。 時間配分は事前の想定はある程度必要ですが、決めた通りに必ずうまくいくものではありません。時間の管理は、基本的に残りの時間と残りの問題数のバランスを見て行います。残りの時間によっては、記述を飛ばす、リード文を読まない、選択肢だけを優先的にやる、など解き方を修正することが大切です。しかし、基本はこうならないよう解き進めたい。途中で大きな修正が必要にならないように、少なくとも大設問ごとに時間・問題数の確認をしましょう。
❹飛ばす技術	難しいもの、時間がかかりそうなものは飛ばす勇気も必要です。 最終的に解答欄が埋まればいいのであって、順番に埋める必要はありません。わからなければ飛ばすことも必要です。ただし、これはあくまで「後回し」であって「捨てる」わけではありません。試験が終わったときに埋まらなかった空欄は、難しかったものか、時間がかかるものだったはずなので、影響は少ないはずです。 飛ばした問題には問題用紙に印をつけます。該当する「問題番号」と「該当ページの上」に☆や〇などをつけるのがおすすめです。時間が余ったときに「ページの確認→問題の確認」と時間をかけずに戻ることができます。戻るときは、少しでも1点につながる優先順位を考えましょう。一度問題を見ているので、何となくでも順位をつけられるはずです。 ただ、飛ばす場合も、選択肢であれば、何かしらの記号は書いておきたい。時間が足りなくなったときでも、得点の可能性を残せます。また、漢字指定であってもひらがなで書いておきたい。そのままではもちろん×ですが、解いていて思い出したときに戻りやすくなります。
❺書きこみ	リード文への印、選択肢の正誤、記述の条件、資料への印・メモ書きなど、自分に必要な書きこみをいつも通り行います。いつもとちがうことをしようとすると、逆にミスが生まれやすくなってしまうので注意しましょう。
❻見直し	過去問を解いたとき、最後に見直しの時間がとれなかったのであれば、書いた直後に漢字・日本語・記述のずれなど確認します。問題数が多く、スピードが必要な学校はとくに気をつけましょう。これは自分がミスをしがちな場面だけでもOKです（記述で句点を忘れる、脱字があるなど）。

とくに知っておきたいのは、残り時間がわずかな場合でも行える、解答用紙をメインとした見直しです。できる人ほど、最後の１秒まで使って見直しをしています。残り時間を見ながら、自分がおちいりがちなミスの内容や、当日の状況に合わせ、優先度を決めて実行しましょう。

● 解答用紙だけでする見直し（残り時間がわずかでもできる）

もしここでまちがいを発見できれば、それだけで数点獲得できます。減点をなくせるからです。難しくて飛ばした問題を解き直すよりも楽に点につなげられます。

❶漢字チェック	まちがっている字や雑な字を書き直します。「まちがえてるかも？」という前提で見ましょう。みんながまちがえる、自分がまちがえる字を中心にチェックしますが、緊張している状況なので、一通り確認することをおすすめします。
❷記述チェック	記述を読み返し、日本語や字などを確認し、書き直します。誤りを見つけることがすぐ点につながります。ただ、消しゴムで消していい時間かどうか、残り時間には気をつけよう。
❸文字チェック	記号を含めて、採点者に読める字かどうかを確認し、必要に応じて書き直します。
❹記号チェック	カタカナの中に１つひらがながあるなど、違和感のある記号がないか確認します。学校によっては記号を変えてくるので、すぐ書き直すのではなく、この場合は、必ず問題を確認しましょう。これは過去問である程度把握できるはずです。

● 問題＋解答用紙でする見直し（比較的残り時間があるときにできる）

❶優先度の高い問題	空欄になっているところや、あとで見直そうとしていたところ（自分で印をつけたところ）に戻ります。複数ある場合は、一番得点につながりそうな問題から取り組みます。一度見ているからこそできる選択です。
❷記述チェック	問われている中心、条件を確認し、問いに答えられているか内容を確認します。
❸穴埋め確認	改めて穴埋めを見て解答が正しいか、同じ記号に同じ言葉が入るかを確認します。 →「（ １ ）県」という解答欄で、解答に「県」をつけていないか確認。 →「（ Ａ ）県であり、県庁所在地は（ Ａ ）市で〜」など、同じ記号の穴埋めが複数ある場合に、同じ用語が入るか確認。
❹条件チェック	文章選択肢の条件を改めて確認します。正しい、誤っている、すべてなど、条件に合わせて解答できているかをチェックします。 文章選択肢は、解くときに誤っているところに印をつけておくと、解き直すことなく、書きこんだ部分のチェックだけですみ、時間を短縮できます。
❺解き直し	自分の苦手なところ、急いだところ、悩んだところ、最初から全部解くなど、一番得点につながるよう優先順位を決めて解き直しをします。

▸ミスをなくすための具体的行動

　受験生に比較的多いミスと、それを防ぐ具体的行動をあげます。「具体」の基準はまわりから見てわかるかどうか。思っているだけではミスは減りません。

よくあるミス1 時間が足りなくなる。時間配分をまちがえてしまう。

⇒時間が足りなかったときのもっとも多い言い訳が「最初にじっくり考えてしまった」というもの。これはミス。悩んだらどれくらい（「15秒」など）で飛ばすかあらかじめ決めておくとよい。

⇒解く順番を考える。好きなところ・得意なところからはじめると時間に余裕を作りやすくなる。

⇒問いを中心に読み、リード文は必要なところだけにする。ただし、リード文全部を読んだほうがよい学校や年度があるので、必ず過去問で確認する。

⇒「大設問ごと」、「大体半分解いたところ」で残り時間を確認し、解くスピードを調整する。

よくあるミス2 選択肢の正しい、誤っているをまちがえてしまう。

⇒「正しい」に〇、「誤っている」に×を書くなど、条件を視覚化する。

⇒誤っている箇所に下線を引き×と入れ、誤っている選択肢を明らかにしながら解く。

⇒選択肢の最後に、正しければ〇、誤っていれば×を書きこむ。

よくあるミス3 選んだ記号とちがう記号を書いてしまう。

⇒選択肢に印をつけてから、解答欄に書く。頭の中でやらない。

⇒問題用紙で印をつけた記号と、解答用紙に書いた記号を指さし確認で照合する。

よくあるミス4 わかっていた漢字をまちがえたり、字が抜けてしまったりする。

⇒書いたらその場で読み返し、もう一度えんぴつや指で文字を確認する。

⇒試験時間の終了前に30秒ほどかけて、全漢字をチェックする。

よくあるミス5 記述で必要な語句が抜けてしまう。

⇒記述を書く前に、必要な語句を書き出す、印をつけるなどして明確にする。

⇒記述を書いた後で、必要な語句を使用したかをチェックしながら読み返す。

よくあるミス6 記述で条件を読み飛ばして、条件が抜けてしまう。

⇒問題を読む際に、条件部分に下線を引き、いくつ条件があるかを確認してから記述する。

⇒記述を書いたあとで、条件を満たしているかを設問にチェックをしながら確認する。

よくあるミス7 問題を飛ばしたあとに書く場所をまちがえる。

⇒飛ばしたあとは、問題番号にまちがいがないかをえんぴつや指で確認してから書きこむ。

よくあるミス8 字が雑になり×になることがある。

⇒試験中に字が乱れることは起こりうること。まずは、書いた直後にすぐに読める字か確認する。

⇒試験時間の終了前に1分ほどかけて、全部の文字をチェックする。必要があるとき書き直す。

　全部やる必要はありません。心当たりがあるものを中心に、優先順位を考えて実行しましょう。

著者紹介

松本　亘正（まつもと・ひろまさ）

◉──1982年、福岡県生まれ。慶應義塾大学総合政策学部卒業後、大学在学中の2004年に中学受験専門塾ジーニアスを設立し、現在も代表を務める。「伸びない子はひとりもいない」をモットーに、少人数制で家族のように一人ひとりに寄り添う指導を徹底。東京、神奈川に9校舎を展開し、首都圏の中学校を中心に高い合格実績を誇っている。

◉──著書に『合格する親子のすごい勉強』（かんき出版）、『中学受験　合格する国語の授業』（実務教育出版）など多数。

野津　勲（のづ・いさお）

◉──関東の大手塾で約20年間勤め、桜蔭中や女子学院中、駒場東邦中など、難関校受験生を対象とする講座で1000人以上の生徒を指導。社会科のリーダーや教室長を歴任しつつ、「全国模試」の作成や『重大ニュース』の執筆、難関校対策講座などの教材作成にも携わる。新たなチャレンジのために中学受験専門塾ジーニアスに転職。日々、子どもが主体的に参加する授業の実践をめざすとともに、最新の入試をふまえた教材作成を通して子どもたちの学びに関わっている。

中学受験 つまずき検索 社会

2023年7月3日　　　第1刷発行

著　者──松本　亘正／野津　勲
発行者──齊藤　龍男
発行所──株式会社かんき出版
　　　　　東京都千代田区麴町4-1-4 西脇ビル　〒102-0083
　　　　　電話　営業部：03(3262)8011㈹　編集部：03(3262)8012㈹
　　　　　FAX　03(3234)4421　　　　　　　振替　00100-2-62304
　　　　　https://kanki-pub.co.jp/
印刷所──図書印刷株式会社

中学受験

つまずき
検索
社会

別冊解答

1 世界地図（経度・緯度） 本冊9ページ

1 問1 1 問2 5 問3 ウ

解説

問1 イギリスのロンドンを通る経線となるため、1となる。2は日本の日本標準時子午線で東経135度、3は西経90度の経線である。

問2 アフリカの南西部の海上に緯度0度、経度0度が交わる点があることを知っておきたい。

ステップアップ

赤道（緯度0度）は、南アジアのインドの南の海上、東南アジアのシンガポールのほぼ真上、南アメリカ大陸の北部を通過することを地図で確認しておこう。

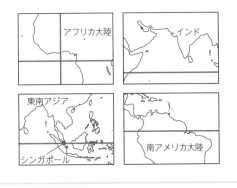

問3 日本の標準時子午線は東経135度ということからイギリスとの時差は9時間（135÷15）。リオデジャネイロは西経45度ということからイギリスとの時差は3時間（45÷3）。よって12時間となる。

2 （大隈君）⑥ （坪内君）② （金子君）⑤

解説

まず「東京が夜9時（21時）」であることを確認する。また、本初子午線から東京まで7つの経線を通るので、経線は20度ごとに引かれていることがわかる。

大隈君…午前中なので12時間前後（経度で180度）の時差があると考え⑥のブラジルとなる。①のイギリスであれば12月24日の正午ごろ（時差9時間）、⑤のアメリカであれば東海岸でも少なくともイギリスから5～6時間前の午前6～7時ごろとなることから「午前中のクラブ活動に出かけたあと」に合わない。

坪内君…昼食後の昼寝なので正午よりあとと考え、②のトルコとなる（東経30度あたりで12月24日の午後2時ごろ）。①のイギリスは正午ご

ろ（日本との時差9時間）である。

金子君…午前4時なので日本との時差は17時間となり、西経120度あたりと考えられ、⑤のアメリカとなる（イギリスとの時差が9時間、そこから西に8時間の地点）。

2 地形図（等高線・縮尺） 本冊13ページ

問1 (1) カルデラ (2) エ
問2 1750m 問3 南東 問4 イ

解説

問1 (2) 芦ノ湖の南東の湖岸にある博物館付近に「728」とあり、それよりも低いエとなる。

問2 地形図中に850mなど、50mごとの太い等高線（計曲線）があるため縮尺は25000分の1とわかる。7cmなので1750mとなる。

問3 方位記号がないので上が北となる。

問4 登山道の多くが山頂から等高線が突き出た尾根を通っているのでイとなる。山頂まで自動車道がないのでウは×、山の東側からは芦ノ湖は山の向こう側になり、湖は見えないのでエは×。

3 日本の地形・地名① 本冊17ページ

問1 あ チ い ス う ニ え ト
　　 お ヒ か ノ き フ く ナ
　　 け ハ こ ネ さ ク し セ
　　 す テ
問2 A 鹿児島県 B 広島県 C 三重県
　　 D 長野県 E 千葉県 F 秋田県
問3 オ 問4 エ

解説

A は鹿児島県、B は広島県、C は三重県、D は長野県、E は千葉県、F は秋田県である。

問3 信濃川下流域は「越後平野」、木曽川下流域は「濃尾平野」であるためオとなる。庄内平野は最上川下流、富山平野は神通川下流、関東平野は利根川下流である。

問4 アは広島県、イは福岡県、ウは島根県、エは鹿児島県、オは東京都にある。ウの出雲大社は世界遺産ではない。

4 日本の地形・地名② 本冊21ページ

問1 A ウ B エ D ア
問2 C 関東平野 E 濃尾平野
　　 F 大阪平野 G 筑紫平野
問3 A 富士川・⑤ B 石狩川・①

C 利根川・③　　D 信濃川・④
E 木曽川・⑥　　F 淀川・⑦
G 筑後川・⑧

解説

Aは富士川、Bは石狩川、Cは利根川、Dは信濃川、Eは木曽川、Fは淀川、Gは筑後川である。
問1　Aの富士川にある盆地はウの甲府盆地、Bの石狩川にある盆地はエの上川盆地、Dの信濃川にある盆地はアの長野盆地である。
問2　Cの利根川の平野は関東平野、Eの木曽川の平野は濃尾平野、Fの淀川の平野は大阪平野、Gの筑後川の平野は筑紫平野である。
問3　解答にない②は最上川である。

5　日本の地形・地名③　本冊25ページ

問1　①　男鹿半島　②　エ　　問2　エ
問3　ア　　問4　①　宍道湖　②　1
問5　リアス海岸　　問6　島根県・広島県
問7　A→B→C→D→E

解説

Aは秋田県の男鹿半島、Bは能登半島と富山湾、Cは関東平野、Dは宍道湖と中海、Eは広島湾を中心とした地図である。
問1　②　八郎潟干拓地の大潟村は北緯40度、東経140度の地点がある。

ステップアップ

房総半島の南端あたりには北緯35度、東経140度、兵庫県明石市の少し北には北緯35度、東経135度の地点がある。大潟村の位置を含めた3点を知っておくと、緯度や経度がつかみやすくなるうえ、この線を基準とすることで、ある程度日本全国の緯度と経度を把握することもできる。白地図に緯線と経線を書きこんで練習してみよう。

135度　140度

問2　エの阿賀野川は福島県から流れ出し、新潟県の越後平野で海に出る。流域では第二水俣病が発生した。ア〜ウの川は、いずれも富山県内を流れる川である。最も東に位置する黒部川の上流には有名な黒部ダムがある。

問3　湖面面積が最も大きいのは滋賀県の琵琶湖である。地図C中にある湖は、2番目に大きな霞ヶ浦である。イの関東地方で海に面していない県は群馬県、栃木県、埼玉県の3県、ウのほうれんそうの上位は埼玉県、群馬県、千葉県、茨城県となっている。
問4　①　しじみで有名な宍道湖である。
　　②　地図D中には島根県、鳥取県、広島県、岡山県の4県が見られる。図中に県庁所在地があるのは島根県の松江市のみである。
問6　DとEの2つの地図に描かれた島根県と広島県である。

6　日本各地の気候　本冊29ページ

問1　A ⓓ・カ　　B ⓑ・イ　　C ⓒ・オ
　　D ⓐ・エ　　E ⓔ・ウ　　F ⓕ・ア
問2　冷害　　問3　水田単作地帯
問4　高冷地農業　　問5　二毛作
問6　讃岐平野　　問7　季節風
問8　さとうきび・パイナップル・マンゴーなどから2つ

解説

問1　降水量が少ない雨温図はⓒ・ⓓ・ⓔで、それぞれ1月の気温から、ⓒはCの内陸、ⓓはAの北海道、ⓔはEの瀬戸内の気候となる。残った雨温図のうち、冬の気温が高いⓕはFの南西諸島、夏の降水量の多いⓐはDの太平洋側、冬の降水量の多いⓑはBの日本海側の気候である。

7　農業生産の工夫　本冊33ページ

a ④　b ⑦　c ⑤　d ①　e ⑥
f ③　g ②

解説

a　最上川下流の庄内平野である。
b　長野県の野辺山原である。抑制栽培（高冷地農業）が行われている。
c　静岡県の牧ノ原である。開拓が行われ、茶の産地となった。
d　鳥取県の鳥取平野で、東部には鳥取砂丘がある。都市向けの作物を生産することを園芸農業という。
e　岡山県南部の三大干拓地の児島湾の周辺である。
f　香川県の讃岐平野である。ため池では十分な水を得られなかったことから、戦後水不足解消のために、吉野川から香川用水を引いた。
g　宮崎県南部の宮崎平野である。

ステップアップ

■各地の用水

　日本では、昔から水が不足している地域で、離れた川や湖から用水を引いてきた。農業用水のほか、生活用水や工業用水にも利用されている。香川用水以外にも以下の用水は確認しておこう。

・玉川上水…江戸時代に江戸に飲み水を送るために引かれた用水。
・箱根用水…江戸時代に現在の神奈川県の芦ノ湖から静岡県に引かれた用水。
・琵琶湖疏水…琵琶湖から京都に引かれた用水で、開通によって作られた水力発電所によって、京都では日本で最初の電車も走るようになった。
・安積疏水…阿武隈川から水を引けなかった郡山盆地に猪苗代湖から引かれた用水。
・明治用水、愛知用水、豊川用水
　　明治時代に岡崎平野に明治用水が引かれた。戦後には知多半島へ愛知用水、渥美半島へ豊川用水が作られた。
・両総用水…戦後、利根川から千葉県に引かれた用水。千葉県がかつて上総と下総という国名であったことから名づけられた。

8　漁業がさかんな場所　本冊37ページ

問1　オ　問2　ア　問3　③　問4　エ
問5　X　銚子港・B　　Y　境港・D

解説

問2　国内で船が製造されなくなったわけではない。
問3　③が親潮の千島海流である。プランクトンが豊富で魚介類がよく育つことから親潮とよばれる。④は色が濃いことから黒潮とよばれる日本海流である。
問5　Xは漁獲量が全国1位であるということからBの銚子港である。Yは日本海側で最も漁獲量が多いということからDの境港である。地図中のAは釧路港、Cは焼津港である。

9　工業地帯と工業地域　本冊41ページ

問1　a　イ　b　エ　c　ウ
問2　A　①・ウ　B　③・イ　C　④・エ

地図から①の京浜工業地帯、②の東海工業地域、③の中京工業地帯、④の阪神工業地帯、⑤の瀬戸内工業地域、⑥の北九州工業地帯のグラフということがわかる。Aは機械が40％台で化学が15％を超えることから京浜、Bは機械が60％台であることから中京、Cは機械が30％台で化学が20％前後ではないことから阪神、Dは機械が40％台後半で金属も化学も15％を超えていないことから東海、Eは機械が30％台で化学が20％前後であることから瀬戸内、Fは機械が40％台で金属が15％を超えていることから北九州である。せんいが2％を超えたEは瀬戸内、1％を超えたCは阪神と考えることもできる。
　また、工業出荷額のB→C→E→A→D→Fという順番から、中京→阪神→瀬戸内→京浜→東海→北九州と出すこともできる。
問1　aは金属、bは機械、cは化学、dはせんいである。
問2　アは20世紀の初めから鉄鋼業、地位が低下ということから北九州、イは古くは陶磁器の生産、現在最も工業生産額が多い、自動車中心ということから中京、ウは人口が多い、印刷業ということから京浜、エは江戸時代に各地の産物が集まる、中小企業の割合が大きいことから阪神、オは西側で輸送用機械、東側で製紙・パルプ工業ということから東海、カは古くから海運が発達、塩田の跡地ということから瀬戸内である。

10　工業都市と立地条件　本冊45ページ

問　イ

解説

問　地図Aは日本全国に点在していることから半導体工場、地図Bは四日市や周南などにあることから石油化学工場、地図Cは愛知県に多く集まっていることから自動車工場、地図Dは室蘭や東海などにあることから製鉄所である。

11　日本人の食生活の変化　本冊49ページ

問1　ウ　問2　ア

解説

問1　資料IIを見ると、魚介類も自給率が50％程度と決して高くはないうえ、米や野菜の自給率は比較的高いことがわかる。アは資料VI、イは資料IIと資料IV、エは資料IIIと資料Vを参考に考える。

12 日本の人口　本冊53ページ

問1　①　ベビーブーム　②　ひのえうま
問2　1946年　　問3　え→い→う→あ
問4　エ

解説

問2　1945年は終戦の年で、戦争で多くの人が亡くなっている。翌年の1946年は外国に住んでいた人たちが敗戦によって帰国したこと（復員という）などもあり、人口が大幅に増加した。

問3　（い）の人口ピラミッドでは30歳前後の男性が減っていることがわかる。戦争で亡くなったことが想定できるので、1950年の人口ピラミッドと判断する。（え）は減少が見られないので1930年である。あとは少子化が進んでいることを踏まえ、（う）→（あ）という順になる。

問4　目盛りの数値が異なることに注意。沖縄県の目盛りは6万人までであるのに対し、東京都は60万人までとなっている。

13 日本の貿易　本冊57ページ

1 問1　加工貿易
　　問2　①　エ　②　ア　③　ウ　④　イ
　　問3　①

解説

問2　①と②は比較的小さくて軽くて高価なものであることから空港とわかる。貿易額や金があることから①がエの成田国際空港、②はアの関西国際空港である。③は輸出品目がすべて自動車関係であることから名古屋港、エは輸入品目の1位にたばこがあることから神戸港である。

問3　輸入額が輸出額を上回っているのは、①の成田国際空港だけである。

2 イ

解説

　1980年代から1990年代にかけては輸出超過で貿易黒字になっていることからイが誤りである。

14 交通と輸送　本冊61ページ

問1　エ　　問2　ア

解説

問1　ア　割合は2020年度の自動車のほうが低いが、総輸送量がちがう。

　イ　割合が最も増えたのは自動車である。
　ウ　貨物と旅客を単純に比較することはできない。

問2　Aは島が多い県であることから海上輸送、Bは上位の都道府県に距離があることから航空輸送、Cは人口の多い都市があることからバスと判断できる。

15 資源・エネルギー　本冊65ページ

1 エ

解説

　Ⅱはどの年代でも最も多くなっていることから石油、Ⅲは増加傾向にあることからガスである。

2 ウ

解説

　Aは天気の影響を「受けない」とあることから「地熱」である。天気の影響を「強く受ける」というBとCは、Bは発電に適した場所が「あまり限られない」とあることから「太陽光」、Cは発電に適した場所が「限られる」とあることから「風力」である。

1 原始時代の生活や道具　本冊69ページ

問1　1　岩宿　　2　三内丸山　　3　高床倉庫
　　　4　吉野ヶ里　　5　奴国（奴）　　6　卑弥呼

問2　ア　　問3　エ　　問4　ウ

解説

問1　1　相沢忠洋が打製石器を発見とあることか
　　　ら、岩宿遺跡である。
　　　2　青森県の縄文時代の遺跡とあることから
　　　三内丸山遺跡である。食料を求めて移住して
　　　いたとされる縄文時代に、定住生活を送って
　　　いたとして北海道や秋田県、岩手県の遺跡な
　　　どとともに世界文化遺産に登録されている。
　　　3　稲をたくわえるとあることから、高床倉庫
　　　である。
　　　4　佐賀県の環濠集落とあることから吉野ヶ
　　　里遺跡である。
　　　5　この金印は「漢委奴国王」が刻まれたもの
　　　と考えられるため、奴国（奴）である。
　　　6　邪馬台国の女王とあることから、卑弥呼で
　　　ある。

問2　アは縄文土器、イは弥生土器、ウは銅鐸、エは
　　　埴輪である。

問3　エの大森貝塚は、モースが発見した縄文時代の
　　　遺跡である。青銅器や鉄器は、日本では弥生時代
　　　に使用がはじまった。

問4　環濠集落とは、戦いに備えて周りを堀で囲んだ
　　　集落のことであるためウとなる。

2 飛鳥時代の中央集権体制　本冊73ページ

問1　イ　　問2　イ　　問3　ア　　問4　イ
問5　ア　　問6　エ

解説

問1　十七条の憲法の最初は有名な「和をもって貴
　　　しとなす」からはじまるためイとなる。ア・ウ・
　　　エも十七条の憲法の内容である。

問2　（　A　）は聖徳太子が助けた天皇とあるため
　　　「推古」が入る。（　B　）は聖徳太子がともに
　　　（　A　）天皇を支えたとあるため「馬子」が入る。
　　　ア　（　A　）には「推古」が入る。
　　　ウ　推古天皇の摂政は聖徳太子である。
　　　エ　大山古墳は仁徳天皇の古墳と考えられて
　　　いる。

問3　アは630年、イは弥生時代、ウは538（552）年、

エは4世紀以降のできごとである。

問4　ア　聖徳太子は蘇我氏とは最初から協力して政
　　　治を行っていた。
　　　ウ　当時の都は飛鳥（現在の奈良県）で、蘇我
　　　氏は都で権力を握っていた。
　　　エ　初めての戸籍は天智天皇が作った庚午年
　　　籍（670年）である。

問5　（　C　）は中大兄皇子や中臣鎌足に殺されと
　　　あるので、「入鹿」が入る。問2より（　B　）
　　　には「馬子」が入るためアとなる。

問6　ア　中大兄皇子は天智天皇となった。
　　　イ　このときの大化の改新では、天皇中心の
　　　政治を目指した。
　　　ウ　藤原京は694年の持統天皇のときに作られ
　　　た都である。

3 奈良時代の律令政治の乱れ　本冊77ページ

問1　ア　聖武　　イ　東大寺　　問2　イ
問3　(1)　ア　　(2)　唐　　(3)　阿倍仲麻呂
　　　(4)　菅原道真

解説

問1　（　ア　）は、全国に国分寺・国分尼寺を建て
　　　たとあるため「聖武」となる。（　イ　）は聖武
　　　天皇が建立して大仏を置いた寺とあるため「東大
　　　寺」である。

問2　聖武天皇はききんや伝染病、貴族同士の争いか
　　　ら仏教の力で国を守ろうとしたことからイとなる。

問3　(1)　bは室町時代のことである。aの戒律と
　　　は、僧の守るべき決まりのことである。
　　　(2)　最初の遣唐使が630年なので、奈良時代を
　　　通じて中国は唐であった。
　　　(3)　唐の皇帝に仕えた阿倍仲麻呂である。「倍」
　　　の字に注意。
　　　(4)　遣唐使の停止を提案した菅原道真である。
　　　「菅」の字に注意。

4 平安時代の権力者の推移　本冊81ページ

問1　白河　　問2　ウ　　問3　エ
問4　桓武　　問5　イ　　問6　平将門
問7　ウ　　問8　B→C→A

解説

「この年」は、Aは1116年、Bは815年前後、Cは
968年だが、明確にしなくても解くことができる。

問1　院政をはじめた上皇ということから、「白河」
　　　が入る。院政の開始は1086年である。

問2 当時大きな力をつけたのは、天皇を祖先とする平氏や源氏である。

問3 エの保元の乱は、1156年に天皇と上皇の対立から起こった争いで、平清盛は天皇方について勝利した。その後、1159年に平治の乱が起こっている。アは室町時代の1467年、イは鎌倉時代の1221年、ウは平安時代の939年である。

問4 平安京に遷都した天皇ということから「桓武」が入る。平安京の遷都は794年である。

問5 ア 蝦夷は差別的な意味が含まれた言葉で、朝廷に従わない人びとに対してつけられたものである。
ウ 守護と地頭は鎌倉時代の武士が任ぜられたものである。

問6 藤原氏が政治を独占したということは平安時代のことである。平安時代に関東で反乱を起こしたということから「平将門」である。

問7 ア 大化の改新で活躍した中臣鎌足がもらったのが藤原の姓である。701年の大宝律令制定に関わった藤原不比等やその子どもたちなど、奈良時代にも権力を握っていた。不比等の娘の光明子が聖武天皇の皇后になったことからも権力の大きさがわかる。
イ 菅原道真が遣唐使停止を意見したのは894年であり、9世紀末のことである。

問8 Aは上皇、Bは天皇、Cは貴族の政治を示しているので、B→C→Aとなる。

5 執権政治と鎌倉幕府の滅亡　本冊85ページ

問1 エ　問2 あ イ　い ア　う エ
問3 B ①・3代　C ④・弘安の役
問4 え 六波羅探題　お 新田義貞
　　 か 建武の新政

解説

問1 鎌倉時代に関係の深いものとあるので、エの金剛力士像となる。アは金閣（室町時代）、イは東大寺の大仏（奈良時代）、ウは平等院鳳凰堂（平安時代）である。

問2 （あ）は、政治や財政を行うとあることから「政所」、（い）は裁判を行うとあることから「問注所」、（う）は御家人をまとめるとあることから「侍所」である。

問3 B 源氏の将軍がとだえたのは「3代」までであり、1代頼朝、2代頼家、3代実朝である。

C 1281年の2度目の元の襲来は「弘安の役」である。慶長の役は豊臣秀吉による2度目の朝鮮出兵（1597年）のことである。

問4 （え）は足利尊氏が攻め落としたとあることから京都の「六波羅探題」、（お）は鎌倉を攻撃したとあることから「新田義貞」、（か）は後醍醐天皇が始めた天皇中心の政治とあることから「建武の新政」である。

6 室町時代の発展と衰退　本冊89ページ

問1 A ウ　B イ　C オ　問2 イ
問3 イ　問4 (1) 応仁の乱　(2) （例）下の者が上の者を倒す下剋上の世になった。
問5 (1) 寄合　(2) エ

解説

問1 Aは室町幕府を開いたあることからウの足利尊氏、Bは3代将軍とあることからイの足利義満、Cは8代将軍とあることからオの足利義政である。エの足利義昭は室町幕府最後の15代将軍なので覚えておきたい。

問2 アは鎌倉時代、イは室町時代、ウは江戸時代の政治のしくみである。

問3 足利義満が行ったことを選ぶ問題である。
ア 貿易を始めたのは宋ではなく明である。
ウ 足利義満が保護したのは能である。歌舞伎は江戸時代の文化である。
エ 建武の新政を行ったのは後醍醐天皇である。

問4 (1) 8代将軍のあと継ぎをめぐる対立とあることから応仁の乱である。
(2) 下剋上とよばれる下の者が上の者を倒して成り代わることができる世になった。このような時代を戦国時代とよぶ。

問5 (1) 農村で行われた話し合いとあることから「寄合」である。
(2) 青森のりんご栽培は明治時代からはじまった。

7 戦国時代の天下への道　本冊93ページ

問1 イ　問2 ウ　問3 エ　問4 ア
問5 エ　問6 Ⅰ ×　Ⅱ ×　問7 エ

解説

問1 南蛮とは16世紀半ばから交流のあったスペインとポルトガルを指す。

問2 ア 座については特権を認めたのではなく、廃止した。

イ　1573年、織田信長は足利義昭を京都から追放して室町幕府は滅亡している。武田氏と戦った長篠の戦いは1575年である。

エ　信長が本拠地としたのは京都ではなく、琵琶湖東岸の安土（現在の滋賀県）である。

問3　長篠の戦いでは、鉄砲隊が活躍したとされる。

問4　豊臣秀吉が田畑の面積をはかったということからアの太閤検地である。イの農地改革は昭和時代、ウの地租改正は明治時代、エの公地公民は飛鳥時代以降、オの荘園制度は奈良時代に出された墾田永年私財法がきっかけになったものである。

問5　佐賀県ということからエの有田焼である。アの益子焼は栃木県、イの九谷焼は石川県、ウの備前焼は岡山県、オの信楽焼は滋賀県である。

問6　Ⅰ　信長と対立したのは比叡山延暦寺などの仏教勢力である。南蛮寺とはキリスト教の教会堂であり、信長はむしろキリスト教を保護していた。

Ⅱ　秀吉は宣教師の追放を行ったが、キリスト教国との貿易は認めていた。

問7　①はさまざまな政策を行って天下統一を果たした秀吉を、②は信長、秀吉に仕えながら時期を待ち江戸幕府を開いた徳川家康を、③は対抗勢力を滅ぼして天下統一を目指した信長の性格を表したものである。

8　江戸幕府の政治と外交　本冊97ページ

問1　徳川家光・エ　　問2　ウ・熊本県
問3　①　松前　　②　昆布
問4　ア　○　　イ　○　　ウ　×

解説

問1　鎖国政策を行ったということから、3代将軍の「徳川家光」である。1635年に武家諸法度に参勤交代の制度を定めている。アの御成敗式目は1232年に北条泰時が定めたもの、イの刀狩令を出したのは安土桃山時代の豊臣秀吉、ウの一国一城令は江戸幕府の2代将軍徳川秀忠が1615年に定めたものである。

問2　文章が示しているのは、1637年の「島原・天草一揆」であるため、ウのBとCの間となる。この一揆をきっかけに、江戸幕府は絵踏や寺請制度といったキリスト教禁止を徹底するようになった。島原は現在の長崎県、天草は熊本県である。

問3　①は蝦夷地との窓口とあることから「松前」で

ある。②は蝦夷地でとれたということ、イラストの料理から「昆布」と推測する。イラストの沖縄料理はクーブイリチーという昆布の炒め物であり、沖縄ではとれない昆布は、江戸時代に琉球王国に伝わり、貴重なもの、めでたいものとして家庭料理にも使われるようになったとされる。

問4　ウ　薩摩藩は琉球王国を支配していたが、中国との貿易は禁止しておらず、むしろ中国の産物を手に入れて利益を得ていた。

9　江戸幕府の政治改革　本冊101ページ

問1　⑥
問2　②　ウ・ク　　④　ケ・ス　　⑥　カ・シ
問3　①

解説

問1　③→④→①→⑥→⑤→②の順になる。

問2　解答のほか、アは3代将軍徳川家光の政策、オは6・7代将軍に仕えた新井白石の政策ということは覚えておきたい。

問3　浅間山の噴火は、天明のききんのきっかけともなった。その後の松平定信による寛政の改革は、このききん対策でもあった。

10　外国船接近から江戸幕府の滅亡　本冊105ページ

問1　1　外国船（異国船）打払　　2　ペリー
　　　3　日米和親　　4　井伊直弼
　　　5　日米修好通商

問2　ア　　問3　イ
問4　(1)　（名前）ハリス　（国名）イ
　　　(2)　ウ　(3)　イ

解説

問1　（　1　）は1825年に出された外国船の砲撃を命じたものということから「外国船打払（令）」、（　2　）は1853年に浦賀に来たとあることから「ペリー」、（　3　）は1854年に結ばれた条約ということから「日米和親（条約）」、（　4　）は1858年のときの大老ということから「井伊直弼」、（　5　）は1858年に結ばれた条約ということから「日米修好通商（条約）」である。

問2　アのノルマントン号はイギリスの汽船で、1886年に難破した際、日本人乗客が全員死亡し、治外法権の撤廃の必要性を国民に知らしめた事件を起こした。長崎港内に侵入したイギリス船は、1808年のフェートン号である。

問3　イ　日米和親条約は、あくまでアメリカ船への

補給を認めたものであり、貿易は認められ<ruby>ていなかった。

問4　(1)　当時、<ruby>下田<rt>しもだ</rt></ruby>にあったアメリカ領事館に、総領事として来ていたハリスである。日米修好通商条約で日本が認めた<ruby>治外法権<rt>りょうじさいばん</rt></ruby>（領事裁判権）は、日本で罪を犯したアメリカ人を日本の<ruby>法律<rt>ほうりつ</rt></ruby>で<ruby>裁<rt>さば</rt></ruby>けなかった（アメリカの領事館で<ruby>裁<rt>さば</rt></ruby>く）ことからイとなる。

　　　(2)　ア　最初は輸出額のほうが多く、その<ruby>影響<rt>えいきょう</rt></ruby>で日本国内の物価が上がった。
　　　　　　イ　<ruby>下関<rt>しものせき</rt></ruby>で砲撃したのは、<ruby>薩摩藩<rt>さつまはん</rt></ruby>ではなく<ruby>長州藩<rt>ちょうしゅう</rt></ruby>である。

　　　(3)　不平等条約である日米修好通商条約は、1858年に結ばれ、1911年にすべて改正されたことからイの約50年となる。

11　<ruby>明治維新<rt>めいじいしん</rt></ruby>と国内整備　本冊109ページ

1　問1　イ
　　　問2　(1)　A　米　　B　現金
　　　　　　(2)　(例)　<ruby>江戸<rt>えど</rt></ruby>時代と<ruby>負担<rt>ふたん</rt></ruby>が変わらなかったため、反対<ruby>一揆<rt>いっき</rt></ruby>が起こった。
　　　問3　富岡製糸場　　問4　富国強兵

解説
問1　廃藩置県の目的は中央集権国家を作るためであり、中央の命令をいきわたらせるためであった。このことから<ruby>国司<rt>こくし</rt></ruby>を<ruby>派遣<rt>はけん</rt></ruby>して各国に役人を派遣したイとなる。
問2　(1)　地租改正の説明であるので、（　A　）は「米」、（　B　）は「現金」となる。
　　　(2)　これまでの税収を減らさないとあることから江戸時代と変わらなかったことがわかり、農民の不満が高まって一揆が起こった。
問3　<ruby>群馬<rt>ぐんま</rt></ruby>県の官営工場で世界遺産に登録とあることから「富岡製糸場」である。
問4　国を富ませて近代的な軍隊を作る「富国強兵」である。

2　問1　自由民権運動　　問2　<ruby>西南<rt>せいなん</rt></ruby>戦争
　　　問3　<ruby>自由党<rt>じゆうとう</rt></ruby>　　問4　<ruby>天皇<rt>てんのう</rt></ruby>　　問5　25

解説
問1　<ruby>板垣退助<rt>いたがきたいすけ</rt></ruby>が中心となって国民の権利を求めた「自由民権運動」である。
問2　<ruby>西郷隆盛<rt>さいごうたかもり</rt></ruby>率いる士族を、政府の近代的な軍隊が破った「西南戦争」である。
問3　政府が国会開設を発表したことから、板垣退助は「自由党」を作った。このとき、<ruby>大隈重信<rt>おおくましげのぶ</rt></ruby>が作っ

た<ruby>立憲改進党<rt>りっけんかいしんとう</rt></ruby>も知っておきたい。
問4　大日本帝国憲法は、「<ruby>天皇<rt>てんのう</rt></ruby>」に強い権力を認めたものであった。
問5　選挙権が最初に認められた年齢は「25（<ruby>歳<rt>さい</rt></ruby>）」であった。その後1945年に20歳以上となり、2015年に現在の18歳以上となった。

12　<ruby>明治<rt>めいじ</rt></ruby>時代の<ruby>朝鮮<rt>ちょうせん</rt></ruby>をめぐる争い　本冊113ページ

問1　エ　　問2　ア　　問3　フランス・ドイツ
問4　イ　　問5　（アメリカ大統領）ルーズベルト（ローズベルト）（日本の<ruby>全権<rt>ぜんけん</rt></ruby>）<ruby>小村寿太郎<rt>こむらじゅたろう</rt></ruby>

解説
問1　西郷隆盛は、征韓論について海外視察から戻った<ruby>大久保利通<rt>おおくぼとしみち</rt></ruby>らに反対されて、政府をやめている。
問2　<ruby>日清<rt>にっしん</rt></ruby>戦争のきっかけは東学党の乱（甲午農民戦争）であり、<ruby>柳条湖<rt>りゅうじょうこ</rt></ruby>事件は1931年のできごとで<ruby>満州<rt>まんしゅう</rt></ruby>事変のきっかけとなった事件である。
問4　アの内村鑑三はキリスト教徒の立場から日露戦争に反対した人物、ウの<ruby>乃木希典<rt>のぎまれすけ</rt></ruby>は日露戦争の際に<ruby>旅順<rt>りょじゅん</rt></ruby>攻略を<ruby>指揮<rt>しき</rt></ruby>した陸軍の軍人、エの<ruby>東条英機<rt>とうじょうひでき</rt></ruby>は太平洋戦争開戦時の<ruby>内閣<rt>ないかく</rt></ruby>総理大臣である。
問5　日本とロシアの<ruby>仲介<rt>ちゅうかい</rt></ruby>をしたのは「（セオドア・）ルーズベルト（ローズベルト）」であり、日本の全権は「小村寿太郎」であった。

13　軍部の台頭と敗戦への道　本冊117ページ

問1　A　<ruby>全国水平社<rt>ぜんこくすいへいしゃ</rt></ruby>　　B　<ruby>関東大震災<rt>かんとうだいしんさい</rt></ruby>
　　　C　<ruby>世界恐慌<rt>せかいきょうこう</rt></ruby>　　D　<ruby>犬養毅<rt>いぬかいつよし</rt></ruby>　　問2　エ
問3　(1)　25歳以上の男子　　(2)　治安維持法
問4　<ruby>満州事変<rt>まんしゅうじへん</rt></ruby>　　問5　リットン　　問6　ウ

解説
問1　（　A　）は1922年に結成、人間の差別をなくすとあることから「全国水平社」、（　B　）は1923年に起きた<ruby>経済<rt>けいざい</rt></ruby>悪化の要因ということから「関東大震災」、（　C　）は1929年にアメリカではじまった経済悪化の要因ということから「世界恐慌」、（　D　）は満州国<ruby>承認<rt>しょうにん</rt></ruby>に積極的でなく暗殺された首相ということから「犬養毅」である。
問2　アの<ruby>津田梅子<rt>つだうめこ</rt></ruby>は幕末にアメリカに<ruby>渡<rt>わた</rt></ruby>り学んだ後に帰国し、日本の女子教育に力を入れた人物、イの<ruby>杉原千畝<rt>すぎはらちうね</rt></ruby>は第二次世界大戦中に多くのユダヤ人を助けた人物、ウの<ruby>樋口一葉<rt>ひぐちいちよう</rt></ruby>は<ruby>明治<rt>めいじ</rt></ruby>時代の小説家である。
問3　このとき認められたのは「25歳以上の男子」

であり、女性の選挙権は認められなかった。

問4　柳条湖事件をきっかけとした「満州事変」である。

問6　⑤の事件は五・一五事件である。これにより政党政治が終わり、軍部の発言力が強まっていった。

14　日本の敗戦と戦後の改革　本冊121ページ

問1　エ　　問2　ウ　　問3　国家総動員法

問4　太平洋戦争　　問5　そかい

問6　原子爆弾　　問7　ポツダム

問8　マッカーサー　　問9　イ

解説

問1　満州は中国の北東部を指すためエとなる。

問2　日中戦争のきっかけということからウの盧溝橋事件である。アは満州事変のきっかけ、イは満州国建国に積極的でなかった犬養毅首相を暗殺した事件、エは軍部がクーデターによって東京を占拠した事件である。

問3　1938年に出された物資や労働力を国が統制できるようにした「国家総動員法」である。

問4　1941年にはじまった「太平洋戦争」である。

問7　1945年7月に連合国が降伏を求めた「ポツダム（宣言）」である。

問9　ＧＨＱの政策によって、女性にも選挙権が与えられたためイが誤りである。

15　戦後の日本の歩み　本冊125ページ

問1　ポツダム宣言　　問2　ウ

問3　サンフランシスコ平和条約　　問4　エ

問5　持ちこませず　　問6　イ

問7　集団的自衛権　　問8　佐藤栄作

解説

問1　1945年7月に連合国が出した「ポツダム宣言」である。

問2　日本国憲法の公布はウの1946年11月3日である。施行は1947年の5月3日である。

問3　連合国48か国と結んだ「サンフランシスコ平和条約」である。ただしソ連は欠席、中国は招待されていなかった。

問4　主要国首脳会議（サミット）へ参加しているのは、アメリカ・イギリス・フランス・カナダ・ドイツ・イタリア・日本の7か国（Ｇ7）である。

問5　非核三原則は、1967年に当時の佐藤栄作首相が答弁で使用したのが最初である。

問6　導入時の税率はイの3％であり、その後5％、8％、10％となっている。

問7　同盟国への攻撃を自国への攻撃とみなして、攻撃した国に反撃する権利を「集団的自衛権」という。自国への攻撃に対して反撃する権利は個別的自衛権とよばれる。

問8　首相のときに発表した非核三原則が認められてノーベル平和賞を受賞した佐藤栄作である。

公民

1 憲法の三原則　本冊129ページ

問1　国民　　問2　エ　　問3　ウ　　問4　イ
問5　ア　　問6　(1) エ　　(2) エ

解説
問1　国のあり方を最終的に決める権利を主権という。日本国憲法では、主権を持つのは「国民」である。
問3　帝国議会では衆議院と貴族院であったためウとなる。現在は衆議院と参議院の二院制となっている。
問4　天皇の国事行為には内閣の助言と承認が必要である。

2 基本的人権　本冊133ページ

問1　(1) A　イ　　B　ウ・エ・カ　　C　ア・オ
　　(2) ア　　(3) ウ
問2　公共の福祉　　問3　ア

解説
問1　(2) イ　国民審査が行われるのは、衆議院議員総選挙のときである。
　　　　ウ　参議院議員の被選挙権は30歳である。
　　　　エ　選挙の争点により上下しているが、全体的には下がっているといえる。
問2　大多数の人びとの利益を「公共の福祉」という。個人の基本的人権は最大限に尊重されなければならないが、ときに公共の福祉と天秤にかけられ、制限されることもある。
問3　アは請求権であるので誤りである。イは環境権、ウは知る権利、エは自己決定権である。

ステップアップ
　新しい人権は「環境権」「知る権利」「プライバシーの権利」が有名であるが、以下の2つも知っておきたい。
自己決定権…個人が自分の生き方や生活の仕方について自分自身の判断で決定できる権利。
忘れられる権利…インターネット上にある自分の個人情報を削除できる権利。

3 三権分立　本冊137ページ

問1　国民　　問2　ア　　問3　エ
問4　内閣総理大臣　　問5　ウ

解説
問1　主権者とあるので「国民」である。
問2　Bは国民から国会に向いていることから「選挙」、Cは国民から内閣に向いていることから「世論」、Dは国民から裁判所に向いていることから「国民審査」となる。
問3　エ　地域裁判所はない。最高・高等・簡易裁判所のほか、地方・家庭裁判所がある。
問4　内閣の長であることから「内閣総理大臣」である。
問5　ウ　違憲立法審査権は裁判所が国会に対しても持つものであるから⑥、弾劾裁判は国会が裁判所の裁判官を辞めさせるかどうかを決めるものであるから⑤である。

4 国会のはたらき　本冊141ページ

1　問1　二院制（両院制）　　問2　ウ　　問3　ウ
　　問4　ア　×　　イ　×　　ウ　○　　エ　×

解説
問1　衆議院と参議院からなる「二院制（両院制）」である。審議を慎重に行える利点がある反面、審議に時間がかかる欠点がある。
問2　ア　立候補できる年齢は、衆議院が25歳、参議院が30歳である。
　　　　イ　衆議院議員の任期は4年である。
　　　　エ　国会に対して解散請求はできない。
問3　ウの憲法改正の発議に関しては、衆議院も参議院も3分の2以上の賛成が必要であり、平等である。
問4　ア　通常国会の会期は150日である。
　　　　イ　特別国会が開かれるのは、衆議院の総選挙から30日以内である。
　　　　エ　本会議を開くのに必要なのは、総議員の3分の1以上の出席である。この3分の1を「定足数」という。
2　問1　オ
　　問2　D　最高　　E　立法

解説
問1　各議院の総議員の3分の2というのは、衆議院で3分の2、参議院で3分の2のということである。
問2　国会は、内閣や裁判所と異なり、主権を持つ国民から直接選ばれた代表者が集まっていることから、最高機関とされる。

5 内閣のはたらき　本冊145ページ

問1　A　指名　　B　任命　　問2　議院内閣制
問3　イ　　問4　閣議　　問5　イ・エ
問6　①　財務省　　②　厚生労働省
　　　③　総務省　　④　防衛省　　⑤　環境省
問7　こども家庭庁

解説

問1　指名の「名」と任命の「命」の字は異なるので気をつけよう。

問2　「議院内閣制」である。問いでは、憲法にある「連帯して」という表現がよく使われるので覚えておきたい。

問3　不信任決議の可決後の日程はおさえておきたい。内閣は「10日以内」に総辞職か衆議院の解散かを決める。衆議院を解散する場合は「40日以内」に衆議院議員総選挙を行い、その後「30日以内」に特別国会を開かなければならない。

問4　内閣の会議で「閣議」といい、週に2回行われている。原則全会一致でものごとを決める。これを閣議決定といい、内閣の政策を決める土台となる。

問5　イもエもかつて日本にあった省である。イの文部省は現在の文部科学省、エの郵政省は総務省に組みこまれた。

ステップアップ

原子力規制委員会は、東日本大震災翌年の2012年に設置され、原子力利用における安全に関する仕事を行っている。福島第一原子力発電所の事故を受け、原子力行政を経済産業省から環境省に移すことにともなって設置された。

6 裁判所のはたらき　本冊149ページ

問1　検察官　　問2　イ
問3　A　良心　　B　内閣　　問4　ウ
問5　国会　　問6　国民審査

解説

問1　公益とは国民の利益のことであり、これを守るために被害者に代わって刑事裁判に関わるのは「検察官」である。

問2　①は貸した側、借りた側の話を聞き、どちらがより正しいかを判断するものであるため、ⓐの民事裁判である。②は税金という国や地方公共団体といった行政の決定に対して裁判を起こすものであるため、ⓒの行政裁判である。訴える相手が国や地方公共団体である場合をとくに行政裁判（行政訴訟）というが、これは民事裁判のひとつとされる。③は自転車によってお年寄りにけがをさせているという事実があることからⓑの刑事裁判である。

問3　B　最高裁判所の長官を指名、それ以外の裁判官を任命とあることから「内閣」である。

問4　ア　裁判員制度は2009年に初めて導入されたものである。
　　イ　裁判員裁判は、3人の裁判官と6人の裁判員によって有罪か無罪を決定する。
　　ウ　重大な刑事裁判の一審は、全国に50ある地方裁判所で必ず行われる。

問6　国民が最高裁判所の裁判官を辞めさせるかどうか判断する「国民審査」である。最高裁判所の裁判官は、任命された後に初めて行われる衆議院議員総選挙で国民審査を受け、その後は、審査から10年経過した後に初めて行われる衆議院議員総選挙の際に国民審査を受ける。

7 地方自治　本冊153ページ

問1　条例　　問2　ア　　問3　15000人以上
問4　A　イ　　B　ア　　問5　民主主義

解説

問2　首長の被選挙権は、都道府県知事は30歳以上、市町村長は25歳以上である。

問3　解職請求には有権者の3分の1以上の署名が必要となるため、「15000人以上」となる。ただし、有権者が40万人を超える場合には別の規定がある。

問4　A　吉野川とあるので、徳島県である。
　　B　米軍ヘリポート基地とあり、米軍基地が集中する沖縄と推測する。この住民投票は、沖縄県宜野湾市にあるアメリカの普天間飛行場を、沖縄県名護市辺野古に移設する動きの中で行われたものである。

8 国と地方の財政　本冊157ページ

問1　ウ　　問2　社会保障（関係）費
問3　日本銀行　　問4　エ　　問5　エ

解説

問1　アの消費税→イの所得税→ウの法人税→エの相続税の順になる。アとイは逆になる年もある。

問2　年金や医療、生活保護などを含む「社会保障（関係）費」である。少子高齢化にともない、そ

の額は増え続けている。

問3　物価の安定を図るために、日本銀行は国債の売買などによって通貨量を調節している。

問4　ア　歳入の多い東京都は交付されていない。
　　　イ　使い道は決められていない。決められているのは国庫支出金である。
　　　ウ　国から支給されるもので、返済の必要はない。

問5　ア　消費税の導入は、昭和ではなく平成のはじまりの1989年である。
　　　イ　最初は5％ではなく、3％であった。
　　　ウ　所得に関係なく税率は一定である。

ステップアップ

　消費税は社会保障費を充実させるために1989年に導入された。以下の税率の推移をおさえておきたい。
・1989年　3％　竹下登首相
・1997年　5％　橋本龍太郎首相
・2014年　8％　安倍晋三首相
・2019年　10％　安倍晋三首相
※2019年の増税では、食品や生活必需品は税率8％のままとする軽減税率のしくみがとり入れられた。

9　日本の選挙　本冊161ページ

問1　ウ　　問2　公職選挙法　　問3　ウ
問4　エ　　問5　イ

解説

問1　ア　参議院の任期は6年である。
　　　イ　参議院の選挙区選挙は都道府県を基準に行われているが、4名以上という決まりはない。2つの県で2名という合区もある。
　　　エ　参議院として法案を否決できるが、これを拒否権とはいわない。

問3　ア　政党の結成は禁じられていない。
　　　イ　政党によって選ぶ選挙は、比例代表選挙である。
　　　エ　どの政党にも所属しない無所属議員もいる。

問4　女性の選挙権が認められたのは、戦後のGHQの改革によってであり、1945年のことである。

問5　イ　一票の格差が問題となるのは、憲法第14条の平等権である。

10　国際連盟と国際連合　本冊165ページ

問1　あ　ウ　い　イ　う　オ　　問2　イ
問3　(1)　アントニオ・グテーレス
　　　(2)　ア・ウ・エ・ク　(3)　エ

解説

問1　（あ）は国際連盟を提唱したアメリカ大統領とあるためウの「ウィルソン」、（い）は国際連合設立とあり、これは1945年に日本が降伏したあとのイの「10（月）」、（う）は国際連合において武力紛争が発生した場合に解決にあたる軍ということからオの「国連（軍）」となる。

問2　国際連盟において武力制裁は認められていなかったことからCは誤りである。

問3　(1)　国連の事務総長は任期5年で2期まで務めるのが通例となっており、2026年末までの任期となっている。
　　　(2)　安全保障理事会の常任理事国は第二次世界大戦で戦勝国となった、アメリカ・フランス・ロシア・中国・イギリスの5か国である。当然、連合国と対立した枢軸国（日本・ドイツ・イタリア）は常任理事国ではない。
　　　(3)　ア　国際連合の本部は、アメリカのニューヨークである。
　　　　　　イ　国連総会が開催されるのは毎年9月である。
　　　　　　ウ　日本はアメリカ・中国に次いで3番目の負担額である。

11　世界の環境問題　本冊169ページ

問1　ア　　問2　エ　　問3　二酸化炭素
問4　イ
問5　A　イ　　B　カ　　C　オ　　D　エ

解説

問1　A　南極は大陸であるため地表を覆う氷が溶けて海に流れこむと海面を上昇させることになる。南極は平均2000mをこえる厚さの氷に覆われている。
　　　B　台風は海水温の高い赤道付近で発生し海水温の高い地域で勢力を強めるが、温暖化が進み海水の温度が上がると、さらに勢力が強まる可能性がある。

問2　ラムサール条約は、1971年に水鳥の生息地となる湿地を守るために作られた条約である。

問3　もっとも多いのは二酸化炭素である。近年はメタンにも注目が集まっており、牛のゲップに含ま

れていることから、肉牛や乳牛を減らすために、牛肉や乳製品の購入を控える動きも出ている。

問4　イの石炭火力発電は、石炭を地中から掘り出して燃やすことから温室効果ガスの増加につながるため、クリーンとはいえない。

問5　Aはおもに太平洋のオセアニアに見られることからイの海水面の上昇、Bは赤道付近に見られることからカの熱帯林の減少、Cはヨーロッパや東アジア、アメリカ東海岸などに見られることからオの酸性雨、Dはアフリカやアジアの内陸部などに見られることからエの砂漠化である。アのオゾン層の破壊であれば極付近である。ウの黄砂は、おもに東アジアで見られ、砂漠地域で吹きあげられた砂やちりが上空の風に運ばれ、中国東部や朝鮮半島、日本に飛来する現象である。呼吸の際に体内に取りこまれるほか、汚染物質が付着している可能性もあり、人体に害を及ぼすとされている。

12　グローバル化が進む世界　本冊173ページ

問1　イ

問2　ア　アメリカ　　イ　イギリス
　　　ウ　ドイツ　　　エ　フランス
　　　オ　日本　　　　カ　イタリア

問3　ブラジル・ロシア・インド・中国・南アフリカ

問4　エ

解説

問1　1975年とあることからイの石油危機である。アの世界恐慌は1929年、ウの湾岸戦争は1991年、エのリーマンショックは2008年である。

問2　サミット参加国は、カナダのほかアメリカ・イギリス・フランス・日本・ドイツ・イタリアの7か国である。

問3　ブラジル（B）、ロシア（R）、インド（I）、中国（C）、南アフリカ（S）の頭文字をつなげたのがBRICSであり、とくに面積が広く、資源が豊かな新興国のまとまりとして知られる。

ステップアップ

　近年は新興国や発展途上国の総称をグローバルサウスとよぶ。世界経済の経済格差を示す南北問題の「南」にあたり、北半球の先進国との対比で使われる。
　国際社会の中で経済的・政治的に影響力を強めていることもあり、その動きに注目が集まっている。

問4　B　WTO（世界貿易機関）は、地域経済統合ではなく、国際機関である。
　　　C　2020年にEUを離脱したイギリスは、加盟中もユーロではなくポンドを使っており、EUはとくに加盟国にユーロの使用を義務づけてはいない。

7　漢字でまちがえる……　本冊187ページ

地理

1	択捉島	12	近郊農業
2	尖閣諸島	13	巻き網
3	薩摩半島	14	輪中
4	大隅半島	15	鹿嶋市
5	球磨川	16	苫小牧市
6	筑後川	17	倉敷市
7	飛驒山脈	18	掘り込み港
8	諏訪湖	19	鹿島臨海工業地域
9	八郎潟	20	貿易摩擦
10	促成栽培	21	輸入
11	抑制栽培	22	世界遺産

公民

1	国事行為	7	控訴
2	指名・任命	8	条例
3	間接民主制	9	介護保険
4	議院内閣制	10	国際紛争
5	弾劾裁判	11	拒否権
6	厚生労働省	12	世界保健機関

歴史

1	邪馬台国	19	後醍醐天皇
2	卑弥呼	20	一向一揆
3	竪穴住居	21	太閤検地
4	朝廷	22	蔵屋敷
5	蘇我氏	23	徳川綱吉
6	遣隋使	24	寺子屋
7	大宰府	25	蘭学
8	墾田永年私財法	26	渡辺崋山
9	菅原道真	27	徳川慶喜
10	阿倍仲麻呂	28	戊辰戦争
11	古事記・日本書紀	29	地租改正
12	藤原道長	30	殖産興業
13	藤原頼通	31	福沢諭吉
14	平等院鳳凰堂	32	大隈重信
15	壇ノ浦	33	北里柴三郎
16	侍所	34	新渡戸稲造
17	奉公	35	犬養毅
18	元寇	36	東条英機